KB022172

독자의 1초를 아껴주는 정성!

세상이 아무리 바쁘게 돌아가더라도
책까지 아무렇게나 빨리 만들 수는 없습니다.
인스턴트 식품 같은 책보다는
오래 익힌 술이나 장맛이 밴 책을 만들고 싶습니다.

길벗이지톡은 독자여러분이
우리를 믿는다고 할 때 가장 행복합니다.
나를 아껴주는 어학도서,
길벗이지톡의 책을 만나보십시오.

독자의 1초를 아껴주는
정성을 만나보십시오.

미리 책을 읽고 따라해본 2만 베타테스터 여러분과
무따기 체험단, 길벗스쿨 엄마 2% 기획단,
시나공 평가단, 토익배틀, 대학생 기자단까지!
믿을 수 있는 책을 함께 만들어주신
독자 여러분께 감사드립니다.

(주)도서출판 길벗 www.gilbut.co.kr
길벗 스쿨 www.gilbutschool.co.kr

**Fixed! 틀리고도 몰랐을
비즈니스 영어 실수 고침 사전**

Fixed! 틀리고도 몰랐을
비즈니스 영어 실수 고침 사전

초판 1쇄 발행 · 2021년 10월 10일
초판 2쇄 · 2021년 11월 5일
초판 3쇄 · 2022년 7월 15일

지은이	Grant Sundbye, 룩룩잉글리쉬
발행인	이종원
발행처	(주)도서출판 길벗
출판사 등록일	1990년 12월 24일
주소	서울시 마포구 월드컵로 10길 56(서교동)
대표 전화	02)332-0931	팩스·02)323-0586
홈페이지	www.gilbut.co.kr

편집실장·박민혜 | 기획 및 책임편집·김효정(hyo@gilbut.co.kr) | 편집 외주·최지숙 | 디자인·김수정 |
제작·이준호, 손일순, 이진혁 | 마케팅·이수미, 장봉석, 최소영 | 영업관리·김명자, 심선숙 |
독자지원·송혜란, 윤정아 | 전산편집·북토리 | CTP 출력 및 인쇄·북토리 | 제본·신정문화사

ISBN 979-11-6521-694-8(03740) (길벗도서번호 301076)
© Grant Sundbye, 룩룩잉글리쉬 2021
정가 18,000원

독자의 1초를 아껴주는 정성 길벗출판사

길벗   IT실용서, IT/일반 수험서, IT전문서, 경제경영서, 취미실용서, 건강실용서, 자녀교육서
더퀘스트   인문교양서, 비즈니스서
길벗이지톡   어학단행본, 어학수험서
길벗스쿨   국어학습서, 수학학습서, 유아학습서, 어학학습서, 어린이교양서, 교과서
페이스북   www.facebook.com/gilbuteztok
네이버 포스트   http://post.naver.com/gilbuteztok
유튜브   https://www.youtube.com/gilbuteztok

Fixed!

Grant Sundbye
룩룩잉글리쉬 저

틀리고도 몰랐을

비즈니스 영어

실수 고침

사전

들어가며

Hi there, my name is Grant Sundbye. I'm an award-winning American business English coach and my mission is to help adult Korean professionals gain the English skills necessary to improve their work performance and unlock the lives/careers they've always wanted. My goal is to do far more than just 'teach English'. I want to truly change people's lives by creating English instruction programs that are so effective that they push the entire Korean English learning industry forward.

Over the past four years, I've spent thousands of hours helping hundreds of different Korean professionals improve their professional English communication. I've coached Koreans of all English levels: from beginner to nearly fluent, and in every major industry. The more people I work with, the more I've noticed that there are many common speaking and communication mistakes that a vast majority of Korean adults make. These mistakes can make your English sound unnatural, or (even worse) make it impossible for people to understand you accurately. These mistakes are also rarely addressed directly in traditional English classes, but fortunately most of them are fairly simple to explain and correct.

안녕하세요, 비즈니스 영어 강사 Grant Sundbye입니다. 저는 비즈니스 영어를 사용하는 한국인들이 업무 효율성을 높이고 바라는 커리어 목표를 실현할 수 있도록 영어 기술을 습득하는 데 도움을 드리고 있습니다. 저는 단순히 '영어를 가르치는 것'을 넘어, 한국의 영어 학습 분야를 총체적으로 개선할 수 있는 효과적인 영어 교육 프로그램을 만들어 여러분의 삶을 변화시키고자 합니다.

저는 지난 4년 동안 한국인 수백 명의 비즈니스 영어 의사소통 능력을 향상하기 위해 많은 시간을 투자했습니다. 초급부터 거의 원어민 수준까지, 모든 주요 분야의 한국인들을 지도해왔습니다. 그분들을 지도하며 대다수의 한국 성인들이 의사소통하며 비슷한 실수를 한다는 사실을 알게 되었습니다. 이러한 실수를 자주 하다 보면 부자연스럽고 상대방이 이해하기 힘든 영어를 하게 됩니다. 일반적인 영어 수업에서 이러한 내용을 직접적으로 다루는 경우는 드물지만, 다행스럽게도 이러한 실수는 간단한 설명과 교정 과정을 통해 고칠 수 있습니다.

This book addresses over 150 of the most common English mistakes Koreans make and shows you exactly how to fix them. Rather than just explaining theoretical grammar principles, everything here will be presented in a clear 'problem → solution' format that will allow you to easily apply what you've learned to your real workplace communication.

Every single Korean client I've ever worked with makes at least one of the mistakes included in this book (with most people making a lot more than that!). So, I can personally guarantee that by reading and understanding this book, your English communication will improve. Not only will your English be easier to understand, you'll also be able to:

— deliver better presentations
— write clearer emails
— make a much better impression on everyone you communicate with in English
— feel more comfortable and confident using English in the workplace
— make major progress towards reaching your English and career goals

I'm excited to be on this journey with you and to share so much of what I've learned over the past four years. First, let's review exactly how to use this book so you get the most value out of it, and then we can get started correcting your English and moving you towards your goals!

- Grant Sundbye

이 책은 한국인들이 가장 흔히 저지르는 140여 개의 실수를 다루고 있으며 이를 바로 잡는 방법을 보여줍니다. 이 책의 모든 내용은 여러분이 실제 직장 내 의사소통 상황에 쉽게 적용할 수 있도록, 이론적인 문법 원리만을 설명하는 것이 아니라 '솔루션' 형태로 제시됩니다.

제가 지도한 모든 한국 학생은 이 책에 나와있는 실수 중에서 최소 하나 이상 비슷한 실수를 했습니다. 따라서 이 책을 읽고 이해한다면 여러분의 영어 의사소통 능력이 향상될 것이라고 약속드릴 수 있습니다. 여러분이 쓰는 영어의 이해도를 높일 수 있을뿐만 아니라, 다음과 같은 목적도 달성할 수 있습니다.

- 더 훌륭한 영어 프레젠테이션을 할 수 있습니다.
- 더 명확한 영어 이메일을 작성할 수 있습니다.
- 영어로 대화하는 상대방에게 훨씬 더 좋은 인상을 줍니다.
- 더 편안하고 자신감 있게 직장에서 영어를 쓸 수 있습니다.
- 영어와 커리어 목표를 달성하는 데 큰 진전을 이룰 수 있습니다.

지난 4년 동안 정리한 내용을 공유하는 이 여정을 여러분과 함께하게 되어 기쁩니다. 우선, 이 책의 사용법을 정확히 검토해서 최대한 활용할 수 있도록 한 다음, 여러 가지 실수를 꼼꼼히 고쳐보면서 여러분의 목표에 가까워지도록 도와드리겠습니다.

- Grant Sundbye

세상은 좁아지고 영어로 소통할 일은 많아졌습니다. 뿐만 아니라, 인스타그램, 페이스북, 카카오톡, 슬랙(Slack) 등 소셜미디어와 메신저 사용이 직장에서도 일반화되면서 예전보다 텍스트로 소통하는 경우도 흔해졌습니다. 외국계 기업에서 일하면, 해외에 있는 외국인 상사와 영어로 대화해야 하고, 고객들에게 영어로 이메일을 보내거나, 메신저, Zoom, 행아웃, Team 등을 사용해서 소통하는 경우도 종종 생깁니다. 앞으로 인공지능의 발전으로 영어를 안 해도 편리한 사회가 될 거라고 말하는 사람도 있지만, 인공지능의 도움 없이 영어로 자신의 의견을 효율적으로 전달할 수 있다면 분명 큰 도움이 될 것입니다.

저는 미국에서 대학을 다니고 여러가지 일을 하며 원어민들과 의사소통할 기회가 많았습니다. 현재도 원어민들과 함께 일하며 모든 의사소통은 영어로 하고 있습니다. 이렇게 영어로 소통하며 다양한 기회를 얻을 수 있었는데, Grant라는 열정적이고 저와 비전을 함께하는 친구를 만난 것도 다 소통이 바탕이 되었기 때문입니다.

이 책은 Grant가 한국인과 4년 이상 1:1 수업을 진행하면서 발견한 실수들을 직접 교정하며 정리한 내용입니다. 원어민의 입장에서는 이런 실수들이 어떻게 들리는지, 어떤 뉘앙스가 있는지, 그리고 실제로 어떻게 말해야 하는지 등을 설명했습니다. 또한, 한 인물이 취업에서부터 이메일 보내기, 협상, 발표, 성과 리뷰 등 직장에서 일하며 겪을 수 있는 실제 상황을 다뤘습니다. 그런 면에서 여러분의 비즈니스 영어 능력을 한 단계 업그레이드하는데 큰 도움이 될 거라고 생각합니다.

– 룩룩잉글리쉬

전치사 실수
Preposition Mistakes

1   ask to/for/about
2   prepare/prepare for
3   share/share with
4   contact/call to
5   search/search for
6   go/go to/go on
7   think/think about
8   check/check on/check with
9   answer/respond/reply
10 agree with/to/on/about
11 listen/listen to
12 access/access to
13 invest/invest in
14 familiar with/to
15 pay/pay for
16 grow/grow up

Onward Tech B2B 판매직에 지원한 이지원 씨의 첫 면접 상황.

Interviewer	Jiwon, it's great to finally meet you. We're looking forward to this interview.
Jiwon	Yes, thank you for this opportunity.
Interviewer	First, let's discuss your past work history. Can you tell us a little more about your previous sales job at Nexus AI?
Jiwon	Sure! I worked at Nexus AI from 2017 to 2020. I started as a sales associate, and my main job duties were to contact to new potential customers. I would share product information to them, answer to their questions, and set up a sales meeting with one of our lead salespeople.

This experience helped me learn how to search and find new customers. It also made me much more familiar to the B2B sales process.

I was promoted to a lead sales position in November 2018. As a lead salesperson I would go to many company offices and conduct in-person sales presentations. To be honest, I wasn't totally prepared this position at first, but after a few months I was much more adjusted to giving sales presentations. Once I closed a sale, I was then in charge of continuing to build the relationship with that customer, so I would often check them and respond any questions they ask to me.

I know you're looking for someone with a lot of B2B sales experience and a deep understanding of the tech industry. The B2B sales process and the tech industry are both incredibly familiar with me, and I would love the chance to show you by working here as a lead sales team member.

Interviewer Great! What would you say is your proudest work accomplishment?

Jiwon My proudest accomplishment is winning salesperson of the year in 2020 at Nexus AI. During that year, I actually set a new company record for most sales revenue generated in a single year. I think the key to my success was always listening the customers, and adjusting to my sales pitches based on what they really want. Before a sales session, I always think the problems this specific company has and how I can present whatever I'm selling as the best possible solution to those problems. Because my sales pitches were customized for each specific client, many clients agreed with working with us and paid their first order during our initial meeting.

Nexus AI's total revenue grew up 15% YOY in 2020, which is the largest revenue increase they've ever had. Being a huge part of that success makes me very proud.

Interviewer Excellent! What makes you want to work here at Onward Tech?

Jiwon I love your company's mission and it seems like the work environment here is fantastic. When I checked with your company's website, I read about your vision of 'making our world more modernized and connected by helping everyone on Earth access to the technology necessary to improve their lives'.

That mission really resonates with me and I would love to be part of it. Also, I know that you provide a lot of benefits and training opportunities for your employees. I think it's awesome that you invest your employees' success. I know I have the skills and experience necessary to do great things here, and the work environment seems like a perfect fit for me.

Interviewer Great. That's very good to hear because we're really looking for employees that can fit in well with our corporate culture. It's been great talking with you, Jiwon. I'll discuss our interview to the other hiring managers and we'll call to you sometime tomorrow afternoon. Thank you for your time!

Jiwon Thank you for the opportunity. Have a great rest of your day.

1. ask to / for / about

Alright Jiwon, we just need to ask to you a few more questions.

Are you going to ask a pay raise?

→ ask에 전치사를 잘못 쓰는 경우가 많습니다.

ask가 자주 쓰이는 유형이 4가지 있는데 이때 각기 다른 전치사를 써야 합니다.

1) 직접 누군가에게 물어보거나 정확한 정보를 알고 싶을 때는 전치사가 필요하지 않습니다.

Did you ask your boss? (직접 누군가에게 물어보는 경우)
상사에게 물어봤어요?

I'll ask what time the meeting starts. (정확한 정보)
회의가 언제 시작하는지 물어볼게요.

물어보는 사람 앞에 to를 붙이는 경우가 있는데, ask me, ask him, ask your boss처럼 ask 뒤에 물어보는 상대를 바로 말해야 합니다. 따라서 다음 문장은 ask to you가 아니라 ask you라고 고쳐야겠죠.

X   Alright Jiwon, we just need to ask to you a few more questions.

O   Alright Jiwon, we just need to ask you a few more questions.

좋아요, 지원 씨. 몇 가지만 더 묻겠습니다.

2) 특정 주제에 관해서 물어볼 때는 ask about을 사용합니다.

Did you ask about the new work policy?

새 업무 정책에 대해 물어봤나요?

Did you ask about the salary in the interview?

면접에서 연봉에 관해 물어봤나요?

3) 무언가를 요청할 때는 ask for를 사용합니다.

He's asking for a project extension.

그는 프로젝트 연장을 요청하고 있어요.

The salesman asked for more money.

그 영업사원은 더 많은 돈을 요구했어요.

상대방에게 도움을 요청할 때 Can I ask for some help? 또는 I'm asking for your help.라고 할 수 있습니다.

그럼 다음 문장을 다시 살펴보겠습니다. pay raise(임금 인상)를 요구하는 것이니 ask가 아닌 ask for라고 해야 합니다.

X   Are you going to ask a pay raise?

O   Are you going to ask for a pay raise?

임금 인상을 요구할 건가요?

'~에게 …을 물어보다'는 ask [sb] about [sth], '~에게 …을 부탁/요청하다'는 ask [sb] for [sth] 형태로 말하면 됩니다.

I asked the team leader about the new advertising campaign.

팀장님에게 새로운 광고 캠페인에 관해서 물어봤어요.

If you aren't sure about anything, just ask the team leader for some help.

궁금한 점 있으시면 팀장님께 도움을 요청하시면 됩니다.

위의 문장에서 the team leader는 생략할 수 있으나 부탁하는 상대방을 명시하기 위해 넣었습니다.

4) '~에게 …을 하라고 요구하다'는 ask [sb] to V를 사용합니다.

ask 후에 사람이 나오면, 그 사람이 곧 행위의 주체가 됩니다.

Make sure you ask each salesman to send you his report.

각 영업사원에게 보고서를 보내달라고 꼭 요청하세요.

The HR team asked each employee to fill out the job satisfaction survey.

인사팀은 각 직원에게 직무만족도 조사를 작성해 달라고 요청했다.

하지만 ask 후에 사람이 나오지 않으면 주어가 곧 행위의 주체가 됩니다.

You should ask to leave the meeting early.

회의에서 일찍 일어나겠다고 요청하셔야 합니다.

(제약 산업/회사)

A: Have you **asked** the Korean MFDS **about** our newest prescription drug?

B: I did. They're **asking for** translated versions of our documents.

A: Ah, got it. I'll **ask our translators to make** Korean versions of each English document and send them to you by the end of the week.

A: 한국 MFDS에 우리 회사 처방약에 대해 확인해봤어요?

B: 네. 그런데 우리가 제출한 서류 번역본을 요청했어요.

A: 아, 그렇군요. 그럼 제가 번역팀에 요청해서 영문 서류 번역본을 준비하고 이번주 안으로 보내놓도록 할게요.

2. prepare / prepare for

 I am preparing a big accounting exam next week.

prepare 뒤에 전치사를 붙여야 하는지, 붙인다면 어떤 전치사를 써야 하는지 모르는 경우가 많습니다.

prepare v. to make something ready
prepare for to get yourself ready for (situation)

> I am preparing my exam. (시험을 출제하다)
> I am preparing for my exam. (공부를 해서 시험에 대비하다)

prepare 뒤에 바로 목적어가 오면 그 목적어에 해당하는 대상을 직접 만들고 디자인한다는 의미이므로 그런 경우를 제외하고는 prepare for를 써야 합니다.

> My company is preparing our new products for the launch next month.
> 우리 회사는 다음 달 출시를 위해 신제품을 준비하고 있어요.

다음 문장에서도 마찬가지로, 주어인 I는 회계학 시험 출제자가 아니라 시험에 대비하고 있는 학생이므로 prepare for (명사) 또는 prepare to (동사) 식으로 표현합니다.

✗   I am preparing a big accounting exam next week.

○   I am preparing for a big accounting exam next week.

○   I am preparing to take a big accounting exam next week.

저는 다음 주에 있을 중요한 회계학 시험을 준비하고 있어요.

prepare to는 be prepared to v 형태로도 사용되는데, '(기꺼이) ~할 준비가 되다'로 해석합니다.

I'm prepared to do anything to get a deal.

거래를 따내기 위해서 어떤 것도 할 준비가 되어 있어.

I'm not prepared to discuss this.

이것에 관해 논의할 준비가 안 되었어.

리빌딩

We are currently **preparing for** our Spring product launch, which will officially start next week. We're also **preparing** all our financial records so our accountants can finalize our quarterly financial statements.

우리는 현재 다음 주부터 공식적으로 시작되는 봄 제품 출시를 준비하고 있습니다. 회계사들이 분기별 재무제표를 마무리할 수 있도록 모든 재무 기록도 준비하고 있습니다.

3. share / share with

Each team leader will share to the board members their team's results.

'~와 공유하다'는 의미로 share와 함께 쓰는 전치사를 잘못 쓰는 경우가 많습니다.

동사 share는 share (대상) with (사람)의 구조로 사용할 수 있습니다. 또한 공유하는 상대가 확실한 경우는 언급하지 않아도 됩니다.

I will share the survey results (with you) next Friday.
다음 주 금요일에 조사 결과를 (당신과) 공유하겠습니다.

그럼 다음 문장을 다시 살펴보겠습니다. share 다음에 목적어 their team's results를 바로 쓰고 공유하는 대상 the board members를 전치사 with로 연결해야 합니다.

X   Each team leader will share to the board members their team's results.

O   Each team leader will share their team's results with the board members.
각각 팀 리더는 팀들의 결과를 이사회 멤버들과 공유할 거예요.

24

리빌딩

I'm really looking forward to the global leadership conference next weekend. Several really successful entrepreneurs will be **sharing** their most effective leadership practices **with** us.

다음 주말에 열리는 글로벌 리더십 콘퍼런스가 정말 기대가 됩니다. 굉장한 성공을 거둔 일부 기업가들도 그들이 경험한 가장 효과적인 리더십 실행 방법을 저희와 공유할 테니까요.

4. contact / call to

I will contact to the customer about the product review.

A member of our team will call to you tomorrow.

'~에게 연락하다', '전화하다'라는 한국어 뜻만 생각하고 contact나 call에 전치사 to를 붙이는 경우가 많습니다.

contact 다음에는 연락하는 대상을 바로 쓰고 about 다음에는 구체적인 내용을 이어서 말하면 됩니다.

Please contact the developer about our website.
웹사이트 관련 사항은 개발자에게 연락하세요.

✕ I will contact to the customer about the product review.
○ I will contact the customer about the product review.
제품 리뷰에 대해서 고객분에게 연락드리겠습니다.

앞서 말씀드린 것처럼, contact 다음에 연락하는 대상 the customer가 바로 오고, 전치사 about 다음에 연락하는 내용인 the product review를 쓰면 됩니다.

call도 마찬가지로 연락하는 사람이 전치사 없이 바로 이어서 나옵니다.

I will <u>call</u> you soon. 곧 전화할게요.
I will <u>call</u> you back later. 나중에 다시 전화할게요.

다음 문장에서도 call 다음에는 바로 연락하는 상대가 나와야 하므로 to 를 삭제하고 call you라고 해야 합니다.

✗ **A member of our team will call to you tomorrow.**

○ **A member of our team will call you tomorrow.**
내일 저희 팀원이 전화 드릴 거예요.

(Details)

contact는 get in touch with와 같은 의미로 볼 수 있습니다. 또한 keep/stay in touch with는 '~와 계속해서 연락하다'는 뜻입니다.

<u>Get in touch with</u> me once you visit Korea.
한국에 오면 연락하세요.

I still <u>keep in touch with</u> my former workmates.
나는 아직도 전 직장 동료들과 연락하며 지냅니다.

(리빌딩)

I always **contact** each B2B customer about once every two weeks. I usually send an email, but occasionally I **call** them.
저는 항상 모든 B2B 고객에게 2주에 한 번 정도 연락을 합니다. 보통 이메일을 보내지만, 가끔 전화도 합니다.

5. search / search for

We searched a new candidate to join our team for months.

→ search for를 써야 하는데 search만 쓰는 경우가 많습니다.

어떤 물건이나 사물을 찾을 때는 search 다음에 전치사 for를 써야 합니다. 반면 어떤 위치(location), 장소(place), 구역(area)을 탐색할 때는 search를 단독으로 사용합니다.

My company is currently searching for a new business partner in the finance industry.

우리 회사는 현재 금융업계의 새로운 사업 파트너를 찾고 있다.

I searched my bedroom, car, and office but I still didn't find my missing ID card.

침실, 차, 사무실을 뒤졌지만 잃어버린 신분증을 찾지 못했어요.

위 내용을 적용해서 다음 문장을 다시 살펴보겠습니다.

X We searched a new candidate to join our team for months.

O We searched for a new candidate to join our team for months.

우리는 몇 달 동안 우리 팀에 합류할 새로운 후보를 물색했다.

search나 search for를 쓰면 찾는 것을 아직 발견하지 못했다는 뉘앙스가 있습니다. 찾던 것을 발견한 경우에는 find를 씁니다.

We searched for a new candidate to join our team for months, and finally found the perfect person last week.

우리는 몇 달 동안 우리 팀에 합류할 새로운 후보를 물색했고, 마침내 지난주에 완벽한 사람을 찾았어요.

만약 찾는 것이 컴퓨터나 책에서 찾을 수 있는 정보(information) 라면, look up이라는 구동사를 쓸 수도 있습니다.

Can you look up this customer's order history on our website?

저희 웹사이트에서 이 고객의 주문 내역을 찾아봐 주시겠어요?

(리빌딩)

I've been **searching for** a new job for months. First, I **searched** online, but lately I've been actually visiting companies who are hiring and delivering my resume in person.

저는 몇 달 동안 새로운 일자리를 찾고 있어요. 처음에는 온라인으로 검색했는데, 최근에는 채용 중인 회사를 방문해서 이력서를 직접 전달하고 있습니다.

6. go / go to / go on

I'm going to abroad next week for a business trip.

We should go to there more often.

I would like to go to a vacation.

→ go to, go on 등 결합하는 전치사에 따라 맥락이 어떻게 달라지는지 잘 모르는 경우가 많습니다.

go를 포함하는 구동사(phrasal verbs)가 많은데, 여기서는 움직임(movement)을 나타내는 go에 중점을 두고 정리해보겠습니다.

1) go to는 구체적인 장소나 목적지에 갈 때 사용합니다.

I'm going to Busan to visit my business partner.
비즈니스 파트너를 만나러 부산에 갈 예정이다.

I usually go to the gym after work.
퇴근하고 보통 헬스장에 갑니다.

I have to go to my office this weekend so I can't meet you Saturday.
이번 주말에 사무실에 가야 해서 토요일에는 만날 수 없어요.

참고로 there, home, abroad, overseas, east, west, north, south, somewhere, outside, upstairs, downstairs 등은 장소를 나타내는 명사가 아니라 부사이기 때문에 앞에 to를 붙이지 않습니다.

2. go on은 trip, journey, vacation, walk, drive, hike 등 이동(travel)이나 움직임(movement)과 관련된 명사와 함께 사용합니다.

I'm about to go on a 3 week business trip.
3주 정도 출장갈 예정이에요.

I'll go on a hike this weekend.
이번 주말에 등산 갈 거예요.

3. 여가시간에 즐기는 활동을 말할 때는 go ~ing 형태를 사용할 수 있습니다.

I'm going golfing with my colleagues this weekend.
이번 주말에 동료들과 골프치러 갈 거예요.

I went snowboarding last winter.
지난 겨울에 스노보드 타러 갔어요.

We're going to go camping soon.
우리는 곧 캠핑 갈 거예요.

다음 문장들을 다시 살펴보겠습니다.

✗ **I'm going to abroad next week for a business trip.**
○ **I'm going abroad next week for a business trip.**
나는 다음 주에 해외로 출장간다.

✗ **We should go to there more often.**
○ **We should go there more often.**
우리는 거기 더 자주 방문해야 한다.

✗ I would like to go to a vacation.

○ I would like to go on a vacation.

나는 휴가를 가고 싶어요.

(리빌딩)

A: I'm **going on a business trip** next week so unfortunately, I won't be available.

B: No worries. Where are you going?

A: I'm actually **going to Osaka**. It'll be my first time in Japan.

B: Nice! I went there last year. It's a beautiful city.

A: 다음 주에 출장을 갈 예정이라서 아쉽게도 저는 시간이 안 될 것 같아요.

B: 괜찮아요. 어디로 가나요?

A: 사실 오사카로 출장 가요. 일본은 처음 가는 거예요.

B: 좋네요! 저는 작년에 거기 갔었어요. 아름다운 도시죠.

7. think / think about

I'm thinking quit my job.

Did anyone think any new advertising ideas?

→ think와 think about의 차이를 혼동하는 경우가 많습니다.

전치사 없이 think를 단독으로 쓰려면 생각하는 내용을 이어서 말해야 합니다.

I think we should reschedule the meeting.
회의 일정을 다시 잡아야 할 것 같아요.

I think this month will be the best month in our company's history.
이번 달은 우리 회사 역사상 최고의 달이 될 것 같아요.

위 예문들처럼 think 다음에 의견을 자세히 말하는 대신, 아래처럼 간단히 말할 수도 있습니다.

I think so.
그런 것 같아요.

I think not.
난 그렇게 생각하지 않는데.

I think it's okay.

그게 괜찮겠네요.

think about은 '~에 관해서 생각하다'라는 의미로, 뒤에는 화제(topic)가 나옵니다.

What do you think about our new product?

우리 신제품에 대해 어떻게 생각하나요?

I often think about the future of my career.

향후 내 커리어에 대해 종종 생각해요.

think of는 어떤 생각이나 아이디어가 머릿속에 떠오를 때 사용합니다. 하지만 비즈니스 영어에서는 think of보다 think about을 써서 그 주제에 대해 좀 더 진지하게 생각한다는 느낌을 전달하는 것이 좋습니다.

The accountants thought of a new way to organize our financial statements.

회계사들은 우리의 재무제표를 정리할 새로운 방법을 생각해냈다.

요약하자면, 의견(opinion)을 말할 때는 전치사 없이 think를 씁니다. 고려하거나 집중하고 있는 주제나 생각(topic/idea)을 말할 때는 think about을 사용합니다. 그리고 방금 떠오른 새로운 아이디어(new idea)를 말할 때는 think of를 사용합니다.

이 내용을 바탕으로 다음 문장들을 다시 살펴보면, 직장을 그만두는 것 (quit my job)에 대해서 고려 중이므로 think about 다음에 동명사인 quitting을 쓰면 됩니다.

✗ **I'm thinking quit my job.**
○ **I'm thinking about quitting my job.**

직장을 그만둘까 생각 중이다.

새로운 광고에 대해서 생각하는 것은 머리속으로 아이디어를 떠올리는 느낌이므로 think of를 쓰는 게 좀 더 자연스럽습니다.

X   **Did anyone think any new advertising ideas?**

O   **Did anyone think of any new advertising ideas?**

새 광고 아이디어 좀 떠오른 사람 있나요?

Lately I've been **thinking about** how our team can be more productive. I **think** we should create a Slack group chat instead of having our daily morning meetings.

최근에 저는 어떻게 하면 우리 팀이 좀 더 생산적일 수 있을지 생각해보고 있는데요, 매일 아침 회의를 하기보다 슬랙 단톡방을 만드는 게 좋을 것 같아요.

8. check / check on / check with

Please send me your sales figures for this month. I'll check with them before sending them to the manager.

I'm fine with you leaving the meeting early, but can you check the operations manager to make sure he's okay with it?

→ check on과 check with의 뉘앙스 차이를 이해하지 못하는 경우가 많습니다.

check v. to review or examine something in order to evaluate or measure its accuracy, quality, or correctness 정확성 여부를 평가/측정하기 위해 검토하거나 조사하다

check를 단독으로 사용하면 품질이나 정확성과 관련이 있습니다.

You review the financial data for your company to make sure it's correct and doesn't contain any errors. → (You are checking the data.)
회사의 재무 데이터를 검토하여 정확성 여부를 확인하고 오류를 점검합니다.
→ (데이터를 check하고 있는 것이죠)

다음 문장을 다시 살펴보면, sales figures(매출액)를 확인하고 그것을 매니저에게 보내겠다는 뜻이기 때문에 with를 넣을 필요가 없습니다.

✗   Please send me your sales figures for this month. I'll check with them before sending them to the manager.

○   Please send me your sales figures for this month. I'll check them before sending them to the manager.

이번 달 매출액 좀 보내주세요. 매니저에게 보내기 전에 한 번 확인해볼게요.

check on은 어떤 것의 품질이나 정확성을 검토하는 것이 아니라 상태를 확인할 때 씁니다.

Your friend lost his job and is very upset about it. You message him to offer some support and see if he's okay.
→ (You are checking on your friend.)

친구가 실직을 해서 매우 상심해 있습니다. 도움을 주고자 메시지를 보내 괜찮은지 확인합니다.

→ (친구를 check on하는 상황이겠죠)

There was a large hail storm. You go look at your car to make sure the hail didn't damage your car.
→ (You are checking on your car.)

우박을 동반한 큰 폭풍이 몰아쳤습니다. 우박으로 인해 차가 손상되지는 않았는지 차 상태를 점검합니다. → (차를 check on하는 상황입니다)

check with (사람)은 허락을 구하는 경우와 같이 '(~로부터) 그렇게 하는 것이 괜찮은지 확인하다'는 의미로 씁니다.

One of your team members has a good idea for an advertisement. He goes to the team leader and shares his idea so he can get permission to create the advertisement.

→ (He is <u>checking with</u> your team leader.)

팀원이 좋은 광고안이 하나 떠올랐습니다. 광고 제작 허가를 받으려고 팀장에게 찾아가 아이디어를 공유합니다. → (팀장 의견을 check with하는 상황입니다)

다음 문장은 운영 매니저에게 회의에서 일찍 나가도 되는지 여부를 확인 하라는 의미이므로 check with라고 해야 합니다.

X I'm fine with you leaving the meeting early, but can you check the operations manager to make sure he's okay with it?

O I'm fine with you leaving the meeting early, but can you check with the operations manager to make sure he's okay with it?

저는 당신이 회의에서 일찍 나가는 건 괜찮지만, 그래도 괜찮은지 운영 매니저에게 확인해보시겠어요?

(리빌딩)

A: Have you **checked** our advertising budget proposal for next quarter?

B: I did! I think it looks really good. I just need to **check with** the marketing director to get his approval before finalizing it.

A: 다음 분기의 광고 예산 제안서 확인해 봤나요?

B: 네! 정말 좋아 보이는 것 같아요. 마무리하기 전에 마케팅 디렉터에게 승인받도록 확인만 하면 됩니다.

9. answer / respond / reply

 A: Has the client responded you yet?
B: Yes, she replied the email last night.

→ reply, respond, answer에 결합하는 전치사는 각기 다릅니다.

answer는 '답변하다'와 '전화를 받다'라는 뜻의 동사로 사용되면 to를 붙이지 않습니다.

Please answer the question.
질문에 답변하세요.

Sorry I missed your call, I didn't answer my phone in time.
전화를 못 받아서 미안해요. 제때 전화를 받지 못했거든요.

하지만 answer가 명사로 사용되면 to를 붙입니다.

What is the answer to question 2?
2번 질문의 답은 무엇인가요?

Did you get an answer to your email?
당신이 보낸 이메일에 답변을 받았나요?

reply와 respond는 명사나 동사 모두 전치사 to를 씁니다. 참고로 비즈니스 상황에서와 같이 격식적인 표현을 사용해야 하는 경우는 reply 대신 respond를 주로 사용합니다.

I will respond to you within 3 business days.

영업일 기준 3일 이내에 답변 드리겠습니다.

Have you responded to those inquiries yet?

그 요청사항들에 대해서 답변을 했나요?

다음 문장들을 다시 살펴보겠습니다. 당신(you)에게 대답을 한 것이므로 to를 넣어야 합니다.

Has the client responded you yet?
Has the client responded to you yet?

그 고객이 당신에게 답을 했나요?

다음의 경우에는 이메일에 답변을 한 것이므로 to를 사용해야 합니다.

Yes, she replied the email last night.
Yes, she replied to the email last night.

네, 어젯밤 이메일에 답변했어요.

Sorry I haven't **responded to** your email yet! I've had an incredibly busy morning. I'll review it and **reply** later this afternoon.

오늘 아침에 무척 바빠서 이메일에 아직 답장을 못 드려서 죄송합니다! 검토한 다음 오늘 오후 늦게 답변 드리겠습니다.

10. agree with / to / on / about

I agree to Sanghyeon's opinion about the
new sales policy.

agree에 어떤 전치사를 써야 하는지 혼동하는 경우가 있습니다.

대부분의 경우는 agree with, agree that, agree to를 주로 사용합니다.

**1. agree with는 다른 사람과 의견이 같은 경우에 사용하고 목적어로 사람이나
생각이 올 수 있습니다.**

I agree with Jiwon.
나는 지원에 동의해.

누군가의 의견에 동의한다는 표현을 할 때 I agree with (person's)
opinion.이라고 하는 경우가 많은데, 이때 opinion은 생략해도 되며 사람
(person)만 언급해도 됩니다.

I agree with Mike's opinion. → I agree with Mike.
나는 Mike의 의견에 동의해.

2. agree that은 특정 아이디어나 의견을 지지할 때 사용합니다.

> I agree that we're spending too much money on marketing.
>
> 마케팅 비용 지출이 너무 크다는 데 동의합니다.
>
> I agree that we should reschedule the meeting.
>
> 회의 일정을 다시 잡아야 한다는 데 동의합니다.

3. agree to는 '제안이나 계약을 공식적으로 받아들인다'는 의미입니다. 또한 계약의 일환으로 특정 행위를 하는 경우 역시 agree to를 사용할 수도 있습니다.

> They agreed to the new terms of the contract.
>
> 그들은 새로운 계약 조건에 동의했습니다.
>
> Each client agreed to pay $500 per month for the consulting service.
>
> 각 고객은 컨설팅 서비스에 매달 500달러를 지불하기로 합의했습니다.
>
> Under the new work from home policy, each employee must agree to be available from 10 a.m. to 7 p.m.
>
> 새로운 재택근무 정책에 따라, 모든 직원이 10시부터 7시까지는 업무 연락이 닿을 수 있도록 했습니다.

4. agree on/about은 어떤 주제나 계획에 대해서 동의할 때 사용하는데, 뒤에는 명사나 의문사로 시작하는 단어가 나옵니다.

> We agreed on the date for the meeting.
>
> 우리는 회의 날짜에 대해서 동의했어요.
>
> We can be friends even if we don't agree about everything.
>
> 모든 것에 관해서 동의하지 않을 지라도 우리는 친구가 될 수 있어.
>
> We don't agree on what to eat.
>
> 우리는 무엇을 먹을지 의견이 일치하지 않는다.

다음 문장을 보면, 상대방의 의견에 동의하는 것이니 agree with를 사용하면 됩니다.

✗ **I agree to Sanghyeon's opinion about the new sales policy.**

○ **I** agree with **Sanghyeon's (opinion) about the new sales policy.**

새 판매 정책에 관한 상현의 의견에 동의합니다.

(리빌딩)

A: Initially, we **agreed to** meet once a week for our business consulting sessions, but I think it might be better to meet every other week from now on.

B: I completely **agree with** you. Every other week sounds great.

A: 처음에는 일주일에 한 번 만나 업무 상담하기로 했는데, 앞으로는 격주로 만나는 게 좋을 것 같아요.

B: 저도 전적으로 동의해요. 격주 좋습니다.

11. listen / listen to

Make sure you listen the prospect when they explain their problems, and present our product as the solution to those problems during your sales pitch.

listen to라고 해야 하는데 to를 붙이지 않는 경우가 있습니다.

집중해서 듣는 소리나 사람의 말 앞에는 listen to를 써야 합니다. 참고로, 주의를 집중시킬 때 Listen!이라고 할 수 있고 Listen carefully!처럼 뒤에 부사를 붙여 쓰기도 하는데, listen to와 혼동하지 않도록 주의해야 합니다.

Please listen to the full presentation and let me know if you have any questions.
전체 발표를 듣고, 질문이 있으면 저에게 알려주십시오.

It's important to listen closely to what your clients want.
고객이 원하는 바를 세심히 듣는 게 중요하죠.

그럼 다음 문장을 다시 살펴보겠습니다. the prospect(잠재 고객)의 말을 잘 듣는다는 뜻이므로 listen to the prospect라고 해야 합니다.

X Make sure you listen the prospect when they explain their problems, and present our product as the solution to those problems during your sales pitch.

O Make sure you listen to the prospect when they explain their problems, and present our product as the solution to those problems during your sales pitch.

잠재 고객이 문제를 설명할 때 그들의 말을 귀담아듣고, 그 문제의 해결책으로 구매를 권유하며 우리 제품을 소개하십시오.

Details

listen은 뭔가를 집중해서 듣는 것이고 hear는 단순히 들리는 것을 말합니다. 예를 들어, 통화 중 Can you hear me?라고 하면 상대방에게 내 목소리가 잘 들리는지 확인할 때 씁니다.

리빌딩

It's really important to **listen to** everything the prospect says during your initial sales meeting. If you **listen** closely and take notes, you can mention those details in your follow up email and that usually makes a really good impression.

초기 판매 회의에서 잠재 고객이 말하는 모든 내용을 경청하는 것이 매우 중요합니다. 잘 듣고 메모해 두면, 나중에 보내는 이메일에 이러한 세부 사항을 언급할 수 있으며, 이는 대개 좋은 인상을 줍니다.

12. access / access to

 Each employee can access to the breakroom by swiping their ID in front of the door scanner.

access가 동사인지 명사인지, 그리고 전치사를 붙여야 할지 혼동하는 경우가 많습니다.

access n. a means/way to enter or approach something 어떤 것에 들어가거나 접근하는 수단

access v. to approach or enter something 어떤 것에 접근하거나 들어가다

access를 동사로 사용하면 전치사를 붙일 필요가 없습니다. 하지만 access 를 명사로 쓰는 경우에는 접속하려는 대상 앞에 to를 붙여야 합니다.

I can't access the files you sent me. What's the password?
당신이 나에게 보낸 파일들에 접속할 수 없어요. 비밀번호가 뭐죠?

Can you give me access to these files?
이 파일들에 접속할 수 있게 해주시겠어요?

We can have access to a limitless amount of information with a click of a button.
우리는 클릭 한 번으로 무한한 정보에 접속할 수 있습니다.

다음 문장에서 access는 동사로 쓰였으므로 to 없이 바로 접속하는 대상을 넣거나 have access to를 사용해서 표현할 수 있습니다.

X **Each employee can access to the breakroom by swiping their ID in front of the door scanner.**

O **Each employee can access the breakroom by swiping their ID in front of the door scanner.**

O **Each employee can have access to the breakroom by swiping their ID in front of the door scanner.**
각 직원은 도어 스캐너 앞에서 사원증을 인식하면 휴게실에 출입할 수 있습니다.

(리빌딩)

Here are your ID cards. You can scan these at the front to **access** our office 24/7. The 10-digit code on the back is your online password. You can use that to **gain access to** our company files.

여기 사원증이 있어요. 앞에서 이걸 스캔하시면 24시간 저희 사무실에 출입할 수 있습니다.
뒷면의 10자리 숫자 코드는 온라인 비밀번호예요. 이 번호로 회사 파일에 접속할 수 있습니다.

13. invest / invest in

We invested a lot of money to this new product. I hope the result will be worth it.

invest에 전치사 in이 결합하는 경우와 그렇지 않은 경우에 차이가 있습니다.

돈, 시간, 노력 등 투자 대상을 언급할 때에는 전치사 없이 invest를 씁니다.

I invested $5,000.
나는 오천 달러를 투자했다.

I invested a lot of time and effort.
나는 많은 시간과 노력을 들였다.

invest 다음에 전치사 in이 오면 주식, 부동산, 채권, 금, 은 등 투자 대상이 나옵니다.

I invested in Bitcoin last year.
나는 작년에 비트코인에 투자했다.

I want to start investing in real estate.
나는 부동산 투자를 시작하고 싶다.

invest A in B 형태로도 많이 사용하는데, 'A를 B에 투자하다'는 뜻입니다.

I **invested** so much time **in** my company's new project.

나는 많은 시간을 회사의 새로운 프로젝트에 투자했다.

I **invest** $1,000 per month **in** various pharmaceutical stocks.

나는 한 달에 천 달러씩 여러 제약회사 주식에 투자한다.

다음 문장을 다시 살펴보겠습니다. 많은 돈을 새로운 프로젝트에 투자한 것이므로 to가 아닌 in을 사용해야 합니다.

X   We ~~invested~~ a lot of money ~~to~~ this new product.
    I hope the result will be worth it.

O   We invested a lot of money in this new product.
    I hope the result will be worth it.

우리는 이 신제품에 많은 돈을 투자했어요. 결과가 그만한 가치가 있기를 바랍니다.

(**Details**)

일상적인 대화에서는 invest 대신 put을 써서 put A into B 형태를 사용하는 경우가 많습니다.

I **invested** so much money **in** my company's new project.
= I **put** so much money **into** my company's new project.

회사 새 프로젝트에 많은 돈을 투자했습니다.

(**리빌딩**)

We've **invested** a lot of time and energy **in** this project. Plus, our shareholders **invested** over $100K. We really need to make this work.

우리는 이 프로젝트에 많은 시간과 에너지를 투자했습니다. 게다가, 우리 주주들은 10만 달러 이상을 투자했죠. 우리는 정말 이 일을 잘 해내야 합니다.

14. familiar with / to

 Sales presentations are not familiar with me.

→ familiar with와 familiar to의 차이점을 모르는 경우가 많습니다.

I'm familiar with this place.
This place is familiar to me.

familiar는 '익숙한, 친숙한'이라는 뜻으로, 위 두 문장 모두 '나는 이 장소를 잘 알고 있다(I know this place well.)'는 의미입니다.

A: Are you familiar with this concept?
이 개념에 익숙한가요?
B: This concept is not familiar to me.
이 개념은 나에게 익숙치 않아요.

위 대화에서도 알 수 있듯이, familiar with와 familiar to는 정반대의 구조와 의미를 갖습니다. 아래와 같이 정리할 수 있어요.

X is familiar with Y
X는 Y에 익숙하다(Y는 내용)

= X knows about/has experience with Y
X는 Y에 대해 알다/Y에 대한 경험이 있다

X is familiar to Y

Y는 X가 익숙하다 (Y는 사람)

= **Y knows about/has experience with X**

Y는 X에 대해 알다/X에 대한 경험이 있다

다음 문장을 살펴보겠습니다. (경험 부족, 지식 부족 등으로) 제품 소개가 나에게는 익숙치 않은 것이므로 to me라고 해야 합니다.

X **Sales presentations are not familiar with me.**

O **Sales presentations are not familiar to me.**

저는 제품 소개하는 것이 익숙치 않아요.

참고로 위 문장은 I'm not familiar with sales presentations. 또는 I don't know sales presentations well.이라고 간단하게 말할 수도 있습니다.

(리빌딩)

I was promoted to country manager last year mainly because of my sales performance, but also because I'm incredibly **familiar with** the Korean market.
= I was promoted to country manager last year mainly because of my sales performance, but also because the Korean market is incredibly **familiar to** me.

제가 작년에 컨트리 매니저로 승진한 것은 주로 영업 실적 때문이지만, 한국 시장에 대해 잘 알고 있던 점도 있었습니다.

15. pay / pay for

 My company pays my English lessons.

→ **pay에 전치사를 잘못 사용하는 경우가 많습니다.**

전치사 없이 pay만 쓰는 경우는 pay 다음에 구체적 액수, 비용 관련 명사 (fee, rent, bill, invoice 등) 또는 돈을 지불하는 상대가 나옵니다.

He paid $5,000 for the used car.
그는 그 중고차 사는데 오천 달러를 지불했다.

He paid the rental fee yesterday.
그는 어제 임대료를 지불했다.

We pay our HR consultant at the beginning of each month.
우리는 매달 초 HR 컨설턴트에 비용을 지불한다.

pay for는 '~에 대한 대가를 지불하다'는 의미로, pay for 뒤에는 구매 대상이 나옵니다.

Who's going to pay for this meal?
이 음식값은 누가 낼 건가요?

I paid for the movie tickets online.
온라인으로 영화표를 결제했어요.

구매 대상을 명시하지 않더라도 pay for를 사용할 수 있으며, 대신 this/that 또는 these/those과 같은 지시대명사를 사용할 수 있습니다.

Did you pay for this?

이거 계산하셨어요?

I paid for those already.

제가 이미 지불했어요.

다음 문장을 다시 살펴보면, 회사가 내 영어 수업에 대한 비용을 지불해 준 것이니 pay for를 사용해야 합니다.

✕ **My company pays my English lessons.**

○ **My company** pays **(the tuition)** for **my English lessons.**

우리 회사는 내 영어 수업료를 지불해 준다.

(리빌딩)

Since I have to travel so often, my company usually **pays for** my hotels and airfare. Sometimes, they even **pay** a little extra so I can fly business class.

저는 출장을 많이 다니기 때문에 회사에서 보통 숙박료와 항공료를 부담합니다. 때로 비즈니스석을 이용할 수 있도록 추가 비용을 지원해주기도 합니다.

16. grow / grow up

When I studied at the computer academy, my programming skills definitely grew up.

Our startup was founded in 2016, and since then we've grown up from a team of 3 to a company with over 70 employees and three offices.

grow를 써야 하는 상황에 grow up을 써서 어색한 경우가 있습니다.

grow는 크기가 커지고, 양이 많아지고, 발전하는 것을 말합니다.

Instagram grew significantly from 2016 to 2020.
인스타그램은 2016년에서 2020년까지 급격히 성장했다.

이와 달리, grow up은 사람이 변화하고 성장하여 어른이 된다는 것을 의미하죠.

I grew up in the United States, but I live in Korea now.
저는 미국에서 자랐지만, 지금은 한국에서 살고 있습니다.

I saw my cousin for the first time in 5 years last weekend. I was amazed by how much he grew up.
지난 주말에 사촌을 5년 만에 처음 봤어요. 얼마나 컸는지 정말 놀랐어요.

그럼 다음 문장을 다시 살펴보겠습니다. 내 skills(기술, 능력)가 성장했으므로 grow up이 아니라 grow를 사용해야 합니다.

X   **When I studied at the computer academy, my programming skills definitely grew up.**

O   **When I studied at the computer academy, my programming skills definitely grew.**
컴퓨터 학원에서 공부할 때, 프로그래밍 실력이 확실히 성장했다.

아래 문장에서도, 회사의 규모가 커지고 직원 수도 늘었으니 grow를 써야 합니다.

X   **Our startup was founded in 2016, and since then we've grown up from a team of 3 to a full company with over 70 employees and three offices.**

O   **Our startup was founded in 2016, and since then we've grown from a team of 3 to a full company with over 70 employees and three offices.**
우리 회사는 2016년에 설립되었는데, 그 이후로 직원 세 명인 팀에서 70명 이상의 직원과
3개의 사무실이 있는 어엿한 회사로 성장했다.

(리빌딩)

Lately my company has been **growing** a lot and is about to open an office in America. I'm going to apply there. I would love for my kids to **grow up** in the United States.

최근 우리 회사는 많이 성장해서 곧 미국에 지사를 개설합니다. 저는 거기에 지원하려고 해요.
제 아이들이 미국에서 성장했으면 좋겠거든요.

Interviewer	Jiwon, it's great to finally meet you. We're looking forward to this interview. 지원 씨, 드디어 만나게 되어서 반가워요. 인터뷰가 정말 기대됩니다.
Jiwon	Yes, thank you for this opportunity. 네. 기회를 주셔서 감사드립니다.
Interviewer	First, let's discuss your past work history. Can you tell us a little more about your previous sales job at Nexus AI? 먼저, 예전에 하신 일들에 관해서 이야기해보죠. Nexus AI에서의 이전 영업 업무에 대해서 좀 말해주시겠어요?
Jiwon	Sure! I worked at Nexus AI from 2017 to 2020. I started as a sales associate, and my main job duties were to contact new potential customers. I would share product information with them, answer their questions, and set up a sales meeting with one of our lead salespeople.

This experience helped me learn how to search for and find new customers. It also made me much more familiar with the B2B sales process.

물론입니다! 2017년부터 2020년까지 Nexus AI에서 일했습니다. 그때 영업 직원으로 시작했고 주로 새로운 잠재 고객분들께 연락하는 일을 했습니다. 그분들께 제품 정보를 공유하고, 문의에 답변드리고, 영업 담당자 중 한 분과 연결해드렸어요. 이 경험을 통해서 신규 고객을 발굴하는 방법에 대해 배우고 B2B 영업 프로세스에 대해 좀 더 익숙해질 수 있었습니다.

I was promoted to a lead sales position in November 2018. As a lead salesperson

I would go to many company offices and conduct in-person sales presentations. To be honest, I wasn't totally prepared for this position at first, but after a few months I was much more adjusted to giving sales presentations. Once I closed a sale, I was then in charge of continuing to build the relationship with that customer, so I would often check on them and respond to any questions they ask me.

2018년 11월에는 승진을 해서 영업팀장이 되었습니다. 영업팀장으로서 여러 회사에 방문해 직접 영업 프레젠테이션을 진행했습니다. 솔직히 처음엔 해당 직무에 충분히 준비되지 못했던 것 같습니다. 하지만 몇 달이 지나면서, 영업 프레젠테이션에 좀 더 적응할 수 있었습니다. 거래를 성사시키고 나면, 해당 고객과 계속해서 관계를 유지해 나갈 수 있도록 자주 연락을 주고받고 문의에 답변도 드렸습니다.

I know you're looking for someone with a lot of B2B sales experience and a deep understanding of the tech industry. The B2B sales process and the tech industry are both incredibly familiar to me, and I would love the chance to show you by working here as a lead sales team member.

귀사에서는 B2B 영업 경험이 풍부하고 테크 산업에 대한 이해도 역시 높은 사람을 찾고 계신다고 알고 있습니다. 제게는 B2B 영업 프로세스와 테크 산업 모두 굉장히 친숙한 분야이며, 영업 팀장으로 근무하며 해당 역량을 보여드릴 수 있는 기회가 있으면 좋겠습니다.

Interviewer Great! What would you say is your proudest work accomplishment?

좋아요! 일해오면서 가장 자랑스러운 성과는 뭐라고 생각하나요?

Jiwon My proudest accomplishment is winning

salesperson of the year in 2020 at Nexus AI. During that year, I actually set a new company record for most sales revenue generated in a single year. I think the key to my success was always listening to the customers, and adjusting to my sales pitches based on what they really want. Before a sales session, I always think about the problems this specific company has and how I can present whatever I'm selling as the best possible solution to those problems. Because my sales pitches were customized for each specific client, many clients agreed to work with us and paid for their first order during our initial meeting.

가장 자랑스러운 점이라고 한다면 Nexus AI에서 2020년 올해의 영업사원을 수상한 경험을 들 수 있을 것입니다. 2020년 한 해 발생한 수익의 대부분에서 회사 신기록을 세웠습니다. 제 생각에 성공의 핵심은 고객의 말을 경청하고 고객이 원하는 바를 바탕으로 영업 활동을 조정해나간 데 있었다고 봅니다. 영업활동을 하기 전에, 저는 항상 회사의 구체적인 상황이 안고 있는 문제점을 생각하고, 해당 문제에 대한 최적의 솔루션으로 판매 상품을 제시하는 방법을 고민했습니다. 각각의 구체적인 클라이언트에 따라 영업 활동을 맞춤화했기에, 많은 고객들이 저희와 함께 하기로 결정하고 첫 미팅에서 첫 주문 건에 대한 결제를 해주셨습니다.

Nexus AI's total revenue grew 15% YOY in 2020, which is the largest revenue increase they've ever had. Being a huge part of that success makes me very proud.

Nexus AI의 총매출액은 2020년에 전년 대비 15%가 증가했고, 이는 회사 역사상 가장 큰 매출 증가폭이라고 할 수 있습니다. 그와 같은 성공의 일익을 담당할 수 있어서 자랑스러웠습니다.

Interviewer Excellent! What makes you want to work here at Onward Tech?

대단하네요! 그럼 왜 Onward Tech에서 일하고 싶으신 건가요?

Jiwon I love your company's mission and it seems like the work environment here is fantastic. When I checked your company's website, I read about your vision of 'making our world more modernized and connected by helping everyone on Earth access the technology necessary to improve their lives'.

저는 이 회사의 사명을 좋아합니다. 그리고 근무 환경이 정말 좋은 것 같습니다. Onward Tech의 웹사이트를 확인하면서, '전 세계 사람들이 그들의 삶을 향상시키는 데 필요한 기술에 접근할 수 있도록 세상을 보다 현대화하고 연결시킨다'는 사명을 봤습니다.

That mission really resonates with me and I would love to be part of it. Also, I know that you provide a lot of benefits and training opportunities for your employees. I think it's awesome that you invest in your employees' success. I know I have the skills and experience necessary to do great things here, and the work environment seems like a perfect fit for me.

그 사명이 정말 공감이 되었고, 저도 그 일에 참여하고 싶습니다. 또한, 저는 Onward Tech가 직원들에게 많은 혜택과 교육 기회를 제공한다고 알고 있습니다. 직원들의 성공에 투자하다니 정말 멋진 것 같아요. 저는 이곳에서 멋진 일을 하는 데 필요한 경험과 기술을 갖고 있으며, 업무 환경 역시 저와 잘 맞을 것이라고 생각합니다.

Interviewer Great. That's very good to hear because we're really looking for employees that can fit in well with our corporate culture. It's been great talking with you, Jiwon. I'll discuss our interview to the other hiring managers and we'll call you sometime tomorrow afternoon. Thank you for your time!

잘됐네요. 우리 회사 문화에 잘 맞는 직원을 정말 찾고 있었는데 좋습니다.

얘기 즐거웠어요, 지원 씨. 다른 채용 담당자들과 본 면접에 대해 상의해보고

내일 오후 중으로 전화드리겠습니다. 시간 내주셔서 감사합니다!

Jiwon
Thank you for the opportunity. Have a great rest of your day.

자리 마련해 주셔서 감사합니다. 남은 하루도 즐겁게 보내세요.

관사 및 한정사 실수
Article and Determiner
Mistakes

1 most/most of
2 on/in/at for time
3 for/since
4 this/last/next
   replacing on/in
5 a/an
6 using 'the'
7 on the Internet
8 similar with/to,
   different from/than
9 by/until
10 still/until
11 during/for/while
12 another/other/the other
13 besides/except

다음 내러티브에는 오류 표현이 포함되어 있습니다. 한번 읽어보시고 어색한 표현을 찾아보세요. 해당 에러 표현에 대한 정정 표현은 각 챕터 끝부분에 제시됩니다.

지원이 Onward Tech에 입사하고 교육을 받으러 사무실에 가는 상황이다. 여기서 지원은 상사인 Michelle과 영업팀장인 상현을 만난다.

Michelle	It's great to meet you, Jiwon. We're very happy to have you on our team.
Jiwon	It's great meeting you too! I'm really excited to join the team. I've been looking forward to this all week until now.
Michelle	Today morning I thought I could introduce you to the team and explain some of our policies around office. Then at the afternoon I wanna get you started contacting some of our customers.
Jiwon	Sounds great!
Michelle	Most of sales team are actually in client meetings right now, but they should be finished in about a hour. I'll show you your desk ... (walks into desk area)
Michelle	Okay, here's where you'll be. You're sharing a cubicle with Sanghyeon Kim. He's really experienced salesman and is head of sales team. He's been working with us since almost three years and will be happy to help you out if you have any questions.
Jiwon	Great! At my previous job I had to share a cubicle with other coworker but it was half

this size. I'm glad I'll have more space to work!

Michelle Yeah, I really like how open and spacious our office is. We remodeled it in last year and this new layout is so much better. It's a lot different with before!

Here let's get you logged in and registered on the computer. Do you have your company ID yet?

Jiwon Yep, got it right here.

Michelle Okay, enter your employee email and 10-digit employee ID number here to log in to the company portal.

The first thing to do at the start of each shift is to check is our sales team alerts by clicking here. It usually doesn't take that long, so if you get to the office in 8:00 a.m. you should be able to finish until around 8:10. I usually send a short sales team agenda so whatever you do after that will depend on the agenda for the day. And ... Sanghyeon, you're back already? I thought you would be in meetings by 10:00.

Sanghyun Yeah, the purchasing team from the Apex Apparel actually contacted me a few weeks before. They read about us in Internet and were really interested in our AI marketing systems, so it was a really easy sell. They actually placed their first purchase order while the meeting. We signed a one-year contract that will start two weeks after.

Michelle	Great! I've heard that their culture is pretty similar from ours so they should be really good long-term client. I'm glad we can get that partnership started. By the way, this is Jiwon, your new cubicle mate.
Sanghyun	Hey Jiwon, I heard really good things about you. Welcome to the team.
Jiwon	Yeah, it's great meeting you, too. I'm excited to be here.
Michelle	Except Sanghyeon there are 3 other members on your sales team. They should be back about 45 minutes later. Sanghyeon, can you explain a little more about the company portal?
Sanghyun	Yeah, no problem.
Michelle	Perfect, I'll leave you to it then. Jiwon, if you have another questions, feel free to send me a quick Hangouts message. Again, it was great meeting you.
Jiwon	Great meeting you, too. Thank you!

1. most / most of

Most of Korean companies are in the tech industry.

Most of colleagues have more work experience than me.

→ 명사 앞에서 most를 쓸지, most of를 쓸지 혼동하는 경우가 있습니다.

다음의 룰을 적용하면 쉽게 구분할 수 있습니다. 즉, most는 '특정하지 않은' 명사와 함께 씁니다. 대개 복수형의 셀 수 있는 명사와 많이 쓰이죠. Most Koreans라고 하면, 한국인 대다수를 가리키는 것이지 어느 특정 그룹에 속한 한국인을 가리키는 것이 아닙니다. 경우에 따라서는, 아래와 같이 셀 수 없는 명사와 함께 most를 쓰기도 합니다.

Most knowledge is gained through experience.
대부분의 지식은 경험을 통해 얻어진다.

반면, most of는 구체적인 것을 말할 때 사용하기 때문에 most of 뒤에는 보통 한정사(a/an, the, this, that, my, your, his, their 등)가 옵니다.

Most of the Koreans I know study English.
내가 아는 한국인 대부분은 영어를 공부한다. (구체적인 복수 명사. 내가 개인적으로 아는 한국 사람들에 한정함.)

I finished most of this week's report, but still need some more information.

이번 주 보고서는 대부분 끝냈지만, 아직 정보가 더 필요해요. (구체적인 단수 명사. 이번주 보고서에만 해당. 일반적인 주간 보고서를 의미하지 않음.)

Most of my work experience was overseas.

나의 직장 경험은 대부분 해외였다. (구체적인 셀 수 없는 명사. 내 업무 경험에 한정함. 일반적인 경험을 의미하지 않음.)

이 내용을 바탕으로 다음 문장들을 다시 살펴보면, 일반적인 한국 회사를 의미하지, 한국 회사의 특정 그룹을 뜻하는 것이 아니므로 다음과 같이 표현합니다.

✕   **Most of Korean companies are in the tech industry.**

○   **Most Korean companies are in the tech industry.**

대부분의 한국 회사들은 기술 산업에 종사한다.

지금 나와 함께 일하는 동료들이라고 구체화했으니 Most of my colleagues라고 고쳐야 합니다.

✕   **Most of colleagues have more work experience than me.**

○   **Most of my colleagues have more work experience than me.**

동료 대부분은 나보다 경험이 많다.

(Details)

대명사가 뒤에 오는 경우에는 most of를 써야 합니다.

Most of us are happy with the result.

우리 대부분은 그 결과에 만족합니다.

또한, 나라 이름이나 지역 이름 앞에도 most of를 사용합니다.

This is the programmers' office. It's kind of empty because most of them are working remotely right now.

여긴 프로그래머 사무실인데요, 대다수가 현재 원격 근무 중이라 비어있어요.

We've sold almost all of our inventory, so we need to order more as soon as possible.

재고가 거의 소진되어서 가능한 한 빨리 추가 주문을 해야 해요.

Here are some of our suggestions.

다음은 몇 가지 제안사항입니다.

(리빌딩)

Most people have been working from home lately, but my team can only work effectively from our office. So, **most of my team members** have still been coming to the office for work. We still need to communicate with our remote colleagues, so we started hosting Zoom conferences with all the departments.

요즘은 대부분 재택근무를 하지만, 저희 팀은 사무실에서만 효과적으로 업무를 볼 수 있습니다. 따라서 팀원들 대부분이 여전히 출근하고 있습니다. 그래도 멀리 떨어져 있는 동료들과 소통해야 하므로 모든 부서와 Zoom 콘퍼런스를 진행하기 시작했습니다.

2. on/in/at for time

We're going to launch the new product on October.

The meeting will be on February 14th 9:30 a.m. in the morning.

시간(time)이나 구체적인 날짜(specific date)를 말할 때 실수하는 경우가 많습니다.

1. in은 연도, 월, 계절, 하루의 일부를 말할 때 사용합니다.

in 2020, in February, in (the) winter, in the morning

2. on은 구체적 날짜나 요일 앞에 사용합니다.

on Tuesday, on March 27th, on Independence Day

가끔 날짜와 요일을 함께 말하는 경우에는 전치사 on을 쓰고 날짜 앞에 요일을 써야 합니다.

Let's have the meeting on Thursday, September 10th at 3:00 p.m.
9월 10일 목요일 오후 3시에 회의합시다.

3. at은 특정 시간을 말할 때나 밤(night)을 언급할 때 씁니다.

at 3:30, at noon, at 6 p.m., at night

시간을 요일, 날짜와 함께 말하는 경우는 아래처럼 말할 수 있으며 이때 위치는 요일 및 날짜 앞이나 뒤에 옵니다.

Let's have the meeting on Thursday, September 10th at 3:00 p.m.
시간을 요일과 날짜 이후 표현하는 경우

Let's have the meeting at 3:00 p.m. on Thursday, September 10th. 시간을 요일과 날짜 이전에 표현하는 경우

이제 다음 문장들을 다시 살펴보겠습니다. 월(month)을 말할 때는 on이 아니라 in을 사용합니다.

X **We're going to launch the new product on October.**

O **We're going to launch the new product in October.**

10월에 신제품을 출시할 예정입니다.

정확한 시간을 나타낼 때는 시간의 전치사 at을 기억하세요.

X **The meeting will be on February 14th 9:30 a.m.**

O **The meeting will be on February 14th at 9:30 a.m.**

2월 14일 오전 9시 30분에 미팅이 있습니다.

3. for / since

(2021년인 현재 시점을 기준으로 2009년에 미국으로 이사간 상황)

I'm Korean, but I have lived in the US since 12 years.

시간의 전치사 in, on, at 뿐만 아니라, for/since도 혼동하는 경우가 많습니다.

for와 since 모두 시간의 길이를 나타내는 전치사이지만 뒤에 어떤 단어가 오는지가 중요합니다. 예를 들어, 아침 9시에 일을 시작했고 현재 오후 4시라면, I have been working for 7 hours.라고 하거나, I have been working since 9 a.m.이라고 할 수 있습니다. since 뒤에는 행동의 시작점이 나오는 점이 다릅니다.

이는 짧은 시간뿐만 아니라 긴 시간에도 적용됩니다. 예를 들어, 2007년부터 2021년까지 금융 분야에서 일을 해온 경우 다음과 같은 문장을 만들 수 있습니다.

I have been working in the financial industry for 14 years.
저는 14년 동안 금융 분야에서 일해왔어요.

I have been working in the financial industry since 2007.
저는 2007년부터 금융 분야에서 일해왔어요.

이제 처음에 제시한 문장을 다시 살펴보겠습니다. since 뒤에는 시작점이 나오는데 12 years라는 시간의 길이가 나왔기 때문에 for 12 years라고 하거나, 2009년에 미국에 간 것이므로 since 2009이라고 해야 합니다.

✗ **I'm Korean, but I have lived in the US since 12 years.**

○ **I'm Korean, but I have lived in the US for 12 years.**
저는 한국인이지만 12년 동안 미국에서 살고 있습니다.

○ **I'm Korean, but I have lived in the US since 2009.**
저는 한국인이지만 2009년부터 미국에서 살고 있습니다.

(**Details**)

since 다음에는 보통 시점이 오지만 나이가 나올 수도 있습니다.

I'm Korean, but I have lived in the US since I was 23 years old.
저는 한국인이지만 23살부터 미국에 살고 있습니다.

또한 어떤 상황이나 행동을 시작하게 된 사건을 언급할 수도 있습니다.

I'm Korean, but I have lived in the US since graduating college.
저는 한국인이지만 대학 졸업 후로 계속 미국에 살고 있습니다.

(리빌딩)

I've worked for this company **since 2006,** but I've only been a member of this team **for three years.**
전 2006년부터 이 회사에서 일했지만, 이 팀에서 온 지는 3년 밖에 안 돼요.

4. this/last/next replacing on/in

I started working here in last August.

I have a really important interview on this Thursday.

시간을 나타내는 this/next/last 앞에 on이나 in을 붙이는 경우가 있습니다.

this, last, next는 시간 앞에 쓰이는 전치사 in, on을 대체합니다. 따라서 this, last, next가 나오면 추가로 in이나 on을 사용할 필요가 없습니다. 잘못된 문장 몇 개를 살펴볼까요?

   ✕   **I sent you the email on last Friday.**

   ○   **I sent you the email** last Friday.

지난주 금요일에 메일을 보내드렸어요.

   ✕   **The meeting is on next Tuesday.**

   ○   **The meeting is** on Tuesday.

   ○   **The meeting is** next Tuesday.

회의는 다음 주 화요일입니다.

  ✗   The store will open in this July.

  ○   The store will open in July.

  ○   The store will open this July.

그 가게는 올 7월에 문을 열 거예요.

그럼 다음 문장들을 다시 살펴보겠습니다.

  ✗   I started working here in last August.

  ○   I started working here last August.

저는 작년 8월에 이곳에서 일하기 시작했어요.

  ✗   I have a really important interview on this Thursday.

  ○   I have a really important interview this Thursday.

이번 주 목요일에 정말 중요한 면접이 있어요.

We decided to divide the Zoom conference into three different meetings. The first Zoom meeting was **last Wednesday**. We'll have the second meeting **this Wednesday**, and the final meeting **next Wednesday**.

세 개의 다른 미팅으로 나누어 Zoom 콘퍼런스를 열기로 했죠. 첫 번째 Zoom 미팅은 지난 수요일이었어요. 이번 주 수요일에 두 번째 미팅을 하고, 다음 주 수요일에 최종 미팅을 하겠습니다.

5. a/an

He is incredibly skilled, organized, and efficient manager.

I hope to work for an US company someday.

기본적인 내용이지만 a/an에 대해 실수를 하는 경우가 있습니다.

1) 명사 앞에 형용사나 부사 등 꾸며주는 말이 많아도 a/an을 빠트리면 안 됩니다.

X **He is really talented and confident salesman.**

O **He is a really talented and confident salesman.**

그는 정말 재능 있고 자신감 있는 판매사원이에요.

명사 앞에 꾸며주는 말이 많아지면 관사를 놓치곤 합니다. 유의하세요. 아무리 꾸며주는 말이 길어지더라도, 해당 명사가 단수인 이상, 관사를 누락하면 안 됩니다.

다음 문장을 다시 살펴보겠습니다. 이 문장의 핵심 내용은 He is manager. 이고, 중간에 들어간 incredibly skilled, organized, and efficient는 모두 꾸며주는 말입니다. 따라서 셀 수 있는 명사 manager에 필요한 관사를 처음 수식어 앞에 알맞은 형태로 붙여야 합니다.

✕ He is incredibly skilled, organized, and efficient manager.

○ He is an incredibly skilled, organized, and efficient manager.

그는 정말 숙련되고, 체계적이며, 효율적인 관리자예요.

2) 명사의 철자가 아니라 발음에 의해서 a, an을 결정해야 합니다.

모음 a, e, i, o, u로 시작하는 단어 앞에는 an을 쓰고 나머지는 a를 붙입니다. 하지만 철자와 상관없이 소리가 모음으로 나는 경우도 있어요.

I'll meet you in an hour.

한 시간 후에 봐요.

I'm going back to school to get an MBA.

MBA를 따러 학교에 다시 갈 거예요.

반대로, 철자가 a, e, i, o, u로 시작하지만 발음이 모음이 아닌 경우도 있습니다.

My brother studies at a university in London.

형은 런던의 한 대학에서 공부하고 있다.

이 내용을 바탕으로 다음 문장도 살펴보겠습니다. US의 U는 university처럼 [ju] 발음이 나기 때문에 an이 아닌 a를 붙여야 합니다.

✕ I hope to work for an US company someday.

○ I hope to work for a US company someday.

나는 언젠가 미국 회사에서 일하고 싶어요..

6. using 'the'

I usually work from home, but I'm going to office today.

The Coupang has become very popular in Korea recently.

정확한 관사 사용에 혼동을 겪는 경우가 많습니다.

여기서는 일반적인 룰은 제외하고 흔히 하는 실수에 대비할 만한 몇 가지 가이드라인을 알려드리겠습니다.

1. 팀(team), 부서(department), 사무실(office), 산업/일하는 분야(industry)
에는 the를 붙입니다.

Talk to the purchasing team.
구매 팀에 이야기 해보세요.

We want to be one of the top companies in the ecommerce industry.
우리는 전자상거래 업계에서 최고의 기업이 되고 싶습니다.

2. 단수 고유명사(특정인, 나라, 도시, 회사명 등) 앞에는 the를 붙이지 않습니다.
the United States, the Dominican Republic, the Czech Republic처

럼 관용적으로 the를 붙이는 경우를 제외하고 고유명사 앞에는 the를 붙이지 않습니다.

3. 단일 건물인 경우 대개 the를 붙입니다.

I had an appointment at the hospital this weekend.

이번 주말 병원 예약이 있었어요.

I usually go to the gym after work.

보통 일 마치고 헬스장에 가요.

Can you please take these checks to the bank later today?

오늘 늦게 이 수표 좀 은행에 가져다줄 수 있어?

이제 다음 문장을 다시 살펴보겠습니다. 내가 가는 특정한 사무실이므로 the office라고 해야 합니다.

✕ **I usually work from home, but I'm going to office today.**

○ **I usually work from home, but I'm going to the office today.**

나는 주로 집에서 일하는데 오늘은 사무실에 갈 거예요.

Coupang은 고유명사이므로 앞에 the를 삭제해야 합니다.

✕ **The Coupang has become very popular in Korea recently.**

○ **Coupang has become very popular in Korea recently.**

쿠팡은 최근 한국에서 큰 인기를 끌고 있다.

리빌딩

I'll pass your suggestion on to **the** HR team. **The** HR manager isn't working from **the** office today, but she'll email you in a few hours.

제안 사항은 인사팀에 전달할게요. 인사 담당자가 오늘 사무실 근무를 하지 않아서, 이메일을 확인하려면 몇 시간 정도 걸릴 수 있어요.

7. on the Internet

I saw that story at the Naver.

I saw that story on online.

인터넷(Internet)이나 웹사이트(website)를 언급하는 경우 적절한
전치사 사용에 혼동을 겪는 경우가 많습니다.

해결책은 의외로 간단한데요, on the Internet, on Naver, on YouTube,
on Instagram처럼 on을 붙이면 됩니다. 또한, Naver, YouTube,
Instagram 등 플랫폼 이름 앞에는 the를 사용하지 않습니다.

I read that on Naver. 네이버에서 그거 읽었어요.
I read that on the Internet. 인터넷에서 그거 읽었어요.

하지만 웹사이트 내의 특정한 부분을 말할 때, 예를 들어 forum, 채팅방,
코멘트, DM(direct message); 이메일을 말할 때는 in을 사용합니다.

I read that in an email.
이메일에서 그거 읽었어요.

I read that in a chat room.
채팅방에서 그거 읽었어요.

I read that in a Facebook comment.
페이스북 코멘트에서 그거 읽었어요.

또한 online이라는 단어에는 이미 on이 들어가 있기 때문에 따로 전치사를 사용하지 않습니다.

✕   **I saw that news story through online.**
○   **I saw that news story** online**.**
온라인에서 그 뉴스 기사를 봤어요.

✕   **You can order through online.**
○   **You can order** online**.**
온라인으로 주문할 수 있어요.

위 문장을 다시 보면, at the Naver를 on Naver로 바꾸면 됩니다.

✕   **I saw that story at the Naver.**
○   **I saw that story** on Naver**.**
네이버에서 그 이야기를 봤어요.

online은 전치사 없이 단독으로 사용한다고 했으니 on을 삭제합니다.

✕   **I saw that story on online.**
○   **I saw that story** online**.**
온라인에서 그 이야기를 봤어요.

리빌딩

My company does a lot of paid marketing **on the Internet.** We run English ads **on Facebook, Instagram, and YouTube** as well as Korean ads **on Naver.**

우리 회사는 인터넷에서 유료 마케팅을 많이 합니다. 페이스북, 인스타그램, 유튜브에서는 영어로 광고를 하고 네이버에서는 한국어로 광고를 하죠.

8. similar with/to,
different from/than

We want our company to seem unique and different to all our competitors.

두 가지를 비교하는 경우 similar와 different를 사용하면서 전치사를 혼동하는 경우가 있습니다.

두 가지 형태로 similar와 different를 사용할 수 있습니다.

1) X is similar to Y.

I've worked at both of our offices. They're very similar to each other.
저는 우리 사무실 두 곳 모두에서 일했는데, 그 둘은 서로 매우 비슷해요.

2) X is different from Y.

This job is quite different from my old job.
이 일은 내 예전의 일과는 꽤 다르다.

similar, different가 명사 앞에서 꾸며주는 형용사로 쓰이는 경우도 많습니다. 이런 경우에는 전치사가 필요 없죠.

I had a similar problem last year. 저도 작년에 비슷한 문제가 있었어요.
Because I'm a salesman, I talk to many different customers each day.
저는 영업사원이기 때문에 매일 다양한 고객과 이야기를 나눕니다.

참고로 compared to ~라는 표현도 많이 쓰는데, '~에 비해서'로 해석되고 X is Y compared to Z.의 형태로 쓰입니다.

This computer is great <u>compared to</u> yours.
= **This computer is better than yours.**
이 컴퓨터는 네 컴퓨터에 비해 더 좋아.

This question is hard <u>compared to</u> the last one.
= **This question is harder than the last one.**
이 질문은 저번 질문보다 더 어려워.

그럼 다음 문장을 다시 살펴보겠습니다. 앞에서 언급한 것처럼 different from을 하나의 단위로 기억해야 합니다.

X **We want our company to seem unique and different to all our competitors.**

O **We want our company to seem unique and different from all our competitors.**
우리는 우리 회사가 다른 경쟁자들에 비해 특별하고 다르게 보이기를 원합니다.

(리빌딩)

I recently moved from my company's R&D department to sales. It was a big adjustment, because talking to customers all day is very **different from** doing solo research. The work I do now is actually more **similar to** my first job when I was a sales representative at a retail store.

저는 최근 회사 R&D 부서에서 영업부로 옮겼습니다. 하루 종일 고객과 대화하는 것과 단독으로 조사하는 것은 매우 다르기 때문에 적응이 필요했죠. 제가 지금 하는 일은 사실 매장 영업사원이었을 때 처음 하던 일과 더 비슷합니다.

9. by/until

I have to finish sending these emails until 3:00 p.m.

I have to work overtime by 10:30 p.m. tonight.

'~까지'라고 해석되는 by와 until을 어떻게 써야하는지 혼동하는 경우가 많습니다.

by는 보통 deadline(기한)이 주어진 경우에 주로 start, over, done, complete, finish 등의 동사와 함께 사용됩니다.

Please finish the report by Friday.
금요일까지 리포트를 끝내세요.

until은 지속적인 활동이 어느 시점을 기준으로 변화가 생기는 것을 의미하죠. 주로 continue, stay, work, study, sleep, remain 등의 동사와 함께 사용됩니다.

I have to work until 8 p.m. today.
나는 오늘 저녁 8시까지 일해야 해.

84

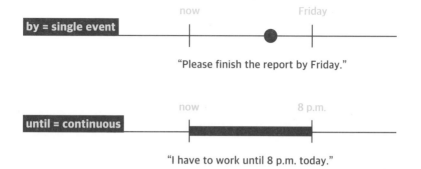

by = single event

now — Friday

"Please finish the report by Friday."

until = continuous

now — 8 p.m.

"I have to work until 8 p.m. today."

다음 문장에서는, 동사가 finish고 뒤에 3시라는 마감 시간이 있으니 by 를 사용해야 합니다.

X   I have to finish sending these emails until 3:00 p.m.

O   I have to finish sending these emails by 3:00 p.m.

오후 3시까지는 이 이메일을 보내야 해.

X   I have to work overtime by 10:30 p.m. tonight.

O   I have to work overtime until 10:30 p.m. tonight.

오늘 밤 10시 반까지 야근을 해야 한다.

My boss gave me a bunch of work last week and said it all had to be done **by** Friday. I had to stay up **until** 2 or 3 in the morning every night to get it all finished in time.

상사는 지난주 나에게 많은 일을 주며 금요일까지 모두 끝내야 한다고 말했어요. 저는 모든 것을 제시간에 끝내기 위해 매일 새벽 두세 시까지 밤을 새워야 했죠.

10. still / until

 I love working here until now.

still을 사용해야 하는데 until을 쓰는 경우가 있습니다.

살펴보았듯이, until은 특정 시간을 염두한 상황을 가리킵니다. 그 시점
이후에는 상황이 변하는 것이죠. 특정 시점을 기점으로 상황이 변하는 경
우에만 until을 쓸 수 있다는 점에 유의해야 합니다. 즉, 상황이 변하지 않
은 경우에는 until이 아닌 still을 써서 아래와 같이 표현합니다.

✗ I started working at Samsung in 2013 and work there
until now.
○ I started working at Samsung in 2013 and still work
there now.
저는 2013년에 삼성에서 일하기 시작했고 지금도 삼성에서 일하고 있습니다.

until now를 쓰면 '모든 수업이 지금까지는 좋았지만 앞으로는 어떨지 모
르겠다.'는 의미로 들립니다. 사실 처음부터 지금까지 수업에 만족한다는
말을 하려는 것이기 때문에, 이런 경우는 until now를 빼고 I have liked
all of our classes.라고만 하면 됩니다.

✗ I have liked all our classes until now.
○ I have liked all of our classes.
수업 전부가 좋았어요.

그러면 다음 문장을 다시 살펴보겠습니다. 여전히 여기에서 일하는 것을 좋아하고, 앞으로 변할 것을 말하는 것이 아니라서 still을 사용하면 됩니다.

✗　I love working here until now.

◯　I still love working here.

◯　I love working here.

난 계속해서 여기서 일하는 게 좋아요.

지금까지 이곳에서 일하는 것이 좋았지만, 상황이 바뀌어 더는 아니라면 그때는 정말 until now를 사용할 수 있겠죠. 단, 이때 주의할 점은 그전의 상황이 더이상은 유효하지 않으므로 과거형으로 표현합니다.

I loved working here until now.

지금까지는 여기서 일하는 게 좋았어.

(리빌딩)

I got my MBA from Columbia Business School in the United States, then got a job on Wall Street. I lived and worked in New York **until** 2017. Now I'm back in Korea, but I **still** stay in contact with a lot of my old coworkers and plan on moving back to America in the future.

저는 미국 컬럼비아 경영대학원에서 MBA를 취득하고 월가에 취직했습니다. 2017년까지 뉴욕에서 살면서 일했어요. 지금은 한국에 돌아왔지만, 여전히 많은 옛 동료들과 연락을 유지하고 있고, 미래에는 미국으로 돌아갈 계획입니다.

11. during / for / while

I met my recruiter during networking at a tech conference.

This client was pretty rude. He kept interrupting me while my presentation.

→ during, for, while을 모두 '~ 동안'이라는 의미로 생각하고 잘 구별하지 못하는 경향이 있습니다.

during, for, while 모두 그 의미에 있어서는 차이가 없지만, 결합하는 형식이 다음과 같이 차이가 있습니다.

during 뒤에는 주로 구체화되지 않은 사건(event)을 나타내는 말

for 뒤에는 구체적인 시간의 길이를 나타내는 말(2 hours, 3 days, 4 weeks, one year 등)

while 뒤에는 주어+동사가 있는 문장이나 주어+동사를 생략한 ~ing 형

I took notes during the meeting.
회의 진행 중에 기록을 좀 해두었습니다.

I lost my phone during the concert.
During the concert, I lost my phone.
콘서트 도중에 핸드폰을 잃어버렸어요.

I took notes for 2 hours straight.
난 두 시간 동안 계속해서 메모를 했어요.

I talked to my boss for half an hour to explain why I
was late.
저는 제가 왜 늦었는지 설명하기 위해 상사와 30분 동안 이야기했어요.

I took several notes while I attended the meeting.
= I took several notes while attending the meeting.
회의에 참석하는 동안 여러 개의 메모를 했어요.

✗ I met my recruiter during networking at a tech
conference.
○ I met my recruiter while networking at a tech
conference.
○ I met my recruiter during a networking event at a
tech conference.
기술 콘퍼런스에서 인적 네트워크를 형성하다가 채용 담당자를 만났어요.

✗ He kept interrupting me while my presentation.
○ He kept interrupting me during my presentation.
○ He kept interrupting me while I gave my presentation.
그는 내가 발표를 하는 동안 계속해서 방해를 했다.

(리빌딩)

I have a hard time paying attention **during** really
long business meetings. I want to improve this, so
I started taking notes **while** everyone else talks
because this forces me to pay closer attention.
저는 회의가 길어지면 집중하는 게 힘들어요. 이를 개선하려고 집중력을 높일 수 있도록 다른
사람들이 말을 하면 필기를 하기 시작했어요.

12. another / other / the other

We're planning to hire other HR manager.

My company wants to gain many another client in Korea this year.

Can you please send this package to other office?

→ another, other, the other의 차이점을 확실히 구별하지 못하는 경우가 많습니다.

another는 말그대로 a(n)+other라고 생각하면 됩니다. a(n)이라고 하면 특정하지 않은 단수 명사에 붙는 관사죠, 따라서 another라고 할 경우에는 특정하지 않은 단수 명사 앞에서 써야 합니다.

We opened another office last week.
지난주에 오피스 하나를 더 개설했습니다.

Let's have another meeting next week.
다음 주에 또 다른 미팅을 합시다.

반면, other는 다음과 같은 경우에 사용됩니다.

1. other + 복수명사

Our cloud service does a lot more than just organize your files. There are tons of <u>other</u> useful <u>features</u>.

당사의 클라우드 서비스는 귀사의 파일 정리뿐 아니라 기타 수많은 유용한 기능을 제공합니다.

This is my only meeting. I don't have any <u>other meetings</u> today.

회의가 이것 뿐이에요. 오늘 다른 회의 일정은 없습니다.

2. the other + 구체적인 단/복수 명사 (the 대신 다른 한정사가 올 수 있습니다.)

I'll ask <u>the other members of my team</u> about this.

다른 팀 멤버들한테 이것 좀 한번 물어볼게.

We released two new products this year. Our first product didn't sell well, but <u>our other product</u> was really popular.

올해 신제품을 두 개 출시했습니다. 첫 번째 신제품 판매는 저조했지만 다른 하나는 꽤 인기가 있습니다.

그럼 다음 문장을 다시 살펴보겠습니다. 문맥상 매니저 한 명을 뽑는 것이니 another HR manager라고 해야 합니다.

X   We're planning to hire other HR manager.

O   We're planning to hire another HR manager.

인사 담당자를 한 명 더 채용할 계획입니다.

많은(many) 고객들을 유치하고자 하는 것이니 many other clients라고 하면 됩니다.

X   My company wants to gain many another client in Korea this year.

○ My company wants to gain many other clients in Korea this year.

우리 회사는 올해 한국에서 다른 많은 고객들을 유치하고자 합니다.

특정 명사를 언급할 때에는 언제나 한정사가 필요합니다. '한정사+other +특정 명사'의 식으로 쓰이는 것이죠. 회사 내 다른 사무실을 언급한다고 할 경우, 다음과 같이 한정사를 써서 표현할 수 있습니다.

✕ Can you please send this package to other office?
○ Can you please send this package to the other office?
○ Can you please send this package to our other office?

이 소포를 다른 사무실로 보내주시겠어요?

(리빌딩)

Our main projector broke, so you'll need to use **the other** projector for the sales meeting. I think it's in the supply closet.

메인 프로젝터가 고장 나서 다른 프로젝터를 영업 회의에 사용해야 할 것 같습니다. 물품 보관함에 있는 것 같아요.

Our previous business consultant didn't have a lot of industry knowledge, so we're currently looking for **another** consultant to help our startup expand.

이전 비즈니스 컨설턴트는 업계 지식이 부족하여 현재 스타트업 확장을 도울 컨설턴트를 찾고 있습니다.

13. besides / except

There are three other women on the team except Michelle.

besides와 except를 어떻게 써야 하는지 모르는 경우가 있습니다.

먼저 각각의 정의를 살펴보죠. 가장 큰 차이점은 besides에는 '포함, 추가'의 의미가 있고, except에는 '제외'의 의미가 있다는 것입니다.

besides   prep. adv. in addition to, as well 게다가, ~도 또한
except   prep. not including ~을 포함하지 않고, 제외하고

> I talked to everyone on the team <u>except</u> for John.
> John을 제외하고 팀에 있는 모든 사람과 이야기했어요.
>
> <u>Besides</u> John, I also talked to Sam and Jade.
> John뿐만 아니라, 난 Sam과 Jade에게도 말했어.

단, except와 besides가 같은 의미로 사용되는 경우가 있어서 혼동되는 경우가 있습니다.

> <u>Besides</u> Tim, everyone showed up to the meeting.
> = Everyone showed up to the meeting <u>except</u> for Tim.

위 예문은 "Tim을 제외하고, 모든 사람이 미팅에 참여했어요."라고 해석됩니다. 결국 besides는 '포함'의 의미로 해석하는 것이 원칙이지만, 실제로 대화할 때는 except처럼 '제외'의 의미로 해석하는 경우도 있으니 주의해야 합니다. besides의 해석은 대화의 문맥을 파악해서 구별해야 하는데, 보통 too, also가 포함되면 그 문장의 besides는 '포함(in addition to)'의 뜻이 됩니다.

Besides Korea, I've also been to Vietnam, China, and Japan.

한국뿐만 아니라 베트남, 중국, 일본에도 가봤어요.

반면, every, each, all, the entire가 포함되면 besides는 대부분 '제외(except for)'의 의미가 됩니다.

I've been to every country in Asia besides Korea.

난 한국을 제외한 아시아의 모든 나라에 가봤어.

다음 문장에서는, besides를 사용해서 Michelle 말고도 3명의 여자가 더 있다는 의미를 전달하면 됩니다.

✗ **There are three other women on the team except Michelle.**

○ **There are three other women on the team** besides Michelle.

그 팀에는 Michelle 말고도 3명의 다른 여자들이 있어요.

We work with many other companies **besides** Pentatonix.

당사는 Pentatonix 외에도 기타 많은 회사들과 거래를 하고 있습니다.

All of our business partners are based in Korea **except** for Lighthouse Communications. It's based in the US.

우리 모든 비즈니스 파트너들은Lighthouse Communications 를 제외하고는 한국에 있습니다. Lighthouse Communications 는 미국에 본사를 두고 있습니다.

Michelle	It's great to meet you, Jiwon. We're very happy to have you on our team. 지원 씨, 만나서 반가워요. 우리 팀에 합류해서 정말 기쁘네요.
Jiwon	It's great meeting you too! I'm really excited to join the team. I've been looking forward to this all week. 저도 만나서 반갑습니다. 팀에 합류하게 되어 정말 기쁩니다. 일주일 내내 정말 기대하고 있었습니다.
Michelle	This morning I thought I could introduce you to the team and explain some of our policies around the office. Then in the afternoon I wanna get you started contacting some of our customers. 오늘 아침은 지원 씨를 팀에 소개하고 회사 정책에 대해 어느 정도 설명하면 어떨까 싶은데요. 그리고 오후에는 지원 씨가 직접 우리 고객 분들에게 연락을 취하는 것은 어떨까 합니다.
Jiwon	Sounds great! 좋습니다!
Michelle	Most of the sales team are actually in client meetings right now, but they should be finished in about an hour. I'll show you your desk ... 영업팀 대부분이 지금 고객미팅 중이지만, 대략 한 시간이면 다 끝납니다. 지원 씨가 일할 책상을 보여드릴게요. **(walks into desk area)** (책상이 있는 곳으로 걸어가면서)

Okay, here's where you'll be. You're sharing a cubicle with Sanghyeon Kim. He's a really experienced salesman and is the head of the sales team. He's been working with us for almost three years and will be happy to help you out if you have any questions.

자, 여기가 지원 씨가 일할 곳입니다. 김상현 씨와 방을 공유할 거예요. 상현 씨는 정말 경험이 많은 영업사원이고 영업팀장입니다. 거의 3년 동안 우리와 함께 일해서 질문이 있으면 기꺼이 지원 씨를 도와줄 거예요.

Jiwon

Great! At my previous job I had to share a cubicle with another coworker but it was half this size. I'm glad I'll have more space to work!

좋네요! 이전 직장에서는 다른 동료와 방을 공유해야 했는데 이 방 절반 정도 크기였거든요. 업무 공간이 좀 더 여유가 생기니 좋습니다!

Michelle

Yeah, I really like how open and spacious our office is. We remodeled it last year and this new layout is so much better. It's a lot different from before!

네. 저도 우리 사무실이 탁 트이고 넓어서 정말 좋아요. 작년에 사무실을 리모델링 했는데, 이렇게 새로 배치한 것이 더 좋네요. 이전과는 훨씬 달라졌죠!

Here let's get you logged in and registered on the computer. Do you have your company ID yet?

자, 그럼 컴퓨터에 로그인하고 등록을 해볼게요. 회사 ID 이미 받으셨나요?

Jiwon

Yep, got it right here.

네, 여기 있어요.

Michelle

Okay, enter your employee email and 10-digit employee ID number here to log in to the company portal.

좋아요. 직원 이메일과 10자리 직원 ID 번호를 여기 입력해서 회사 포털 사이트에 로그인하세요.

The first thing to do at the start of each shift is to check our sales team alerts by clicking here. It doesn't usually take that long, so if you get to the office at 8:00 a.m. you should be able to finish by around 8:10. I usually send a short sales team agenda so whatever you do after that will depend on the agenda for the day. And ... Sanghyeon, you're back already? I thought you would be in meetings until 10:00.

교대 근무를 시작할 때 가장 먼저 해야 할 일은 여기를 클릭해서 영업팀 알림을 확인하는 것입니다. 보통 그렇게 오래 걸리지 않아서, 아침 8시에 사무실에 도착하면 8시 10분쯤에 끝날 수 있을 거예요. 보통 영업팀 안건을 보내드리기 때문에 그 이후에 무슨 업무를 할지는 그날 안건에 따라 다릅니다. 상현 씨, 벌써 오셨네요? 10시까지는 회의를 하실 줄 알았거든요.

Sanghyun Yeah, the purchasing team from Apex Apparel actually contacted me a few weeks ago. They read about us on the Internet and were really interested in our AI marketing systems, so it was a really easy sell. They actually placed their first purchase order during the meeting. We signed a one-year contract that will start in two weeks.

네, 사실 Apex Apparel 구매팀에서 몇 주 전에 저에게 연락했었어요. 우리를 인터넷에서 살펴봤고, AI 마케팅 시스템에 많은 관심을 보였어요. 그래서 판매 진행이 정말 수월했어요. 실제로 미팅을 하는 동안 첫 구매 주문을 했고 2주 후에 시작하는 1년 계약을 체결했습니다.

Michelle Great! I've heard that their culture is pretty similar to ours so they should be a really good long-term client. I'm glad we can get that partnership started. By the way, this is

Jiwon, your new cubicle mate.

좋아요! 그 회사 문화가 우리와 꽤 비슷하다고 들었는데 정말 훌륭한 장기

고객이 될 것 같네요. 파트너십을 구축할 수 있어서 기뻐요. 아, 이쪽은 함께

방을 쓰게 된 지원 씨입니다.

Sanghyun

Hey Jiwon, I heard really good things about you. Welcome to the team.

안녕하세요. 지원 씨. 지원 씨에 대해 정말 좋은 이야기를 들었어요. 팀에 오신

것을 환영해요.

Jiwon

Yeah, it's great meeting you, too. I'm excited to be here.

네. 저도 만나서 반갑습니다. 이곳에 오게 되어서 기쁩니다.

Michelle

Besides Sanghyeon there are 3 other members on your sales team. They should be back in about 45 minutes. Sanghyeon, can you explain a little more about the company portal?

상현 씨 말고도 영업팀에 다른 직원이 3명 있어요. 대략 45분 후에 돌아올

거예요. 상현 씨, 회사 포털사이트에 대해서 좀 더 설명해줄 수 있나요?

Sanghyun

Yeah, no problem.

네. 물론이죠.

Michelle

Perfect, I'll leave you to it then. Jiwon, if you have other questions, feel free to send me a quick Hangouts message. Again, it was great meeting you.

잘됐네요. 그럼 상현 씨에게 맡기겠습니다. 지원 씨, 다른 질문이 있으면

언제든지 저에게 행아웃 메시지를 보내주세요. 다시 한번, 만나서 반가웠어요.

Jiwon

Great meeting you, too. Thank you!

저도 만나서 반가웠습니다. 고맙습니다!

유사 표현 실수 1
Word Set Mistakes 1

1 take care of/care for/
care about
2 wish/hope
3 similar/same
4 price/cost/fee
5 revenue/profit
6 convenient/comfortable
7 economy/finance
8 company/office/industry
9 believe/believe in/trust

지원은 잠재 고객인 Green Light Electronics(GLE)에 세일즈 프레젠테이션을 직접 진행하고 있다. 지원은 고도로 발전된 인공지능 시스템인 Synthesis Marketing AI를 설명하고 있는데, 이 인공지능 시스템은 회사의 온라인 광고 캠페인과 마케팅 예산을 모니터하는 시스템으로 최고의 마케팅 투자 수익률을 올릴 수 있다.

Jiwon	Alright, it's great to be with you all today. I'm looking forward to sharing how Synthesis can help your business grow.
	Today I thought I could tell you a little more about what Synthesis is and how it works, then share a few examples of other Korean businesses that have really benefited from using Synthesis. It's a pretty short agenda, so I think we should be finished within 30 or 40 minutes. Does anyone have any questions before we begin?
GLE	Nope.
Jiwon	Okay great, so first let me explain a little more about what Synthesis is and why we believe in it will change online marketing forever. We know how important data analytics is in today's business world, and how much companies care of really understanding their target customers. We developed Synthesis to make effective advertising as easy and comfortable as possible. Synthesis is an AI system that can

monitor and analyze the performance of all your online marketing campaigns.

Synthesis tracks the performance of every online advertisement your company is running. Synthesis uses this data to find out not only which ads are most effective, but also the times when and websites where your ads are performing best. Synthesis can then actually change when and where your ads are shown to maximize your advertising ROI.

Not only that, but Synthesis can analyze historical data to predict how you should change your advertising strategies in the future. There are some pretty same AI products on the market right now, but none of them have this key feature. The advices Synthesis gives has increased sales profit by 15% for our ten largest clients YOY, and actually reduced advertising prices by 27%.

One thing that makes Synthesis very comfortable to use is that you can access it anywhere you have an Internet connection. Whether you're at the company or working from home. Synthesis also comes with a group chat feature so your marketers will be able to conversation with each other based on what's happening in Synthesis. Before moving on, does anyone have any questions? GLE Yes, does Synthesis only track advertisements in Korea? Or can it track advertisements in other countries as well?

Jiwon   Great question. Synthesis can monitor your advertisements anywhere in the world. Wherever your country does business, Synthesis can help your ads perform better and help your company make more money.

GLE   That's great to hear. Right now we have many European business partners and advertise a lot in France, Germany and Switzerland. We wish to expand to the UK and Spain by the end of the year.

Jiwon   Perfect, we have a few other clients advertising in Europe and using Synthesis has not only improved their company economy, but saved them a lot of time as well.

GLE   Excellent. How much is the fee for using Synthesis?

Jiwon   It will really depend on your advertising budget, how many team members you have, and how much data your plan on using. Once we have all that information, we'll email you a quote.

I'd be happy to have a conversation with a member of your marketing team to discuss the details as well.

GLE   That would be great. Would you be available to meet with one of our marketers sometime next week?

Jiwon   Sure! Let me check my schedule ... how about next Thursday afternoon at 2 p.m.?

GLE   That sounds great. I'll communicate this with
           the marketing team and someone from that
           department will email you later this week.

Jiwon   Perfect! Looking forward to that. Thank you
           for your time! I wish you have a great rest of
           your day.

1. take care of / care for / care about

 I am very close to my coworkers. I care of them a lot.

take care of, care for, care about의 차이를 잘 모르는 경우가 많습니다.

care about은 어떤 것에 대해 매우 중요하고 가치가 있다고 생각하는 것입니다. 그 대상은 사람이 될 수도 있고, 의견이나 느낌이 될 수도 있습니다.

I really care about my customers.
저는 제 고객들을 정말 중요하게 생각합니다.

I don't care about other people's opinions.
저는 다른 사람들의 의견은 신경쓰지 않아요.

take care of와 care for는 기본적으로 같은 뜻인데, 누군가를 돌보아주고, 뭔가를 좋은 상태로 유지하도록 잘 관리한다는 의미입니다.

If you take care of this product, it will work for years.
이 제품을 잘 관리하면 몇 년은 사용할 수 있을 거예요.

take care of에는 '어려운 상황이나 문제를 해결하다'는 의미도 있으며 이 때는 handle, deal with, manage로 바꿔 말할 수 있습니다. 단, 앞서 살펴본 care for와 함께 쓸 수 있는 '관리하다'의 의미보다는 훨씬 덜 쓰입니다.

The store manager asked if I could take care of the angry customers at the customer service desk.

가게 매니저가 고객 서비스 데스크에서 화를 내는 고객들을 상대할 수 있는지 나에게 물었어요.

가장 흔히 하는 실수는 care about을 써야 하는 상황에서 take care of나 care of를 쓰는 것입니다. take care of/care for는 어떤 사람이나 상황을 잘 돌보아 제대로 유지하는 것을 말하고, care about은 중요하고 가치 있는 것에 대해서 관심을 가지고 소중하게 여긴다는 의미입니다. 그럼 다음 문장을 고쳐볼까요.

✕   **I am very close to my coworkers. I care of them a lot.**

◯   **I am very close to my coworkers. I care about them a lot.**

저는 직장 동료들과 아주 가깝습니다. 동료들을 아주 중요하게 생각하죠.

(리빌딩)

Our store manager really **cares about** having very professional-looking displays in our stores. We make sure we **take good care of** all our product displays so they look clean and attractive to our customers.

저희 매장 매니저는 매장 내 디스플레이의 전문성을 매우 중요하게 생각합니다. 따라서 저희는 고객에게 제품들이 깔끔하고 매력적으로 보일 수 있도록 제품 디스플레이를 관리하고 있습니다.

2. wish/hope

We're planning to launch our second

Android application next week. I wish it gets lots of downloads.

→ wish와 hope은 모두 '바라다, 소망하다'라는 의미이지만, 바라는 대상에 있어 차이가 있습니다.

일반적으로 동사 wish는 실현 가능성이 적은 일을 바라는 경우에 사용합니다.

I wish I could help you, but I'm stuck at work.
당신을 도와주고 싶지만, 할 일이 많아요.

I wish I had studied harder when I was in college.
대학 다닐 때 공부를 더 열심히 할 걸 그랬어.

반면 hope은 미래에 희망하는 것을 말할 때 사용합니다.

I have a big presentation next week. I really hope it goes well!
다음 주에 중요한 발표가 있어요. 정말 잘 됐으면 좋겠어요!

정리하자면, wish는 그러고 싶지만 그럴 수 없어서 안타까울 때, 또는 과거의 후회를 나타낼 때 사용하고, hope는 미래에 이루고자 하는 계획, 목표, 희망을 나타낼 때 사용합니다.

그럼 다음 문장을 다시 살펴보겠습니다. 사람들이 많이 다운로드하면 좋겠다는 미래의 희망을 말하고 있으니 wish가 아니라 hope를 사용하는 것이 좋습니다.

X   We're actually planning to launch our second Android application next week. I wish it gets lots of downloads.

O   We're actually planning to launch our second Android application next week. I hope it gets lots of downloads.
다음 주에 두 번째 안드로이드 어플을 출시할 계획이에요. 사람들이 많이 다운로드하면 좋겠어요.

(리빌딩)

I really **wish** I had studied coding when I was in college because that's such a useful skill in today's business world. I'm actually taking classes at a programming academy now, so I **hope** I can gain the skills to enter that industry in the future.
대학에 다닐 때 코딩을 공부했으면 좋았을 텐데 말이죠. 요즘은 실무에서 굉장히 유용한 기술이잖아요. 요즘 프로그래밍 학원에서 수업을 듣고 있는데, 이 코딩 기술을 잘 익혀서 앞으로는 해당 업계로 진출할 수 있으면 좋겠어요.

3. similar / same

(경력에 관해 이야기하는 상황)

I started out as a junior web developer. I'm a senior developer now, but my overall job duties are still pretty same.

→ **similar를 사용해야 할 상황에서 same을 쓰는 경우가 있습니다.**

the same은 100% 똑같은 것을 의미합니다. 반면 similar는 매우 비슷하지만 차이점도 있는 경우에 씁니다.

I take the same subway route to work every morning.
매일 아침 같은 지하철 노선을 타고 출근합니다.

This project should be pretty similar to what we did last year.
이 프로젝트는 우리가 작년에 했던 작업과 꽤 비슷하네요.

차이가 거의 없을 때는 almost the same이나 very similar라고 표현할 수 있습니다.

= **My current job is almost the same as my previous job.**
My current job is very similar to my previous job.
제 현재 업무는 이전 업무와 거의 비슷해요.

111

참고로 same은 100% 같다는 뜻이므로 more same, less same은 쓸 수 없는 표현입니다. pretty same, very same 이런 표현 역시 쓸 수 없겠죠. 똑같다는 것은, 똑같던지 그렇지 않던 지의 경우 외엔 없으니까요.

흔히 하는 실수는 similar와 함께 쓸 very/more/pretty를 same과 함께 쓰는 경우입니다. 그럼 다음 문장을 다시 살펴볼까요.

X   I started out as a junior web developer. I'm a senior developer now, but my overall job duties are still pretty same.

O   I started out as a junior web developer. I'm a senior developer now, but my overall job duties are still pretty similar.

전 주니어 웹개발자로 시작했어요. 지금은 시니어 웹개발자인데 전반적으로 하는 업무는 거의 비슷해요.

리빌딩

There are a lot of very **similar** products in the fashion industry. The other day, I saw two jackets from different retailers that were **almost the exact same**. That's why we hired new designers. We really want our brand to be different and unique.

패션 산업에는 매우 비슷한 제품들이 많습니다. 요전 날, 가게 두 곳에서 재킷을 보았는데, 거의 비슷하더군요. 그래서 새 디자이너를 채용했습니다. 우리 브랜드는 뭔가 다르고 특별하기를 원하거든요.

4. price / cost / fee

Our latest desktop computers' fee is $1,000 each. However, if you're interested in buying computers for your entire office, we can sell you a set of 20 computers for $15,000. This is really an unbeatable cost for this high-quality of a product. Plus, if you want, we can take care of shipping and install all the computers in your office for you for an additional price of $500.

→ price, cost, fee 모두 돈과 관련 있는 단어들이지만 분명한 차이점이 있습니다.

price

n. the amount of money required as payment for something 무언가를 지불하기 위해 필요한 금액

v. to decide the price of an item 품목의 가격을 결정하다

The price of our newest AI smart speaker is $350.
자사의 최신형 AI 스마트 스피커 가격은 350달러입니다.

We priced our newest AI smart speaker at $350.
자사는 최신형 AI 스마트 스피커 가격을 350달러로 책정했습니다.

cost

1. n. the expense incurred for creating a product or operating a business 제품을 만들거나 비즈니스를 운영하는데 발생하는 비용
2. v. has a price of 가격이 ~이다

   (of a product/service) to require a specific amount of payment to be purchased 비용이 ~이다

   Our company is trying to lower production costs so we can increase profits.
   우리 회사는 비용 절감을 통해 이익을 높이려 합니다.

   These jeans cost $45.
   이 청바지는 45달러입니다.

   These shoes cost $30 to make.
   이 신발의 제작비는 30달러입니다.

fee

n. a required payment to a person in exchange for a service/advice 서비스/자문 제공의 대가로 지불하는 비용

   The tutor charges a fee of $40 per hour.
   그 개인교사는 시간당 40달러를 받습니다.

또한 fee는 소액의 추가 비용을 말할 때도 사용합니다. 예를 들어, 배송료는 shipping fee, 주차료는 parking fee, 신용카드 연체료는 late fee라고 합니다.

다음 문장을 다시 살펴보겠습니다. unbeatable price는 '최저가'라는 뜻입니다. 그리고 맨 마지막 문장에서 배송과 설치를 원하면 500달러의 추가 비용이 든다고 하니, 이때는 fee를 사용하는 것이 좋습니다.

✗ **Our latest desktop computers' fee is $1,000 each.**

114

However, if you're interested in buying computers for your entire office, we can sell you a set of 20 computers for $15,000. This is really an unbeatable cost for this high-quality of a product. Plus, if you want, we can take care of shipping and install all the computers in your office for you for an additional price of $500.

Our latest desktop computers only cost $1,000 each. However, if you're interested in buying computers for your entire office, we can sell you a set of 20 computers for $15,000. This is really an unbeatable price for this high-quality of a product. Plus, if you want, we can take care of shipping and install all the computers in your office for you for an additional fee of $500.

당사의 최신 데스크톱 단가는 1,000달러입니다. 단, 오피스에서 사용할 컴퓨터 구매를 생각하시는 경우에는 20대를 15,000달러에 판매할 수 있습니다. 본 제품과 같은 고사양에서 제시할 수 있는 최저가입니다. 게다, 추가비용 500달러를 지불하시면 사무실에 배송 및 설치를 해드립니다.

Right now our latest computer model **costs** only 1.2 million won. If you order online, there will also be a 30,000 shipping **fee**. They won't be at this **price** for long, so I definitely recommend buying now if you're interested in this model.

현재 자사의 최신 컴퓨터 모델은 120만원 수준입니다. 온라인으로 주문 시, 배송비 3만원이 추가됩니다. 해당 가격 혜택이 오래가지는 않으니 이 모델에 관심있으신 분들은 바로 구매하시기를 강력히 추천합니다.

5. revenue / profit

 My company is really trying to reduce expenses this quarter so we can maximize revenue.

revenue와 profit은 다른 개념인데 모두 '이익'이라고 해석하고 혼용하는 경우가 있습니다.

revenue n. the money earned/generated from something 어떤 것으로 부터 벌어들인 돈

profit n. the amount of money earned after subtracting all expenses from revenue 수입에서 모든 비용을 뺀 금액

revenue - expenses = profit

위 공식에 따르면, 수입(revenue)에서 인건비, 임대료 등의 비용 (expense)를 빼면 수익(profit)이 남습니다. revenue는 회사 전체의 매출을 말할 수도 있고, 특정 물건이나 서비스 판매에 따른 수익을 말할 때도 쓸 수 있습니다.

Samsung generated 100 billion dollars in revenue last year.
삼성은 지난 해에 1,000억 달러의 매출을 달성했다.

My company's newest app is generating around $25,000 in sales revenue each month.

우리 회사의 최신 앱은 매달 25,000달러 정도의 매출을 내고 있습니다.

위 예문에서처럼, revenue는 보통 generate라는 동사와 함께 '주어 generate (금액) in revenue.'의 구조로 사용됩니다. profit은 gross profit(총수익)과 net profit(순이익) 두 종류로 나뉩니다.

total revenue(총매출액) - cost of goods sold(매출 원가)
= gross profit(총이익)
total revenue(총매출액) - all expenses(모든 비용)
= net profit/income(순이익)

revenue는 항상 금액으로 표시되지만, profit은 금액으로 표시하거나 총수익의 %로 표시할 수 있습니다. 이것을 profit margin(이익률)이라고도 합니다.

The company generated $1 million in revenue and $100K in profit last month. They achieved a 10% net profit margin.

그 회사는 지난달 100만 달러의 매출과 10만 달러의 이익을 냈습니다. 10%의 순이익률을 달성했어요.

다음 문장에서는, expense를 줄여 profit을 최대화하려는 것이기 때문에 profit으로 고치는 것이 맞습니다.

✗ **My company is really trying to reduce expenses this quarter so we can maximize revenue.**

○ **My company is really trying to reduce expenses this quarter so we can maximize profit.**

우리 회사는 이익을 극대화하기 위해서 비용을 절감하려고 노력하고 있습니다.

(매니저가 회사의 재정 상황을 팀에게 설명하는 상황)

Alright everyone, now let's talk about our finances for this quarter. Our team **generated $2.0 million in revenue**, which was a 9% increase from this quarter last year. Our **gross profit** was 70%, which is great because I know we've been trying to reduce our production costs. However, because of all our operating expenses, **net profit** is actually slightly down from last year. We only earned about $150,000 in **net income**. Next quarter, let's make it our main objective to increase **net income**. I think $200,000 and at least 8% of total **revenue** are realistic goals for us.

이제 이번 분기 재정 상황에 대해 말씀드리겠습니다. 저희 팀의 경우 2백만 달러의 매출을 올렸는데, 이는 작년 동기 대비 9% 상승한 수치입니다. 매출 총이익은 70%로, 생산비 절감을 위해 많은 노력을 기울였습니다. 단, 운영비로 인해 순수익은 작년보다 소폭 줄어 15만 달러 정도 됩니다. 다음 분기 저희 팀 주요 목표는 순수익 증익에 있습니다. 20만 달러, 즉 총 수입의 8%에 해당하는 선이 현실적인 목표가 아닐까 생각합니다.

6. convenient / comfortable

Hello team,
If you would like to continue working from home, please message me whenever it is comfortable for you. If you feel more convenient returning to the office, we will open our offices back up next month. Please email me if you have any questions.

→ convenient와 comfortable은 언뜻 보기에 뜻은 비슷해 보이지만, 용법에 차이가 있습니다.

1) convenient는 비즈니스 상황에서 다음 두 가지 의미로 많이 사용됩니다.

convenient adj. fitting well with your schedule, needs, or plans 일정, 필요 또는 계획에 잘 맞는

convenient adj. involving little/less time and effort 시간과 노력이 덜 드는

I need to schedule our monthly meeting. When is a convenient time for us to meet?
월례 회의 일정을 잡아야 하는데요, 언제 하는 게 편할까요?

I used to walk to work, but now I take the bus because it's much more convenient.
전에는 걸어서 출근했었는데, 이제는 버스 타는 게 훨씬 편해서 버스 타고 가요.

119

참고로, at your earliest convenience는 '가급적 빨리'라는 뜻의 정중한 표현으로, email을 쓸 때 유용하게 사용할 수 있습니다.

Please send the payment information at your earliest convenience.

가급적 빠른 시일 내에 결제 또는 결제 정보를 보내주시기 바랍니다.

2) comfortable은 신체적이나 정신적으로 편안함을 느낄 때 사용합니다. 또한 전체적인 분위기(atmosphere)를 나타내는 데도 사용합니다.

comfortable adj. providing physical relaxation and feeling good on your body / not causing any pain 육체적으로 쾌적한, 힘들지 않은

comfortable adj. not causing stress or fear in your mind 정신적으로 스트레스나 불안함이 없는

I wish our office chairs were more comfortable.

사무실에 있는 의자들이 좀 더 편안했으면 좋겠어.

Our old boss was so demanding. Everyone was stressed all the time. I'm really glad he left, because the office environment is so much calmer and more comfortable now.

예전 상사분은 정말 까다로웠어요. 모든 사람들이 항상 스트레스를 받곤 했죠. 지금은 그분이 떠나서 너무 좋습니다. 사무실 분위기가 훨씬 차분하면서도 편안해졌거든요.

Hello team,
If you would like to continue working from home, please message me whenever it is comfortable for you. If you feel more convenient returning to the office, we will open our offices back up next month. Please email me if you have any questions.

Hello team,
If you would like to continue working from home,
please message me whenever it is convenient for you.
If you feel more comfortable returning to the office,
we will open our offices back up next month. Please
email me if you have any questions.

팀 여러분,

재택근무가 편하신 분들은 편한 시간에 제게 메시지 주세요. 사무실에 나와 업무를 보는 것이

편하시면 다음 달까지는 사무실을 개방해두겠습니다. 기타 질문 있으시면 이메일 주십시오.

(리빌딩)

Hello team,
I hope you're all doing well. It seems like
everyone is really enjoying working from home.
After discussing this with the other managers,
we've decided we will allow people to continue
to do so. If you would like to continue working
from home, please message me whenever is
convenient for you. If you feel more **comfortable**
returning to the office, we will open our offices
back up next month. Please email me if you have
any questions.

안녕하세요,

모두 잘 지내고 계시기를 바랍니다. 모든 분들의 재택근무 만족도가 높은 듯합니다. 관련하여,

매니저들과 상의한 결과, 재택근무를 연장하기로 결정했습니다. 재택근무를 계속해서 하고

싶으신 분들은 편한 시간에 제게 이메일을 보내주세요. 또한, 사무실 업무가 더 편하신 분들은,

다음 달까지 사무실을 개방하겠습니다. 질문 있으신 분은 제게 이메일 보내주세요.

7. economy / finance

The hurricane caused billions of dollars in damages and really hurt the country's finances.

The company's economic situation isn't great. They haven't been profitable in over 3 years.

economy와 finance는 모두 돈과 관련있지만, 쓰이는 맥락이 다릅니다.

먼저 finance와 finances의 차이부터 살펴보겠습니다.

finance n. the study of how money is managed and the activities associated with managing money 금융학 또는 자금 운용과 관련된 활동

finances n. all of the money a person or company owns 자금, 재정

I majored in corporate finance.
전 기업 금융을 전공했어요.

My first job was in my company's finance department.
저는 업무를 회사 재무팀에서 시작했습니다.

I'm writing a report about my company's finances.
회사 재정 관련 리포트를 쓰고 있어요.

finance와 finances 모두 개인, 회사, 정부 등 자금을 다루는 주체의 규모에 상관없이 사용할 수 있지만, finance의 경우에는 지역이나 산업, 나라 전체를 말할 때에는 일반적으로 사용하진 않습니다.

economy n. all the wealth and resources of a country or region, especially related to the production and usage of goods and services

국가 또는 지역 경제의 재화 및 자원, 특히 상품과 서비스의 생산과 운용에 관련하여 사용

Korea's economy has grown significantly over the past 50 years.

한국 경제는 지난 50년 고도의 성장을 이루었다.

finance와 economy의 가장 큰 차이라고 한다면 개별 단위의 가족, 회사, 정부, 개인의 경우에는 finance를 쓰고 국가 전체, 산업 전체, 대규모 지역의 경우에는 economy를 쓴다는 것입니다.

그럼 다음 문장을 다시 살펴보겠습니다. 국가 전체에 영향을 미친 것이니 finances가 아니라 economy라고 해야 합니다.

✗ **The hurricane caused billions of dollars in damages and really hurt the country's finances.**

○ **The hurricane caused billions of dollars in damages and really hurt the country's economy.**

허리케인으로 수십억 달러의 손실이 발생했고 국가 경제에 큰 피해를 입혔다.

✗ **The company's economic situation isn't great. They haven't been profitable in over 3 years.**

○ **The company's financial situation isn't great. They haven't been profitable in over 3 years.**

회사의 재정 상태가 좋지 않습니다. 3년이 넘도록 수익이 나지 않았습니다.

(투자자들에게 보낸 Versacore라는 기술 회사의 분기별 재무 보고서)

As you know, the **economy** was not in a good place for most of this year. Many other companies in our industry incurred a loss this quarter. However, despite the **economic** downturn, Versacore had a very strong quarter. **Financially**, our profits are up 14% compared to this time last year. We also opened three new offices: two new domestic offices and one foreign office in Taiwan.

아시다시피, 올해 대부분 경제 상황이 좋지 않았습니다. 이번 분기에는 동종 업계의 다른 많은 기업이 손실을 보았죠. 하지만 경기 침체에도 불구하고 Versacore에게는 강세를 나타낸 분기였습니다. 재정적으로 작년 이맘때보다 수익이 14% 증가했습니다. 우리는 국내 사무소 두 곳, 타이완에 해외 사무소 한 곳, 총 3개의 사무실을 새로 개설했습니다.

8. company / office / industry

 Even though it's Saturday, I have to go to
my company today.

많은 경우 company는 회사, 그 안에 있는 사무실은 office,
그리고 산업은 industry라고만 알고 있는데, 각 단어의 구체적인
뉘앙스에 차이가 있습니다.

company n. a business organization that makes or sells goods or
services 상품이나 서비스를 판매하는 단일 사업체

Veratech is one of the largest tech companies.
Veratech는 가장 큰 테크 기업 중 하나다.

company 중에서 특히 큰 회사를 corporation(기업, 법인)이라고 합니다.

office n. a room or set of rooms used as a place for business or
professional work 업무상 사용되는 사무실(들)
office는 사무살, 즉 직장인들이 근무하는 장소라고 생각하면 됩니다. 빌
딩 자체도 office가 될 수 있고, 건물에 입주해 있는 공간도 office가 될 수
있습니다.

Veratech has offices all over the world.
Veratech는 전 세계에 사무실이 있다.

industry   n. a specific group of similar businesses or a specific part/ section of the economy 유사한 기업의 특정 그룹 또는 경제의 특정 부분

industry는 보통 특정 산업군을 말할 때 많이 쓰입니다. 교육 산업은 education industry, 인공지능 산업은 artificial intelligence industry라고 할 수 있어요.

Veratech is a leader in the electronics industry.
Veratech는 전자산업에서 선두주자다.

그럼 다음 문장을 다시 살펴보겠습니다. company는 회사/비즈니스 자체를 말하는 것이지, 장소를 말하는 게 아닙니다. 회사를 간다는 의미로 'I go to my company.'라고 잘못 말하는 경우가 많은데, company는 장소를 의미하지 않으므로 go to my office 또는 go to work로 표현해야 합니다.

X   **Even though it's Saturday, I have to go to my company today.**

O   **Even though it's Saturday, I have to go to my office today.**

O   **Even though it's Saturday, I have to go to work today.**
토요일인데도 오늘은 출근해야 해요.

(리빌딩)

(기술 스타트업 CEO가 회사의 비전을 설명하는 상황)
Our **company** has been in operation for three years now. We've grown a lot during that time. We went from two friends working together in our apartments to having 80 employees and 9 **offices** all over the city. Our vision for the next 10

years is to continue our growth, expand into new domestic and international markets, and become a major **company** in the tech **industry**.

회사는 지금까지 3년간 운영을 해왔습니다. 그리고 성장이 있었죠. 아파트에서 친구 둘이 일을 시작했던 것이 이제는 이 도시에 80명의 직원과 9개의 사무실을 두고 있습니다. 우리 회사의 향후 10년 비전은 성장을 지속하고, 국내 및 해외 시장에 신규 진출을 하고, 테크 분야에서 주요 기업이 되는 것입니다.

9. believe / believe in / trust

My boss always supports me and is honest with me. I believe him a lot.

Good sales people have to believe the products they're selling.

→ believe, believe in, trust 이 세 가지 표현들은 각각 다른 상황에서 사용됩니다.

believe v. to accept or think that something is true 어떤 것이 사실이라고 받아들이거나 생각하다

My colleague missed our virtual meeting earlier today. He said it was because his computer broke down, but I don't believe him. I think he just forgot about the meeting.

동료가 오늘 아침 있던 가상 회의를 놓쳤어요. 동료 말로는 컴퓨터가 고장이 나서라고 하는데, 전 그 말을 믿지 않아요. 그냥 회의를 깜박한 것 같아요.

trust v. to have faith in the truth, reliability, and accuracy of someone or something 사람/사물의 진실성, 확실성, 정확성을 신뢰하다

Every product I've ever bought from them has been excellent, so I really trust this brand.

내가 구매한 모든 제품은 정말 최고였어요. 그래서 이 브랜드를 정말 신뢰합니다.

believe는 구체적인 정보가 사실이라고 믿는 것입니다. believe의 대상이 사람이라면, 그 사람이 한 말이 사실이라고 믿는 것이죠. 반면 trust는 보다 감정적인 뉘앙스가 강합니다. 그 대상이 사물이든 사람이든 관계 없이 그에 대한 정직성과 진실성을 믿는 것이죠.

다음 문장에서는, 상사가 진솔한 사람이어서 그를 신뢰한다는 뜻이므로 trust를 사용하는 게 맞습니다.

✕ **My boss always supports me and is honest with me. I believe him a lot.**

○ **My boss always supports me and is honest with me. I trust him a lot.**

제 상사는 항상 저를 지지해주고 솔직히 대해주어, 저는 그분을 전폭적으로 신뢰합니다.

believe in

1. to think something is real or actually exists 어떤 것이 진짜이거나 실제로 존재한다고 생각하다

I don't believe in ghosts.

난 유령의 존재를 믿지 않아요.

2. to support or agree with something 어떤 것을 지지하거나 동의하다

I believe in my company's core values.

저는 회사의 핵심 가치를 지지합니다.

3. to think someone or something will be great/successful and have confidence in them/it 무언가/누군가의 성공 가능성에 자신하다

(중요한 면접을 앞두고 있는 친구에게)

I believe in you. You're going to do great!
난 널 믿어. 잘 할 거야!

다음 문장도 다시 살펴보겠습니다. 판매사원이 파는 제품에 대한 믿음과 신뢰가 있어야 한다는 의미이므로 believe in을 사용해야 합니다.

 Good sales people have to believe the products they're selling.

Good sales people have to believe in the products they're selling.
유능한 판매사원이라면 자신이 판매하는 제품을 신뢰해야 합니다.

리빌딩

Believe me, after just a few uses you'll know how effective our product is. Our brand **believes in** producing the highest-quality products possible, so you can **trust** that anything you purchase from us will be incredibly well made.
정말이에요, 몇 번만 써보셔도 우리 제품이 얼마나 효율적인지 알게 되실 거예요. 우리는 최고 수준의 제품을 생산한다고 믿습니다. 그래야 구매하시는 우리 제품이 어떤 것이든 품질이 좋을 것이라고 신뢰하실 수 있을 테니까요.

Jiwon   Alright, it's great to be with you all today. I'm looking forward to sharing how Synthesis can help your business grow.

자, 오늘 이렇게 여러분과 함께하게 되어 반갑습니다. 저는 Synthesis를 통해 귀사의 비즈니스 성장에 어떠한 도움을 얻으실 수 있을지에 대해 나누고자 합니다.

Today I thought I could tell you a little more about what Synthesis is and how it works, then share a few examples of other Korean businesses that have really benefited from using Synthesis. It's a pretty short agenda, so I think we should be finished within 30 or 40 minutes. Does anyone have any questions before we begin?

오늘 저는 Synthesis 소개 및 작동 방법을 말씀드리고 기타 한국 기업 사례에서 Synthesis 도입을 통해 얻은 이점 몇 가지를 말씀드리겠습니다. 간단한 안건이라 30-40분이면 마칠 것 같습니다. 먼저 시작하기 전에 질문 있는 분 계신가요?

GLE   Nope.

아니요.

Jiwon   Okay great, so first let me explain a little more about what Synthesis is and why we believe it will change online marketing forever. We know how important data analytics is in today's business world, and how much companies care about really understanding their target customers. We developed Synthesis to make effective advertising as easy and convenient as possible. Synthesis is an AI system that can monitor and analyze the performance of all your online marketing campaigns.

좋습니다. 먼저 Synthesis가 무엇이며 왜 그것이 온라인 마케팅을 완전히 바꾸리라 생각하는지 좀 더 설명하겠습니다. 우리는 오늘날 비즈니스 세계에서 데이터 분석이 얼마나 중요한지, 그리고 기업이 타겟층 이해에 얼마나 관심을 두고 있는지 잘 알고 있습니다. 우리는 최대한 쉽고 편리하게 효과적인 광고를 만들기 위해 Synthesis를 개발했습니다. Synthesis는 모든 온라인 마케팅 캠페인의 성과를 모니터링하고 분석할 수 있는 AI 시스템입니다.

Synthesis tracks the performance of every online advertisement your company is running. Synthesis uses this data to find out not only which ads are most effective, but also the times when and websites where your ads are performing best. Synthesis can then actually change when and where your ads are shown to maximize your advertising ROI.

Synthesis는 회사가 진행 중인 온라인 광고 성과를 모두 추적합니다. Synthesis는 이 데이터를 활용해 어느 광고가 효과적인지뿐 아니라, 언제가 가장 효과적인지 그리고 가장 광고 성과가 좋은 웹사이트는 어디인지까지도 알아냅니다. 그런 다음 Synthesis는 광고 ROI(투자수익률)를 극대화하기 위해 광고가 표시되는 시간과 장소를 실제로 변경할 수 있습니다.

Not only that, Synthesis can analyze historical data to predict how you should change your advertising strategies in the future. There are some pretty similar AI products on the market right now, but none of them have this key feature. The advice

Synthesis gives have increased sales revenue by 15% for our ten largest clients YOY, and actually reduced advertising costs by 27%.

그뿐만 아니라 Synthesis는 과거 데이터를 분석하여 향후 광고 전략을 어떻게 변경해야 할지 예측할 수도 있습니다. 현재 시중에 유사한 AI 제품이 몇 가지 있지만, 이러한 핵심 기능을 보유한 제품은 없습니다. Synthesis의 조언을 따라 상위 10대 고객을 상대로 하는 전년 대비(year-on-year) 판매 수익은 15% 증가했고, 실제로 광고 비용은 27% 감소했습니다.

One thing that makes Synthesis very convenient to use is that you can access it anywhere you have an Internet connection. Whether you're at the office or working from home. Synthesis also comes with a group chat feature so your marketers will be able to communicate with each other based on what's happening in Synthesis. Before moving on, does anyone have any questions?

Synthesis가 매우 편리한 점은 인터넷 연결이 있는 곳이면 어디서나 Synthesis에 접속할 수 있다는 것입니다. 당신이 사무실에 있든 집에서 일하든 상관없어요. Synthesis에는 그룹 채팅 기능도 함께 제공되므로 마케팅 담당자는 Synthesis의 내용을 기반으로 의사소통할 수 있습니다. 다음 단계로 넘어가기 전에 질문 있으신가요?

GLE

Yes, does Synthesis only track advertisements in Korea? Or can it track advertisements in other countries as well?

네. 질문 있습니다. Synthesis는 한국에서 진행하는 광고만 추적하나요? 아니면 다른 나라에서 하는 광고도 추적할 수 있나요?

Jiwon

Great question. Synthesis can monitor your advertisements anywhere in the world. Wherever your company does business, Synthesis can help your ads perform better and help your company make more money.

좋은 질문입니다. Synthesis는 전 세계 어디서나 여러분의 광고를 모니터할 수 있습니다. 회사 소재지가 어디든 관계 없이 Synthesis를 통해 성과를 높이고 더 많은 수익을 창출할 수 있습니다.

GLE That's great to hear. Right now we have many European business partners and advertise a lot in France, Germany, and Switzerland. We hope to expand to the UK and Spain by the end of the year.

반가운 이야기네요. 저희는 현재 유럽 사업 파트너가 많아서 프랑스, 독일, 스위스에서 광고를 많이 진행 중이거든요. 올해 말까지 영국과 스페인으로 확장하기를 희망합니다.

Jiwon Perfect, we have a few other clients advertising in Europe and using Synthesis has not only improved their company finances, but saved them a lot of time as well.

잘됐네요. 유럽에서 광고를 진행하고 있는 몇몇 다른 고객들도 있는데, Synthesis 사용으로 회사 수익도 늘고 시간도 많이 절약할 수 있었습니다.

GLE Excellent. How much does it cost to use Synthesis?

훌륭해요. Synthesis 비용은 얼마인가요?

Jiwon It will really depend on your advertising budget, how many team members you have, and how much data your plan on using. Once we have all that information, we'll email you a quote. I'd be happy to have a conversation with a member of your marketing team to discuss the details as well.

광고 예산, 팀 구성원의 수, 데이터 사용 계획에 따라 달라집니다. 모든 정보가 확인되면, 견적서를 이메일로 보내드리겠습니다. 제가 귀사의 마케팅 팀원과

세부사항에 대해 논의해봐도 좋을 것 같아요.

GLE

That would be great. Would you be available to meet with one of our marketers sometime next week?

그거 좋겠네요. 다음 주 중에 저희 마케터 중 한 분을 만날 수 있으실까요?

Jiwon

Sure! Let me check my schedule ... how about next Thursday afternoon at 2 p.m.?

물론이죠! 제 스케줄을 확인해 보겠습니다. 다음주 목요일 오후 2시는 어떠신가요?

GLE

That sounds great. I'll communicate this with the marketing team and someone from that department will email you later this week.

좋습니다. 마케팅팀에 이 내용을 전달하면, 부서 담당자가 이번주 후반에 이메일을 보낼 겁니다.

Jiwon

Perfect! Looking forward to that. Thank you for your time! I hope you have a great rest of your day.

좋아요! 기대되네요. 시간을 내주셔서 감사합니다! 남은 하루 잘 보내시길 바랍니다.

유사 표현 실수 2
Word Set Mistakes 2

1 fun/funny
2 hear/listen/understand
3 say/talk/tell/speak/
   discuss/debate
4 toilet/restroom/bathroom
5 trip/travel/tour/journey/
   vacation
6 remember/remind/
   memory/memorize
7 lend/loan/borrow
8 wage/salary/income/
   paycheck
9 complain/criticize/
   confront

퇴근 후, 지원은 새로운 동료들과 어울리기 위해 저녁 식사와 술을 마시러 나간다. 상현과 지원이 먼저 식당에 도착하고 외국인 동료들도 나중에 합류한다.

Sanghyeon	I heard you met with Green Light Electronics earlier today. How'd your first sales presentation go?
Jiwon	I think it went well! They seemed interested in the product and I'll have a follow-up meeting with their marketer and purchase team to discuss about pricing.
Sanghyeon	Nice! I was really nervous before my first sales presentation. That's impressive that you already have a follow-up scheduled!
Jiwon	Thanks! Yeah, they talked that they want to expand into Europe and they really like that Synthesis works anywhere in the world.
Sanghyeon	Great. Sales presentations are one of my favorite parts of the job. It's really funny to connect with new businesses.
Jiwon	Yeah, I'm excited to keep learning and getting better. (two Americans walk up to the table)
Sanghyeon	Ah, hey guys, glad you could make it! This is Jiwon, the newest member of the sales team.
Mike	Hey, Jiwon, I'm Mike. Good to meet you
Jiwon	Good to meet you too! Sorry, can you say

your name again? I didn't listen you.

Mike   Yeah, it's louder in here than usual! We come here all the time and it's usually pretty quiet. I'm Mike.

Jiwon   Mike, got it.

Charlie   And I'm Charlie. Welcome to the team.

Jiwon   Thanks!

Charlie   Hey, Sanghyeon, do you know where the restroom is? I'll be right back.

Sanghyeon   Yeah, it's just around that corner.
(MIke sits down at the table)

Sanghyeon   Mike just got back from a business travel in Singapore. How was the conference, Mike?

Mike   It was really interesting. They had a lot of really good marketing and sales ideas. I wrote most of what they said down so I remind it. I think we can lend some of these strategies and use them here. I'll share my notes during the team meeting next Monday. So how was your first week, Jiwon?

Jiwon   It was really good! I had my first sales presentation and am learning about how the portal system works. I think I'll really like it here ... I already like it a lot better than my old job at Nexus!

Mike   Ahh yeah, I've heard mixed reviews about working there. Why did you leave?

Jiwon   Well, I don't mean to criticize, but the senior managers were really demanding and unreasonable. They set really high sales quotas that almost nobody could reach, then complained everyone who didn't meet the quotas and blamed us for everything. There was a lot of pressure on us and I really didn't like it.

Sanghyeon   That sounds rough. I'm glad you're here. We work hard obviously, but things are a lot more relaxed. Kangmin is a great boss.

Jiwon   Yeah, it seems that way from my perspective. That wasn't the worst part about Nexus though. They actually forced me to transfer to one of their new offices even though I really didn't want to. I had to move to a new neighborhood that was way more expensive, but they didn't increase my paycheck. Like 40% of my wage went to rent every month and I couldn't save any money.

Mike   Wow, that's ridiculous! Yeah, don't worry there won't be anything like that here.
(waiter walks up to the table)

Mike   Anyway, let's get some drinks ... first round is on me. Jiwon, you good with Budweiser?

Jiwon   Sure!

Sanghyeon   You're in Korea, still going Budweiser?

Mike   Ahh come on, it remembers me of home!
(pours drinks)

Sanghyeon   Cheers! To Jiwon's first week here!

1. fun / funny

We really want to create a relaxed, funny shopping experience for our customers.

I wish I could've attended the company workshop last weekend! I heard it was really funny.

→ fun과 funny를 혼동하는 경우가 많습니다.

fun은 무언가를 즐기고 관심 있어 하는 경우에 사용되는 반면, funny는 누군가 농담을 한다거나 코믹한 상황을 묘사할 때 사용할 수 있습니다. 어떤 것은 동시에 fun하면서 funny할 수도 있고, 어떤 것은 fun하지만 funny하지는 않고, 또 fun하진 않지만 funny한 경우도 있겠죠. 결론적으로, fun이 더 넓은 범위의 감정과 상황을 다루기 때문에 더 일반적이라고 할 수 있습니다.

위 내용을 바탕으로 아래 문장을 다시 살펴보겠습니다. 쇼핑은 보통 우리가 즐기고 관심 있어 하는 것이니 fun을 사용하는 게 자연스러워요.

X   We really want to create a relaxed, ~~funny~~ shopping experience for our customers.

O   We really want to create a relaxed, fun shopping experience for our customers.

저희는 고객 여러분께 편안하고 즐거운 쇼핑 경험을 드리고 싶습니다.

전체적으로 즐거운 분위기에서 많은 사람들이 워크샵을 즐겼다면 It was fun.이라고 하면 됩니다.

X　I wish I could've attended the company workshop last weekend! I heard it was really funny.

O　I wish I could've attended the company workshop last weekend! I heard it was really fun.

지난 주말 회사 워크숍에 참석했더라면 좋았을텐데 말이죠! 정말 재밌었다고 들었어요.

(Details)

funny와 비슷한 뜻인 hilarious(우스운, 유쾌한)라는 단어도 원어민이 좋아하는 표현 중 하나입니다. crack (sb) up이라는 표현도 많이 사용하는데요, You cracked me up.이라고 하면 "너 정말 날 배꼽 잡게 했어."라는 뜻입니다.

(리빌딩)

The office environment has become much friendlier and more **fun** since David took over as manager. People are more relaxed, feel less pressure. David is a really **fun** boss. He even throws a few jokes into his daily team emails that are actually really **funny**!

David가 매니저를 맡고 나서 사무실 분위기가 훨씬 친근하고 즐거워졌습니다. 사람들이 훨씬 편안해하고 부담도 낮아졌어요. David는 굉장히 유쾌한 상사입니다. 팀원들에게 보내는 이메일에선 농담도 던지는데, 그게 굉장히 재미있어요.

143

2. hear / listen / understand

(누군가 말을 했는데 알아듣지 못한 경우)

Sorry, I didn't hear what you said.

(Zoom 미팅에서 연결 상태가 안 좋은 경우)

Can you say that again? The connection was bad so I couldn't listen you.

→ hear와 listen은 각기 다른 상황에서 사용됩니다.

우선 각 단어의 정의를 알아보겠습니다.

hear   v. to notice or receive a sound 소리를 알아채거나 듣다
listen   v. to pay attention to a sound 소리에 귀를 기울이다
understand   v. to hear a sound and know what it means 소리를 듣고 무슨 뜻인지 알다

뭔가 집중해서 듣고 있는 것을 말할 때는 listen을 쓰는 것이 자연스럽고, 저절로 소리가 들리는 것을 말할 때는 hear를 써야 합니다.

Can you turn the microphone volume up? The people in the back can't hear what the speaker is saying.
마이크 볼륨 좀 키워주시겠어요? 뒤편에 있는 사람들은 연사 말이 잘 들리지 않아서요.

It's important to pay attention and listen closely to what your customers want.

고객 의견에 주의하고 귀를 기울이는 것은 중요합니다.

설명을 이해 못 할 때 I didn't hear. 또는 I didn't listen.이라고 말하는 경우가 있습니다. 어떤 것을 이해하지 못했을 때는 I didn't understand it. 또는 I didn't get it. I didn't catch it.이라고 말해야 합니다.

다음 예문을 보면 상대방의 말을 이해하지 못했다고 말하는 상황이므로 understand를 써야 합니다.

X **Sorry, I didn't hear what you said.**
O **Sorry, I couldn't understand what you said.**

미안하지만, 네가 한 말을 이해하지 못했어.

다음은 상대방의 소리가 잘 안들리는 상황이므로 I couldn't hear you. 또는 상대방의 소리가 끊겨서 무슨 말인지 이해하지 못하겠다라는 의미에서 I couldn't understand you.라고 고칠 수 있습니다.

X **Can you say that again? The connection was bad so I couldn't listen you.**
O **Can you say that again? The connection was bad so I couldn't hear you.**
O **Can you say that again? The connection was bad so I couldn't understand you.**

다시 한 번 말해 줄래? 연결 상태가 안 좋아서 네 말을 이해할 수 없었어.

다음을 좀 더 살펴볼까요?

Can you speak louder? I can't hear you.

조금만 더 크게 말씀해 주시겠어요? 잘 들리지 않아서요. (상대방 목소리가 너무 작을 때)

Working with Mike is really frustrating because he never listens.

Mike는 도통 상대 말을 듣지 않아서 함께 일하기가 너무 힘이 들어. (상대 말에 주의를 기울이지 않는 경우)

Communicating with our Chinese colleagues is difficult, because I don't understand Chinese.

내가 중국어를 몰라서 중국인 동료와 함께 일하는 게 어려워. (말의 내용을 모를 때)

Details

Can you hear me?는 소리가 잘 들리는지 물어보는 표현입니다. Don't be late again. Do you hear me?라고 하면 "지각하지 마세요. 내 말 알아듣겠어요?"라는 뜻으로, Do you hear me?는 강한 어조로 말할 때 쓸 수 있는 표현이에요. 또한 Hear me out!은 내가 말하는 도중 상대방이 끼어들 때, 또는 상대방이 오해할 수도 있는 말을 꺼낼 때, "(내 말 끊지 말고) 잘 들어봐!"라는 의미로 사용합니다.

리빌딩

It's really important that we have a stable wifi connection because we have to video chat with our colleagues in Los Angeles almost every day. If the connection isn't good it's really hard to **understand** what they're saying even when you're **listening** really closely.

안정적인 무선 인터넷 연결이 중요한 것은 거의 매일 LA에 있는 고객과 화상회의를 하기 때문입니다. 연결이 좋지 않으면 아무리 주의 깊게 들어도 그들이 하는 말을 알아듣기가 굉장히 어렵습니다.

146

3. say / talk / tell / speak / discuss / debate

(동료 Jason이 오늘 결근한다고 상사에게 말하는 경우)

I talked that Jason can't work today because he's sick.

(이후 회의 주제에 대해 묻는 동료에게 답하는 경우)

We can discuss about this in more detail during the next meeting.

→ '말하다'라는 의미의 say, talk, tell, speak, '논의하다'라는 의미의 discuss, debate에 대해 정확한 뉘앙스 구별이 어려운 경우가 많습니다.

say는 누군가의 말을 직접적으로 인용하거나, 다른 사람의 말이나 의견을 간접적으로 전달할 때 사용합니다.

John said "Pizza is my favorite food. I really like it."
John은 "피자는 내가 가장 좋아하는 음식이야. 정말 좋아해."라고 말했어요. (직접 인용)

John said (that) he really likes pizza.
John은 피자를 정말 좋아한다고 말했어요. (간접적 의견 전달)

talk는 누군가와 대화(conversation)를 나눌 때 talk to, talk with 형태로 큰 의미 차이 없이 사용됩니다. 어떤 주제에 대해서 이야기를 할 때는 talk about을 사용하면 되겠죠.

Peter talks too much during the workday. It's honestly pretty distracting.

Peter는 일하면서 말을 너무 많이 하는데 솔직히 좀 정신이 없어요.

I talked to/with my boss yesterday.

어제 상사와 이야기를 나눴어요.

We talked about the new company policies.

우리는 회사 신규 정책을 두고 이야기를 나누었다.

tell은 '~에게 정보를 전달하다'는 의미라서 정보를 받는 대상이 항상 뒤에 따라 나옵니다.

Don't worry. I won't tell anyone about it.

걱정 마. 아무한테도 말하지 않을게.

speak는 특정 언어를 말하거나 상대방에게 일방적으로 말을 전달할 때 사용할 수 있습니다.

Do you speak English?

영어 할 줄 아나요?

I'm going to speak in front of 100 people at the conference.

콘퍼런스에서 100명 앞에서 발표할 예정입니다.

I will speak to him tonight. = I will talk to him tonight.

오늘밤 그에게 이야기 할 거예요.

I want to speak with the manager. = I want to talk with the manager.

매니저와 이야기하고 싶어요.

discuss는 토론의 주제를 말할 때 사용하는데, talk about과 의미가 같지만 discuss 다음에는 about을 붙이지 않습니다. 하지만 discuss의 명사형인 discussion을 사용하면 뒤에는 보통 about을 넣어서 Let's have a discussion about it.이라고 해야 합니다. 이것은 debate도 마찬가지로 We should debate the issue. 또는 We should have a debate about the issue.라고 할 수 있습니다.

During the meeting, we discussed our marketing budget for next quarter.

우리는 회의에서 다음 분기 마케팅 예산에 대해 논의했습니다.

debate는 보통 명사로 사용됩니다. 대통령 후보 토론(presidential debate)처럼 debate는 보통 찬반을 나누어 옳고 그름을 따지는 논쟁을 말합니다.

There has been a heated debate about abortion.

낙태에 관한 열띤 논쟁이 있어왔어요.

위의 내용을 바탕으로 다음 문장들을 다시 살펴볼까요? 상사에게 Jason이 아프다는 것을 말한 것이니 I told my boss that 구문을 쓰는 게 좋습니다.

X   **I talked that Jason can't work today because he's sick.**
O   **I told my boss that Jason can't work today because he's sick.**

오늘 Jason이 아파서 못 온다고 상사에게 말했어요.

앞에서 말한 것처럼 discuss에는 about을 붙이지 않습니다.

X   **We can discuss about this in more detail during the next meeting.**
O   **We can discuss this in more detail during the next meeting.**

다음 미팅에서 이것에 관해 좀 더 자세하게 이야기 나눌 수 있을 거예요.

4. toilet / restroom / bathroom

(동료와의 1:1 회의에서)

Can we start in a few minutes? I have to go to the toilet really quickly.

(새 직원에게 사무실을 보여주면서)

The men's toilet is at the end of the hall on the right.

→ toilet과 bathroom을 정확히 구별하지 못하는 경우가 많습니다.

화장실을 나타내는 표현은 여러 가지가 있습니다. 미국식 영어에서는 일반적으로 공용화장실을 restroom 또는 bathroom이라고 하고 집에 있는 화장실은 bathroom이라고 합니다. toilet은 영국에서 화장실을 말할 때 사용하지만, 미국 사람들은 toilet하면 변기를 떠올리므로 주의해서 사용해야 합니다. washroom은 보통 캐나다에서 사용되고, 남자 화장실은 men's room, 여자 화장실은 ladies' room이라고 하죠. 그리고 기내에 있는 화장실은 lavatory라고 부릅니다.

그럼 아래 문장들을 다시 살펴볼까요? 미국에서는 화장실에 간다고 할 때 go to the toilet이라고 하지 않고 go to the restroom/bathroom이라고 합니다. 업무상 만난 자리라고 한다면 화장실을 직접 언급하기보다 "곧 돌아오겠다(I'll be right back.)"고 돌려 말하는 것이 자연스러워요.

✕　Can we start in a few minutes? I have to **go to the toilet** really quickly.

○　Can we start in a few minutes? I have to go to the restroom/bathroom **really quickly.**

잠시 후에 시작해도 될까요? 화장실에 잠시 다녀와야 할 것 같아요.

다음 문장을 다시 살펴보면, 남자 화장실은 men's restroom 또는 men's room이라고 쓰면 됩니다.

✕　The **men's toilet** is at the end of the hall on the right.

○　The men's restroom **is at the end of the hall on the right.**

남자 화장실은 복도 끝 오른쪽에 있어요.

We actually don't have **restrooms** on this floor, but you can take the elevator or stairs down to floor 3 and the **bathrooms** are right there.

이 층에는 화장실이 없는데요, 엘리베이터를 타거나 걸어서 아래 3층으로 내려가시면 찾으실 수 있을 거예요.

5. trip / travel / tour / journey / vacation

(휴가에 대해 동료와 이야기를 나누는 경우)

I can't wait for this upcoming vacation. I will trip all over Southeast Asia with my family.

(상사가 팀에 보낸 이메일에서)

We need two team members to take a short business travel to Busan this weekend for the tech conference.

→ trip, travel, tour, journey는 모두 '여행'으로 해석되기 때문에 정확한 구분이 애매한 경우가 많습니다.

trip

trip   n. the act of going to another place (often for a short period of time) and returning (짧은 기간 동안) 다른 장소에 갔다가 돌아오는 행위

You're back from vacation! How was your trip?
휴가 갔다 돌아왔구나! 여행은 어땠어?

I went on business trips to Singapore and Vietnam last month.
지난 달에 싱가포르와 베트남으로 출장을 다녀왔어.

주의할 점이 있다면, trip은 동사로 쓰이지 않아서 take a trip 또는 go on a trip 구문을 사용해야 하고 a, the, 소유격 뒤에는 travel이 아니라 trip 을 써야 한다는 점이죠.

I got really sick on the trip to Busan.
부산 여행에서 정말 아팠어요.

Our trip to Florida was very memorable.
플로리다 여행이 정말 기억에 남아요.

vacation

vacation   n. a single, specific journey to a place and then returning
특정 장소를 방문하고 돌아오는 한 번의 여행

vacation과 trip은 사전적 의미가 거의 비슷합니다. 하지만 trip이 일과 관련된 출장에도 사용되는 반면, vacation은 항상 즐기는 여행이나 휴가 를 말할 때 쓴다는 차이가 있습니다. 출장 중이라면 I'm on a business trip.이라고 할 수 있지만, I'm on a business vacation.이라고는 할 수 없 죠. 또한 일이나 학업에서 쉰다는 의미가 있기에 여름 방학같은 경우도 summer vacation이라고 표현합니다.

travel

travel   v. go from one place to another, often to a place that is far away   한 장소에서 다른 장소, 특별히 멀리 떨어진 장소로 이동하는 경우

I will travel to Singapore for a business conference.
비즈니스 콘퍼런스차 싱가포르로 출장을 갑니다.

My work involves a lot of travel.
My work involves a lot of traveling.
내가 하는 업무는 출장갈 일이 많다.

위의 두 문장 모두 문법적으로는 옳은 표현이지만, 실제 travel을 명사형으로 쓸 때에는 -ing를 붙여 아래와 같이 쓰는 경우가 훨씬 많고 자연스럽습니다.

tour

tour: n. an organized trip that people go on to several different places 여러 장소를 들르는 짜여진 여행

미리 정해진 일정에 따라서 움직이는 여행을 tour라고 부릅니다.

BTS is on a world tour.
BTS는 월드투어 중이다.

I'm not a big fan of guided tours.
난 가이드가 있는 여행을 좋아하지 않아요.

journey

journey n. the act of going from one place to another, usually a long distance 한 장소에서 다른 장소, 주로 멀리 떨어진 장소로 이동하는 경우

journey는 한곳에서 다른 곳으로, 보통은 장거리 이동이나 여행을 말할 때 사용합니다.

The journey takes 8 hours by plane or 12 hours by bus.
그 여행은 비행기로 8시간, 버스로 12시간이 걸린다.

He made the 300-mile journey by bike.
그는 자전거로 300마일이나 되는 여행을 했다.

사실 일반 대화에선 '여행'의 의미로 journey를 잘 사용하진 않고 아래처럼 쓰는 경우가 많습니다.

life journey 인생 여정
career journey 직업 행로

이제 다음 문장을 다시 살펴볼까요? trip은 명사이기 때문에 take a trip 이나 travel로 바꾸면 됩니다.

X　I can't wait for this upcoming vacation. I will trip all over Southeast Asia with my family trip.

O　I can't wait for this upcoming vacation. I will take a trip all over Southeast Asia with my family.

이번 방학이 너무 기다려져요. 나는 가족과 함께 동남아 전역을 여행할 거예요.

어떤 장소를 특정한 목적을 갖고 단기간 방문하는 경우에 trip을 쓰며 보통 출장은 business trip이라고 합니다.

X　We need two team members to take a short business travel to Busan this weekend for the tech conference.

O　We need two team members to take a short business trip to Busan this weekend for the tech conference.

이번 주말 테크 콘퍼런스를 위해 부산으로 짧은 출장을 가려면 두 명의 팀원이 필요합니다.

（리빌딩）

In addition to virtual meetups, a few members of our team take a business **trip** to attend the yearly Fintech conference in Singapore. I really enjoyed it last year. I actually **travelled** there with my wife and kids. They enjoyed a really fun **vacation** while I attended the conference.

가상 미팅 외에도, 저희 팀원 몇 명은 싱가포르에서 열리는 연례 핀테크 콘퍼런스에 참석하기 위해 출장을 갑니다. 저도 작년에 정말 즐거웠어요. 사실 제 아내와 아이들과 함께 그곳을 여행했거든요. 제가 콘퍼런스에 참석하는 동안 식구들은 정말 즐거운 휴가를 보냈어요.

6. remember / remind / memory / memorize

(인사 담당자가 면접 중에 지원자의 이력에 대해 이야기하는 경우)

If I memory correctly, you said you got your MBA in America, right?

(회사에서 매니저가 프론트데스크 직원에게 이야기하는 경우)

Please remember everyone to scan their thumb prints when they leave today.

→ remember, remind, memory, memorize의 의미와 사용법을 혼동하는 경우가 많습니다.

remember

remember는 '뭔가를 잊지 않고 생각해내다'는 의미로 쓰입니다.

Please remember to email me the report tomorrow.
Please don't forget to email me the report tomorrow.
내일 꼭 보고서 이메일로 보내주세요.

It's important to write an outline before any business presentation to make sure you remember everything you want to say.
발표할 내용을 잊지 않으려면 프레젠테이션을 하기 전에 대략적인 개요를 적어두는 것이 좋습니다.

memory

보통 기억력이 좋다고 할 때 memory를 사용합니다.

I set alarms on my phone for all important deadlines because if I don't, I will forget. My memory isn't very good.

저는 모든 중요한 마감일에 맞춰 전화기 알람을 설정해요. 왜냐하면 그렇게 하지 않으면 잊어버릴 테니까요. 제 기억력은 별로 좋지 않아요.

과거의 기억도 memory를 써서 말할 수 있습니다. 행복한 기억은 happy /fond memories, 생생한 기억은 clear/vivid memories, 안 좋은 기억은 bad memories라고 합니다.

Playing on the beach with my parents is one of my favorite childhood memories.

부모님과 해변에서 놀았던 것이 제가 가장 좋아하는 어린 시절의 추억 중 하나입니다.

I have a clear memory of the first time I went to the Philippines.

필리핀에 처음 갔을 때의 기억이 선명합니다.

remind

remind는 뭔가를 '상기시키다, 생각나게 해주다'라는 뜻입니다. 예를 들어, 상사가 Please don't forget to email me the report tomorrow.라고 했다면, 내일 이메일을 보내라고 상기시켜준 거죠. The boss reminds you to email him the report tomorrow.라고 바꿔 말할 수 있습니다. 또한 상황이나 물건이 remind할 수도 있는데, 돌아가신 엄마의 반지를 보고 엄마 생각이 나는 것은 The ring reminds me of my mom.이라고 할 수 있어요.

I think you probably know this, but let me remind you how lucky you are.

아마 알고 있겠지만 당신이 얼마나 운이 좋은지 다시 한번 알려줄게요.

memorize

memorize는 memory의 동사형으로 '기억하다'라는 뜻입니다. remember가 과거의 것을 기억하는 것이라면 memorize는 암기하는 것을 말하죠. 수학 공식, 단어, 전화번호, 이름 등을 암기하는 것에 memorize를 사용합니다. 세일즈 피치를 여러번 외워야 100% 암기(memorize)할 수 있겠죠. 하지만 대개의 경우 memorize는 학습이나 공부를 할 때 필요한 스킬이므로 전반적인 비즈니스 맥락에서 쓰는 표현은 아닐 수 있습니다.

Each salesman needs to memorize the entire sales pitch so they can say it perfectly without looking at the script.
각 영업사원은 세일즈 피치를 모두 외워야 스크립트를 보지 않고 완벽하게 말할 수 있습니다.

I want to increase my English vocabulary, so I try to memorize the definitions of 20 new English words each week.
저는 영어 어휘를 늘리고 싶어서 매주 20개 영어 단어를 외우려고 합니다.

이제 다음 문장들을 다시 살펴보겠습니다. 일단 memory 자리에는 동사가 와야 하고 '내 기억이 맞다면'이라는 뜻이 되어야 하므로 '기억하다'라는 의미인 remember을 사용해야 합니다.

X **If I memory correctly, you said you got your MBA in America, right?**

O **If I remember correctly, you said you got your MBA in America, right?**
제 기억이 맞다면 미국에서 MBA를 취득했다고 하셨죠?

다음 문장에서는, 문맥상 데스크 직원에게 지시사항을 상기시키는 상황이므로 remember가 아니라 remind를 써야 합니다.

X Please remember everyone to scan their thumb prints when they leave today so they can officially clock out using our new system.

O Please remind everyone to scan their thumb prints when they leave today so they can officially clock out using our new system.

오늘 퇴근할 때에는 직원들이 지문 스캔을 하도록 공지해주세요. 그래야 새 시스템으로 퇴근 시간 기록을 남길 수 있겠죠.

(리빌딩)

One of my weaknesses is that I'm sometimes not a very good multi tasker. I tend to focus very intensely on my major work tasks, but occasionally don't **remember** to do the smaller, more minor tasks. To fix this, I started writing a weekly to do list every Sunday and continuing to check it throughout the week. It helps **remind** me to get everything done on time.

제 약점 중 하나는 가끔 멀티태스킹에 서툴다는 것입니다. 저는 주로 하는 업무에만 집중하는 경향이 있어서, 작고 사소한 일까지는 기억하지 못하죠. 이 문제를 해결하기 위해 일요일마다 할 일 목록을 작성하고 그 주 내내 목록을 계속 확인하기 시작했습니다. 이렇게 하면 제가 모든 일을 제시간에 끝내도록 상기시켜주거든요.

7. lend / loan / borrow

 My company had to lend some money from the bank to finance our new office.

→ lend와 borrow의 의미를 혼동하는 경우가 많습니다.

lend v. to GIVE something to someone with the agreement that they will return it later 나중에 돌려주기로 합의한 사람에게 무언가를 주다

borrow v. to RECEIVE something from someone with the agreement that you will return it to them later 나중에 돌려주기로 합의한 사람으로부터 무언가를 받다

다음 대화에서 lend와 borrow의 차이점을 알아보겠습니다.

A : Oh my god. My bike just broke down. Can I
borrow your bike for a week?
이런. 자전거가 방금 고장 났어. 일주일 동안 네 자전거를 빌릴 수 있을까?

B : I'm sorry to hear that. Sure, I can lend you my
bike. I take a bus to work so I don't need it for
now.
저런 안됐네. 물론, 내 자전거 빌려줄 수 있지. 나 버스로 출근해서 지금은 필요 없거든.

A : Thanks a lot. I'll return it in a week.
정말 고맙다. 일주일 후에 돌려줄게.

loan   v. to GIVE something to someone with the agreement that they will return it later 나중에 갚기로 한 사람에게 무언가를 주다

lend/borrow와 loan의 차이점은 loan은 명사로도 쓰인다는 것입니다.

loan   n. a thing/object that is borrowed, usually a sum of money that will be paid back over time, sometimes with interest (때로 이자와 함께) 일정 시일이 지난 후에 되갚는 돈

> **The bank gave us a $50,000 loan.**
> 은행에서 우리에게 5만 달러를 대출해 주었어요.
>
> **We took out a $50,000 loan from the bank.**
> 은행에서 5만 달러를 대출받았어요.

이제 앞서 제시한 문장을 다시 살펴보겠습니다. 은행해서 돈을 빌린 것은 동사 borrow를 사용하거나, '대출 받다'라는 의미로 take out a loan, get a loan을 써도 됩니다.

✗   **My company had to lend some money from the bank to finance our new office.**

○   **My company had to borrow some money from the bank to finance our new office.**

○   **My company had to take out a loan from the bank to finance our new office.**
회사가 새로운 사무실의 자금 조달을 위해서 은행에서 대출을 받아야 했어요.

8. wage / salary / income / paycheck

(지역 관리자로 승진되었다는 소식을 듣고)
I'll work more hours but I also get a big wage increase.

'수입'을 나타내는 wage, salary, income, paychek은 쓰임새에 차이가 있습니다.

wage

wage는 보통 육체적인 노동을 하는 비숙련 노동자(unskilled workers)가 일급/시급으로 받는 개념입니다. 아르바이트(part-timer)도 시간당 임금을 받기 때문에 wage라고 볼 수 있으며 15,000 won/hour(시급 15,000원), 100,000 won/day(일당 10만원) 식으로 표시합니다.

salary

salary는 보통 교육 수준이 있는 노동자가 받는 월급 및 연봉 개념으로 봅니다. salary는 60,000,000 won/year(연봉 6천만 원), 5,000,000 won/month(월급 5백만 원) 등으로 표시합니다.

income

income은 무언가를 해서 벌어들이는 모든 수익을 총칭합니다.

My salary is actually lower this year than last year, but my total income is higher because I'm making a lot of

money investing.

사실 올해 월급이 작년보다 더 낮지만 투자로 돈을 많이 벌어서 총 수입은 더 높다.

paycheck

paycheck은 회사에서 salary나 wage 지급 시, 직접 제공하는 수표(check)를 말합니다. 한국에서는 임금이 계좌로 바로 입금(direct deposit)되니 보기 힘든 개념이죠. 요즘은 미국 기업들도 직접 계좌 이체를 선호합니다.

다음 문장은 country manager로 승진해서 연봉이 올라갈 것을 기대하는 것이므로 연봉에 해당하는 표현인 salary를 사용하는 것이 맞습니다.

X **I'll work more hours but I also get a big wage increase.**
O **I'll work more hours but I also get a big salary increase.**

일은 몇 시간 더 하겠지만 연봉도 더 많이 받을 거야.

(**Details**)

임금(wage, salary)의 많고 적음은 high/low, higher/lower를 써서 나타낼 수 있습니다.

X **I really want to earn more salary this year.**
O **I really want to earn a higher salary this year.**

저는 올해 연봉이 인상되면 좋겠어요.

I really want to earn more income this year.
= **I really want to earn higher income this year.**

저는 올해 수입이 더 많으면 좋겠어요.

리빌딩

I can't wait for my next **paycheck**. My boss actually
increased my **salary** last month, and because it's
December I'll also get my end-of-the-year bonus.

다음주 월급날이 너무 기다려지는데요, 제 상사가 지난달에 월급을 인상했거든요. 게다
12월이라 연말 보너스도 받습니다.

9. complain / criticize / confront

The guests criticized to the hotel manager about the condition of their room.

My boyfriend complained my looks so I just dumped him.

→ complain, criticize, confront의 뉘앙스 차이를 혼동하는 경우가 있습니다.

complain (n. complaint)

v. to voice anger, annoyance, or dissatisfaction with something 무언가에 대한 분노, 짜증, 또는 불만을 토로하다

criticize (n. criticism, adv. critical)

v. to notice, point out the flaws/weaknesses of someone or something 누군가나 무언가의 결점/단점을 알아차리고 지적하다

criticism은 상황에 따라 긍정적 또는 부정적으로 쓰입니다. constructive criticism은 건설적인 비판을 말하죠. complain과 criticize의 가장 큰 차이라고 한다면 complain이 더 감정적으로 어떤 것에 대한 불평을 나타내는 반면 criticize는 좀 더 합리적으로 무언가의 결점을 설명하는 것이죠. 또한 보통 지위가 높은 사람이나 전문가가 주로 criticism을 한다고 볼 수 있습니다.

Your coworker is always talking to you about how he doesn't like his job because the boss is mean. ◄ complain

동료가 상사가 비열해서 정말 직장이 싫다고 항상 당신에게 말하는 경우라면 complain

Your boss pointing out the flaws/weaknesses of your sales pitch. ◄ criticize

상사가 당신이 세일즈 발표에 대해서 문제점, 결점을 지적하는 것은 criticize

confront (n. confrontation, adv. confrontational)

1. v. (about a person) to meet someone face to face in a hostile/ argumentative manner 적대적인/시비를 거는 태도로 누군가를 1:1로 상대하다

2. v. (about a situation) to face and try to deal with a difficult/tough situation or problem 어려운/힘든 상황이나 문제를 직면하고 다루려고 노력하다

누군가를 confront한다는 것은 그 사람의 행동에 대한 문제를 직접 설명하는 것을 말합니다. 동사 confront는 대립의 이유가 정당화되느냐에 따라 긍정적 또는 부정적으로 쓰입니다. 반면 형용사 confrontational은 대개 부정적인 뉘앙스를 갖는데, 다른 사람과 대립하는 경우가 너무 많아 지나치게 공격적이고 화를 쉽게 내는 경우를 말하죠.

아래 예문을 고쳐볼게요. 고객들이 호텔방에 대해서 불평하는 상황입니다. 보통 물건이나 서비스가 안 좋을 때 우리는 감정적으로 complain하죠.

X The guests criticized to the hotel manager about the condition of their room.

O The guests complained to the hotel manager about the condition of their room.

투숙객들은 호텔 매니저에게 객실 상태에 대해 불만을 토로했습니다.

내가 내 외모에 대해서 맘에 안 들면 complain하지만, 다른 사람의 외모에 대해서는 '지적한다'는 의미일 경우에는 criticize를 쓰는 것이 자연스러워요.

My boyfriend complained my looks so I just dumped him.

My boyfriend criticized **my looks so I just dumped him.**

남자친구가 제 외모를 지적하길래 그냥 차 버렸어요.

(리빌딩)

Our customer service team has been receiving a lot of **complaints** about our new salesmen. Apparently, they're way too aggressive. A few customers said salesmen **confronted** them and really pushed them to make a purchase even after they said they weren't interested. Let's call a meeting with the entire sales team next week so the lead sales manager can give some firm, constructive **criticism**.

고객 서비스 팀에서 신입 영업 사원들에 대한 불만을 많이 접수하고 있습니다. 아무래도 영업 사원들이 지나치게 공격적인 듯해요. 몇몇 고객들에 따르면 영업 사원들이 자신들에게 대놓고 관심 없다고 말했는데도 구매를 독촉했다고 합니다. 영업팀장이 단호하고 건설적인 비판을 할 수 있도록 다음 주에 영업팀 전체 회의를 소집합시다.

Sanghyeon   I heard you met with Green Light Electronics earlier today. How'd your first sales presentation go?

오늘 일찍 Green Light Electronics 만났다고 들었는데, 첫 세일즈 프레젠테이션은 어땠어요?

Jiwon   I think it went well! They seemed interested in the product and I'll have a follow-up meeting with their marketer and purchase team to discuss pricing.

잘 진행 된 것 같아요. 제품에 관심을 갖더라고요. 그 회사 마케터분이랑 구매팀과 함께 후속미팅을 갖고 가격 논의를 하게 될 것 같아요.

Sanghyeon   Nice! I was really nervous before my first sales presentation. That's impressive that you already have a follow-up scheduled!

잘됐네요! 전 첫 세일즈 프레젠테이션 하기 전에 정말 떨렸거든요. 후속 미팅이 이미 예정되어 있다니 놀랍네요!

Jiwon   Thanks! Yeah, they said that they want to expand into Europe and they really like that Synthesis works anywhere in the world.

고맙습니다! 네, 그 회사에서는 유럽 진출을 생각하고 있는데 Synthesis로 전 세계 어디서든 작업할 수 있다는 점을 마음에 들어했어요.

Sanghyeon   Great. Sales presentations are one of my favorite parts of the job. It's really fun to connect with new businesses.

좋아요. 세일즈 프레젠테이션은 제가 가장 좋아하는 업무 중 하나에요. 새로운 비즈니스와 관계를 맺는 것은 정말 재미있죠.

Jiwon   Yeah, I'm excited to keep learning and

getting better.

네, 계속 배우고 발전하는 건 신나는 일이에요.

(두 명의 미국인이 테이블로 걸어온다)

Sanghyeon   Ah, hey guys! Glad you could make it! This is Jiwon, the newest member of the sales team.

여러분, 안녕하세요! 와주셔서 기쁘네요! 이분은 영업팀 신입사원 지원 씨입니다.

Mike   Hey, Jiwon, I'm Mike. Good to meet you.

안녕하세요, 지원 씨. 전 Mike에요. 만나서 반갑습니다.

Jiwon   Good to meet you too! Sorry can you say your name again? I didn't hear you.

저도 만나서 반갑습니다. 죄송하지만 성함을 다시 한번 말씀해주실 수 있으실까요? 잘 못들었어요.

Mike   Yeah, it's louder in here than usual! We come here all the time and it's usually pretty quiet. I'm Mike.

네, 여기가 평소보다 시끄럽네요. 여기 자주 오는데 보통은 조용하거든요.

제 이름은 Mike에요.

Jiwon   Mike, got it.

Mike 님이시군요. 알겠습니다.

Charlie   And I'm Charlie. Welcome to the team.

전 Charlie에요. 팀에 오신 것을 환영해요.

Jiwon   Thanks!

고맙습니다!

Charlie   Hey, Sanghyeon, do you know where the restroom is? I'll be right back.

상현 씨. 혹시 여기 화장실이 어디 있는지 아세요? 바로 돌아올게요.

Sanghyeon   Yeah, it's just around that corner.

네, 바로 저 모퉁이를 돌면 바로 있어요.

(Mike가 테이블에 앉는다)

Sanghyeon   Mike just got back from a business trip in Singapore. How was the conference, Mike?

Mike는 싱가포르에 출장 갔다가 막 돌아왔어요. 콘퍼런스는 어땠어요, Mike?

Mike

It was really interesting. They had a lot of really good marketing and sales ideas. I wrote most of what they said down so I'll remember it. I think we can borrow some of these strategies and use them here. I'll share my notes during the team meeting next Monday. So how was your first week, Jiwon?

정말 재미있었어요. 아주 괜찮은 마케팅과 영업 아이디어를 많이 가지고 있더라고요. 기억하려고 그쪽에서 한 말을 거의 다 적어놨어요. 이 전략 중 몇가지는 가져다 쓸 수 있을 것 같아요. 다음 주 월요일 팀 회의 때 제 메모를 공유하겠습니다. 지원 씨는 첫 주 어땠어요?

Jiwon

It was really good! I had my first sales presentation and am learning about how the portal system works. I think I'll really like it here ... I already like it a lot better than my old job at Nexus!

정말 좋았어요. 첫 세일즈 프레젠테이션을 하고 포털 시스템의 작동 방식을 배우고 있습니다. 이곳이 정말 마음에 들 것 같아요. 벌써 Nexus에서 하던 예전 일보다 훨씬 더 좋아요!.

Mike

Ahh yeah, I've heard mixed reviews about working there. Why did you leave?

아, 네. Nexus에서 근무하는 것에 대해 엇갈리는 평을 들었죠. 왜 그만두신 거예요?

Jiwon

Well, I don't mean to complain, but the senior managers were really demanding and unreasonable. They set really high sales quotas that almost nobody could reach, then criticized everyone who didn't meet the quotas and blamed us for everything. There was a lot of pressure on us and I really didn't like it.

뭐, 불평할 생각은 없지만, 부장급 매니저들이 매우 까다롭고 비합리적이었어요.

거의 달성이 불가능한 높은 판매량을 정해 놓고, 그 목표를 달성 못 한 모두를
비난했고, 모든 결과에 대해서 우리에게 책임을 물었죠. 정말 부담감이 커서
정말 좋지 않았어요.

Sanghyeon That sounds rough. I'm glad you're here.
We work hard obviously, but things are a lot
more relaxed. Kangmin is a great boss.

힘들었겠네요. 여기 오셔서 기뻐요. 물론 우리는 열심히 일은 하지만, 훨씬 더
여유가 있어요. 강민 씨는 훌륭한 상사분이세요.

Jiwon Yeah, it seems that way from my perspective.
That wasn't the worst part about Nexus
though. They actually forced me to transfer
to one of their new offices even though I
really didn't want to. I had to move to a new
neighborhood that was way more expensive,
but they didn't increase my salary. Like 40%
of my paycheck/salary/income went to rent
every month and I couldn't save any money.

네. 저도 그렇게 생각해요. 하지만 그게 다는 아니었어요. 제가 원치 않는데도
새로운 사무실로 전근하라고 강요했어요. 생활비가 훨씬 많이 드는 동네로
이사해야 했는데 월급이 올려주지 않았어요. 40%의 월급이 매달 월세로
나가서, 저축을 할 수 없었어요.

Mike Wow, that's ridiculous! Yeah, don't worry.
There won't be anything like that here.

와, 말도 안 돼요! 걱정하지 마세요. 그런 일은 여기서는 없을 거에요.

(웨이터가 테이블로 온다)

Mike Anyway, let's get some drinks ... first round is
on me. Jiwon, you good with Budweiser?

어쨌든, 술 좀 마시죠. 이번 술은 제가 살게요. 지원 씨, 버드와이저 괜찮아요?

Jiwon Sure!

그럼요.

Sanghyeon	You're in Korea, still going Budweiser?
	여긴 한국인데, 여전히 버드와이저를 마시네요?
Mike	Ahh come on, it reminds me of home!
	아, 왜 그래요. 고향을 생각나게 해주거든요!
	(음료를 따른다)
Sanghyeon	Cheers! To Jiwon's first week here!
	건배! 지원 씨의 첫 주를 위하여!

어색한 표현
Unnatural Mistakes

1   I am sorry/I feel sorry for
2   answering 'or' questions
3   How's your condition?
4   I am (name)
5   I am okay/That's okay/
       It's okay
6   Do you know ~?
7   negative questions
8   I don't care
9   as soon as possible
10   in touch
11   take a rest
12   I understand well.
13   I'm waiting for your response.
14   have a good time

다음 내러티브에는 오류 표현이 포함되어 있습니다. 한번 읽어보시고 어색한 표현을 찾아보세요. 해당 에러 표현에 대한 정정 표현은 각 챕터 끝부분에 제시됩니다.

목요일 오후 늦게 영업설명회가 끝난 후, 지원은 세부 사항을 논의하는 두 번째 회의를 열기 위해 그린라이트 전자 마케팅팀에 연락한다.

Message sent: Friday morning, 8:45 a.m.

Hello Park Taeho,
I am Jiwon Lee, one of the sales representatives for Onward Tech. It's good to meet you. I hope your condition is great.
I met with some of your colleagues yesterday afternoon to discuss how our Synthesis marketing AI system can help Green Light Electronics grow. Kim Donghwi told me to get touch with you about having a follow up meeting.
I'd love to meet with you sometime next week if you're available. Let me know as soon as possible. You can also look at the attachment I added to this email. It explains more about Synthesis.
I will wait for your reply.

Have a good time,
Jiwon Lee

Hi Jiwon,
Thank you for getting back to me. Also I feel sorry for the late reply. I had a lot of work Friday, this weekend, and on Monday. Looking forward to next weekend already so I can finally take a rest!
I read your email and looked at the Synthesis attachment. I understand it well. I would be happy to have a follow-up meeting this week. I am available tomorrow any time 2:00-4:00 p.m. or Thursday 1:00-5:00 p.m. Let me know which time works for you.

Thanks Jiwon!
Taeho

Hey Taeho,
I'm okay! I've been pretty busy the past few days as well. That sounds great. I think Thursday afternoon at 3 p.m. would be perfect. We usually have our follow-up meetings virtually on Webex. Do you know Webex? However, I don't mind coming to your office to meet in person. Would you prefer a virtual meeting or a face-to-face meeting?

Take care,
Jiwon

Hi Jiwon,
Yes! I'm looking forward to meeting you. Is there anything I need to prepare for our meeting?

Taeho

Sounds good, Taeho!
Here's a Webex meeting link:
www.webex/meeting57189282711

If you could have some information ready about your recent/planned advertising campaigns (in detail: your latest budget, analytics, and plans for next quarter) that would be great.
See you Thursday at 3!

Take care,
Jiwon

1. I am sorry / I feel sorry for

(고객의 전화를 받지 못해서 이메일을 보내는 경우)

Hi Mark,
I feel sorry for missing your phone call.

(나중에 동료에게 상황을 말하는 경우)

I felt sorry about missing Mark's phone call,
so I sent him an email.

→ I'm sorry와 I feel sorry for를 같은 의미로 사용하는 경우가
많습니다.

I'm sorry와 I feel sorry for는 모두 맞는 영어 표현이지만 사용하는 맥락
이 다릅니다. I am sorry는 크게 다음 두 가지 경우로 사용할 수 있어요.

1) 사과할 때

(상사에게 직접 말하는 경우)

I'm really sorry I was late for the meeting. It won't
happen again.
미팅에 늦어서 정말 죄송합니다. 다시는 그런 일 없도록 하겠습니다.

다소 격식적인 표현으로는 동사 apologize를 써서 말할 수 있어요. 위
문장은 I apologize for being late for the meeting. It won't happen

again.으로 바꿔 말할 수 있습니다.

I am sorry나 I apologize는 사과하고 싶은 사람에게 직접적으로 말할 때만 쓸 수 있습니다. 실수하거나 안 좋은 일을 한 것을 다른 사람에게 말할 때는, I feel bad for/about이란 표현을 쓸 수 있는데, '~때문에 속상해, 기분이 안 좋아.'라는 의미입니다.

(그날 늦게 동료에게 말하면서)

I feel really bad for being late to the meeting this morning.

오늘 아침 회의에 늦어서 정말 기분이 안 좋아요.

I feel bad for him because he failed the test.

그가 시험에 떨어졌다니 안쓰럽다.

2) 상대방에게 안 좋은 일이 생겼을 때

(친구로부터 실직 소식을 들은 상황)

I'm so sorry to hear that. I hope you find a new job soon. If you need any help please let me know.

정말 안타까워. 빨리 새 직장을 구하길 바랄게. 도움이 필요하면 얘기해줘.

I feel sorry for는 상대방에게 안 좋은 일이 생겼을 때에도 사용할 수 있지만, 그 소식을 안타까워하며 다른 사람에게 전할 때도 사용할 수 있습니다. 바로 위의 예문을 바꿔 볼게요.

(동료에게 실직한 친구에 대해 말하는 상황)

My friend Min told me she lost her job this week. I feel so sorry for her.

내 친구 민이 이번 주에 실직했다고 하더라고. 정말 마음이 안 좋아.

항상 I feel sorry for (사람) 형식으로 사용하고, I feel sorry to를 쓰지 않습니다. 또한 I feel sorry는 완전한 문장이 아니므로 I feel sorry만 쓸 수는 없고, sorry 대신 bad를 사용할 수 있습니다.

이제 다음 문장들을 다시 살펴보겠습니다. 여기서는 고객인 Mark에게 전화를 받지 못해 미안하다고 직접 말하는 상황이므로 I'm sorry 또는 I apologize를 사용하면 됩니다.

Hi Mark,

✗ I feel sorry for missing your phone call.

○ I'm sorry for missing your phone call.

○ I apologize for missing your phone call.

전화를 못 받아서 죄송합니다.

Mark의 전화를 못 받아서 이메일을 보낸 상황을 다른 동료에게 말하는 것이므로 I feel bad를 사용하는 게 좋습니다.

✗ I felt sorry about missing Mark's phone call, so I sent him an email.

○ I felt bad about missing Mark's phone call, so I sent him an email.

Mark의 전화를 못 받은 게 마음에 걸려서 그에게 이메일을 보냈어.

2. answering 'or' questions

A: Should I email the clients or call them?
B: Yes.

or가 포함된 선택의문문에 적절히 대답하지 못하는 경우가 많습니다.

선택의문문에 잘못 대답하면 의사소통에 문제가 생기고 상대방도 혼란스럽게 만들 수 있습니다. 선택의문문에 올바르게 답하는 방법은 Yes나 No로 대답하지 않고, 자신이 동의하는 의견이나 선택한 대상을 말하면 됩니다.

We can have our Zoom call today or tomorrow. Which would you prefer?
오늘이나 내일 Zoom으로 통화할 수 있어요. 언제가 더 좋나요?

어떤 것을 선택할지 물어봤으므로 Yes/No로 대답하면 안 됩니다. Let's have the Zoom call today. 또는 Let's have the Zoom call tomorrow. 라고 하거나, Today. 또는 Tomorrow.라고 간단히 대답하면 됩니다.

그럼 다음 대화문을 다시 살펴보겠습니다. 고객들에게 이메일을 보낼지 전화를 할지 물어보고 있습니다. 따라서 Yes or No가 아닌 둘 중 상황에 맞는 답을 하면 됩니다.

A: Should I email the clients or call them?

고객들에게 이메일을 보내야 할까요, 아니면 전화해야 할까요?

B: Yes.

B: You should call them. If they don't answer, you can send a follow-up email tomorrow.

고객에게 전화를 하세요. 전화를 받지 않으면 내일 후속 메일을 보내면 됩니다.

(리빌딩)

A: So I haven't heard from the prospect I met with last week yet. Should I follow up with him **or** just move on to new prospects?

B: I would move on and try to schedule some sales meetings with new prospects. If he's interested in buying, he'll contact you.

A: 그래서 지난주에 만난 잠재 고객에게 연락이 안 왔어요. 그 고객에게 연락해볼까요? 아니면 그냥 새로운 고객에게 연락할까요?

B: 다음으로 넘어가서 새로운 잠재 고객과 영업 회의 일정을 잡는 게 좋겠어요. 만약 그 사람이 구매에 관심 있다면, 연락할 거예요.

3. How's your condition?

A: How's your condition today?
B: My condition is great today.

자신의 상태를 말할 때 condition이란 단어를 사용하는데, 틀린 것은 아니지만 어색한 표현입니다.

미국 영어에서는 보통 다음과 같은 상황에서 condition을 씁니다.

1. 특정 물건의 상태를 나타낼 때

This car is 10 years old, but is still in good condition.
이 차는 10년이 되었는데도 아직 상태가 좋아요.

2. 병원에서 환자의 기분이나 상태를 말할 때

(간호사가 의사에게)
The patient took the medicine, and his condition quickly improved.
환자가 약을 복용을 했고, 상태가 빠르게 호전되었어요.

따라서 일반적인 안부를 묻는 질문이라면 How are you? 또는 How's it going?이라고 말하는 게 훨씬 더 자연스러워요. 실제로 누군가의 '상태'에 대해 묻고 싶다면, condition 대신 feel을 써서 How are you feeling today? 또는 How do you feel today?라고 하면 됩니다.

질문에 대한 대답으로 "나 컨디션 좋아."라고 말하려면 I feel good. 이라고 하면 됩니다.(good 대신 great, fantastic, awesome 등을 써서 다양하게 말할 수 있어요.) 반면, 오늘 별로 몸이 좋지 않으면 I'm not feeling well today. I don't feel well today. I feel under the weather. 등의 표현을 쓸 수 있습니다.

이제 다음 대화문을 다시 살펴보겠습니다.

X   A: How's your condition today?
O   A: How are you feeling today?
O   A: How do you feel today?
        오늘 기분이 어때?

X   B: My condition is great today.
O   B: I feel great/awesome/fantastic today.
        오늘 기분이 아주 좋아.

Hey Jihyun, I heard you've been kind of sick lately. **How are you feeling today?**

지현아. 너 최근에 좀 아팠다고 들었는데. 오늘은 좀 어떠니?

4. I am (name)

(외국인 동료에게 처음으로 이메일을 보내는 상황)

Hi Sam,
I am Jiwon.

이름을 언급하는 본인 소개에서 어색한 인사 표현이 있습니다.

보통 다음 세 가지 방법으로 자신을 소개할 수 있습니다.

1. I am (이름)
2. This is (이름)
3. My name is (이름)

그럼 각각 어떤 상황에서 사용되는지 알아보죠.

I am (이름)은 직접 또는 영상으로 처음 만난 사람의 얼굴을 보며 자신을 소개할 때 쓸 수 있는 표현입니다. 자기소개서나 이메일 등 글을 쓰는 상황에서 I am (이름)을 쓰지는 않습니다.

(처음 만나는 새로운 동료와 악수하며)

Hi, I'm Jiwon.

안녕하세요, 저는 지원입니다.

글, 전화, 메시지 등 비대면 상황에서는 My name is (이름) 또는 This is (이름)으로 소개하면 됩니다. 참고로 This is (이름)은 다른 사람을 소개하

185

며 "이분은 ~에요."라고 말할 때도 쓰이죠.

My name is (이름)은 보통 격식을 차린 상황에서 처음 만난 경우에 사용합니다. 이 표현은 대면 상황(직접 만난 경우, 화상통화 등) 뿐만 아니라 비대면 상황(전화, 이메일, 메시지 등)에서도 사용 가능합니다. 보통 비즈니스 상황에서는 이름뿐만 아니라 자신의 직업과 회사, 그리고 연락한 이유까지 함께 밝히는 게 좋습니다.

(세일즈 프레젠테이션을 시작하며)
Thank you all for taking the time to meet with me today. My name is Jiwon Lee. I'm a sales rep for Onward Tech.
오늘 시간을 내주셔서 감사합니다. 저는 Onward Tech의 영업사원 이지원입니다.

This is (이름)은 전에 만난 적이 있거나, 이메일을 주고 받다가 전화번호를 공유한 후 전화를 걸거나 메시지를 보내는 경우와 같이 새로운 형태의 대화를 시작할 때 사용할 수 있습니다.

Hello Mr. Park,
This is Jiwon Lee. We met at the Seoul AI tech conference last week. I am emailing you to see if your company is interested in using our new online data platform to organize and grow your business.
안녕하세요, 박 선생님.
이지원입니다. 지난주 서울 AI 테크 콘퍼런스에서 만났었죠. 귀사의 비즈니스를 조직하고 성장시키는 데 있어 당사의 신규 온라인 데이터 플랫폼 사용에 관심이 있으실지 확인하고자 이메일을 보냅니다.

이미 상대방을 만난 적이 있지만 다른 수단(여기서는 이메일)으로 처음 연락하는 상황이므로 This is Jiwon Lee.라고 했습니다.

이제 다음 문장을 다시 살펴보겠습니다. 지원이 Sam이라는 외국인 동료에게 처음 이메일로 인사하는 상황이므로 My name is Jiwon.을 쓰

는 것이 맞습니다. 단, 지원이 예전에 Sam과 대화하거나 이메일을 주고
받은 적이 있다면 I am Jiwon. → This is Jiwon.으로 바꿔야 합니다.

Hi Sam,

✗ ~~**I am Jiwon.**~~

○ **My name is Jiwon.**

저는 지원이라고 합니다.

(새로운 동료와 대면하여 자신을 소개하는 상황)

Hey Yoojin, **I'm John**. Nice to meet you. Welcome
to our team.

유진 씨, 저는 John이에요. 만나서 반가워요, 우리 팀에 온 걸 환영해요.

(예전에 만난 적이 있지만 오랫동안 연락하지 않은 지역 관리자에게 이메일을 보내는 상황)

Hello Mr. Kim,
This is John Park from the marketing
department. I'm emailing you because ...

안녕하세요, 김 지사장님.

마케팅 부서의 John Park입니다. 제가 이메일을 보내는 이유는….

(공식 프레젠테이션 중 많은 청중에게 자신을 소개하는 상황)

My name is Jonathan Park. I'm the lead product
developer here at Seoul AI, and today I want to
talk to you about ...

제 이름은 Jonathan Park입니다. 저는 이곳 서울 AI의 제품 리드 개발자입니다. 그리고 오늘
여러분에게 ... 에 관해 이야기하고자 합니다.

5. I am okay / That's okay / It's okay

A: Are you ready to start the meeting?
B: I am okay.

A: Why don't we have a follow-up call tomorrow at 4 p.m. Does that work with you?
B: Yes, I am okay! Talk to you then.

A: Sorry I missed your phone call!
B: I am okay! What did you need to ask me?

I'm okay.를 부자연스럽고 어색하게 사용하는 경우가 있습니다.

I am okay.는 일반적으로 다음 세 가지 의미로 사용됩니다.

1. (육체적, 정신적으로) 난 괜찮아.

I lost my job, but I'm okay.
실직했지만, 난 괜찮아.

I was in a car accident, but I'm okay.
차 사고가 났지만, 난 괜찮아.

반대로 I'm not okay.라고 한다면 '육체적, 정신적으로 안녕하지 않다'는 뜻입니다.

A: I heard your grandmother passed away. I'm so sorry. Are you okay?
너 할머니가 돌아가셨다고 들었어. 유감이다. 괜찮아?

B: No, I'm not. I've been crying all day. I can't stop thinking about her.
아니, 안 괜찮아. 종일 울었어. 할머니가 계속 생각나.

2. 난 (실력이나 능력이) 보통이야, 그저 그래.

I am really good at Korean, but just okay at English.
난 한국어는 정말 잘해. 하지만 영영어 실력은 보통이야.

3. 행동 (I am okay with)

I am okay 뒤에 with (행동)이 나오면, 그 행동이 괜찮다는 뜻입니다.

When are you available to meet? I'm okay with meeting any time 12-5 p.m.
언제 만날 시간이 되니? 난 정오부터 5시까지 괜찮아.

이제 앞서 제시한 문장을 다시 살펴보겠습니다. I'm okay.가 '준비되었다'는 뜻으로 잘못 사용되었습니다.

A: Are you ready to start the meeting?
미팅 시작할 준비되었나요?

✕ B: I am okay.

○ B: I am ready. Let's start.
준비되었어요. 시작하죠.

상대방의 질문이나 부탁에 대해서 긍정적으로 답할 때 I'm okay.라고 말하는 것은 어색한 표현입니다.

> A: Why don't we have a follow-up call tomorrow at 4 p.m.? Does that work with you?
> 내일 오후 4시에 후속 전화를 하는 게 어때요? 괜찮으시겠어요?
> B: Yes, I am okay. Talk to you then.
> B: Yes, that works fine. Talk to you then.
> 네, 괜찮습니다. 그러면 그때 이야기해요.

사과를 받아들일 때 I'm okay.라고 답하는 것도 적절하지 않죠.

> A: Sorry I missed your phone call!
> 전화를 못 받아서 죄송해요.
> B: I am okay! What did you need to ask me?
> B: That's no problem! What did you need to ask me?
> 괜찮아요. 저한테 물어보고 싶었던 게 뭐였죠?

That's no problem. 대신 okay를 사용하고 싶다면 It's okay. That's okay.라고 하면 됩니다.

(리빌딩)

A: I'm really sorry about postponing our meeting. Thank you for being flexible.

B: **It's okay!** This meeting time actually works a little better for me, so I don't mind at all.

A : 회의 연기해서 너무 죄송합니다. 이해해주셔서 감사해요.

B : 괜찮아요! 저도 이 시간이 더 좋아서, 정말 괜찮습니다.

6. Do you know ~?

I took a trip to Jeju last weekend. Do you know Jeju?

My coworkers and I play Go after work. Do you know Go?

Next weekend is Chuseok. Do you know Chuseok?

Do you know ~?라는 표현을 많이 사용하지만 사실 자연스럽게 들리는 상황은 따로 있습니다.

먼저 Do you know ~?를 사용할 수 있는 경우를 알아보겠습니다.

1. 의문문과 함께
Do you know 다음에 '의문사 + 주어 + 동사'의 어순으로 간접의문문이 이어집니다.

Do you know where John went?
John이 어디 갔는지 아나요?

Do you know what time the workshop ends?
워크숍이 몇 시에 끝나는지 아나요?

Do you know how to fix this computer error?

이 컴퓨터 오류를 어떻게 고치는지 아나요?

2. 구체적인 정보나 사실과 함께

Do you know Tony's email address?

Tony의 이메일 주소를 아나요?

Do you know this product's release date?

이 제품의 출시일을 아나요?

Do you know that Seoul is one of the largest cities in the world?

서울이 세계에서 가장 큰 도시 중 하나라는 것을 아나요?

3. 사람(들)과 함께

'Do you know + 사람?'은 근본적으로 그 사람을 만나본 적이 있는지 묻는 질문입니다.

A: **Do you know** John?

John을 아세요?

B: **He's the new head of the HR department.**

그는 신임 인사부 부장입니다.

보통 업무상 격식을 차리는 상황에서는 Do you know+사람? 대신 Have you met+사람?을 사용하는 게 좋습니다.

그렇다면 Do you know ~?가 잘못 쓰여진 문장은 어떻게 바꿔야 할까요? 주로 다음 세 가지 문장표현을 사용할 수 있습니다.

1. Do you know about ~? (about 사용)

Do you know about ~? 이라고 하면 '~에 (관한 정보에) 대해서 알고 있나요?'라는 뜻입니다.

192

Do you know about the new work policy?

새로운 업무 방침에 대해 알고 있나요?

Do you know about our latest products?

우리 회사의 최신 제품에 대해 알고 있나요?

2. Have you heard of ~?

Have you heard of ~?라고 하면 상대방에게 '~에 대해서 들어봤니(알고 있니)?'라고 물어보는 거죠.

Have you heard of the band BTS?

BTS라는 밴드에 대해서 들어봤어?

3. Have you 관련 동사 ~?

어떤 것을 경험해본 적이 있는지 묻는 경우 Have you (ever) 관련 동사의 과거분사 ~?를 쓸 수 있습니다. 아래처럼 BTS가 음악을 하는 그룹이니 listen을 써서 말할 수도 있습니다.

Have you ever listened to BTS?

너 BTS 음악 들어본적 있어?

그럼 이 세 가지 방법으로 다음 문장들을 고쳐보겠습니다.

1 **I took a trip to Jeju this weekend. Do you know Jeju?**

방법 1 Do you know about **Jeju?**

= **Do you know information about Jeju?**

방법 2 Have you heard of **Jeju?**

= **Are you aware of the existence of Jeju?**

방법 3 Have you been to **Jeju?**

= **Have you ever actually visited Jeju?**

이번 주말에 제주에 출장을 갔어요. 제주에 대해 아시나요?

2   My coworkers and I play Go after work. Do you know Go?

방법 1 Do you know about Go?

=   Do you know information about the game Go?

방법 2 Have you heard of Go?

=   Are you aware of the existence of the game Go?

방법 3 Have you ever played Go?

=   Have you performed the action of playing a game of Go?

동료와 저는 업무를 마치고 Go를 합니다. Go라는 게임에 대해 아시나요?

3   Next weekend is Chuseok. Do you know Chuseok?

방법 1 Do you know about Chuseok?

=   Do you know information about the holiday Chuseok?

방법 2 Have you heard of Chuseok?

=   Are you aware of the existence of the holiday Chuseok?

방법 3 Have you ever celebrated Chuseok?

=   Have you ever actually participated in the Chuseok holiday?

다음 주가 추석이네요. 추석 아세요?

7. negative questions

Do you not want to stay?

Would it be bad if I left the meeting early?

Are they not finished with the project yet?

→ 부정의문문에 대해 답변할 때 혼동하는 경우가 많습니다.

부정의문문은 no, not 또는 부정어가 들어가는 모든 의문문을 말합니다.
위 부정의문문 예문들에 올바로 대답하는 방법을 차례대로 알아보도록
하겠습니다.

1. Do you not want to stay?

이 질문에 만약 Yes로 대답했다면, 의미상 Yes, I do not want to stay.
We should leave.라는 의미가 되어야 자연스러운 것 같지만, 실제 대화에
서는 주로 No, I really don't want to stay. We should leave.라고 합니다.

Yes/No보다 중요한 것은 뒤에 나오는 I don't want to stay입니다.
따라서 긍정의문문으로 물어봤다고 생각하고 대답한다면 틀릴 일은 없을
거예요. Do you not want to stay?를 Do you want to stay?와 같다고
생각하고 Yes, I want to stay. 또는 No, I don't want to stay.라고 대답
해보세요.

2. Would it be bad if I left the meeting early?

No, we have a lot to cover today. I don't think you should leave early.

아뇨, 오늘은 다룰 게 많아요. 일찍 떠나시면 안 될 것 같아요.

Yes, this meeting is really important. Please stay for the whole thing.

네, 이번 회의는 정말 중요해요. 끝날 때까지 남아주세요.

3. Are they not finished with the project yet?

(그 프로젝트를 이미 끝냈다면)

No, they're finished! You can ask them about it later.

아뇨, 끝냈어요! 나중에 그들에게 프로젝드 관련해서 확인해보세요.

Yeah, they actually finished last week.

네, 사실은 지난주에 마쳤어요.

위 예문들을 통해서 확인하자면, Yes나 No는 중요하지 않다는 것을 알 수 있습니다. 확실한 의사 전달을 위해 Yes/No 뒤에 추가 정보를 주는 것이 보다 더 중요하죠.

8. I don't care

A: Which prototype should we choose?
B: I don't care.

A: Would you be interested in moving to sales team C?
B: I don't care.

→ I don't care를 잘못 사용하면 오해가 생길 수도 있습니다.

A: Do you want to cook dinner at home tonight or get a takeout?
오늘 저녁은 집에서 요리할까, 아니면 포장해갈까?

B: I don't care. Whatever you want is fine.
난 상관없어. 네가 원하는 건 뭐든 좋아.

I don't care.는 상대방의 결정에 대해 특별히 자신의 의견을 내세우지 않는 경우에 씁니다. 이런 이유로 중요한 결정을 내리거나, 직장 상사에게 의견을 말해야 하는 경우 I don't care.라고 하면 자연스럽지 않고, 심지어 무례한 느낌을 전달할 수도 있으니 주의해야 합니다.
　　일반적으로 격식적인 표현으로는 I don't care. 대신 다음 문장 과 함께 이유를 설명하면 좋습니다.

만약 어떤 사안에 대해서 특별한 의견이 없고 괜찮은 경우

I don't have a preference.

선택 여부를 놓고 그 선택들이 대체로 괜찮은 경우

I can't choose.

It's hard/impossible to choose.

이제 특정 상황을 가정한 다음, I don't care. 대신 위 두 표현들을 써서 다음 문장들을 다시 살펴보겠습니다.

(프로젝트 디자인 팀에서 제품 프로토타입에 대해 두 가지 제안을 받았는데, 그 둘이 모두 괜찮은 경우)

A: Which prototype should we choose?

어떤 프로토타입을 선택해야 할까요?

B: They're both so good, it's honestly really hard to choose. I'm going to check with the senior managers and see if we can produce both.

둘 다 너무 좋아서 솔직히 선택하기가 정말 어려워요. 수석 매니저들에게 두 가지 제품을 모두 생산할 수 있는지 알아보겠습니다.

(상사와 1:1 미팅을 하고 있는 중에 조직 개편에 대해 특별한 의견이 없는 경우)

A: I know you've been part of sales team A for nearly a year now. We're moving some of our sales associates around. Would you be interested in moving to sales team C?

영업 A팀에 있은 지 거의 1년이 다 되어가는 것 같군요. 영업부 직원들을 대상으로 조직 개편 중인데 혹시 영업 C팀으로 옮길 의향이 있나요?

B: Thank you for the opportunity. I honestly don't have a preference. I like my team now, but am totally open to switching teams if you think that move makes sense.

기회 주셔서 감사합니다. 솔직히 특별한 의견은 없어요. 제 팀이 좋지만, 생각하시기에 팀을 옮기는 것이 낫다고 판단하신다면 팀을 옮겨도 무방합니다.

리빌딩

Which of these website designs do you like better? I honestly can't choose.

이 웹사이트 디자인 중에 어떤 게 맘에 드세요? 저는 솔직히 못 고르겠어요.

9. as soon as possible

(별로 중요하지 않은 질문을 고객들에게 이메일 보내는 상황)

Please let me know your answers as soon as possible. Thank you!

긴급한 요청을 하는 상황이 아닌데도 as soon as possible을 사용하는 경우가 있습니다.

as soon as possible의 의미가 '가능한 한 빨리'라는 것은 대부분 알고 계실 거예요. 하지만 대화 중에 상대방에게 as soon as possible이라는 표현을 써서 '가능한 한 빨리' 어떤 일이 일어나야 한다고 말하면, 일의 시급성을 강조해 어떤 일이 반드시 곧 일어나야 한다거나 이를 요구하는 것처럼 들릴 수 있습니다.

따라서 as soon as possible은 매우 중요하고 긴급한 상황에서만 사용하는 것이 좋습니다. 만약 정해진 마감일 등이 없어 상황이 긴급하지 않고 좀 더 정중하면서도 부담이 덜한 방식으로 전달하고 싶다면 whenever you have time, whenever you get the chance, whenever is convenient for you와 같은 구문들을 사용할 수 있습니다.

Please fill out this questionnaire whenever you have time. Thanks!

시간이 날 때 이 설문지를 작성해 주세요. 감사합니다.

또 다른 방법으로는 기한(deadline)을 언급하는 방법이 있습니다. 상황이 급한 것은 아니어도 상대에게 상기시키는 효과가 있는 것이죠. 이 경우 'by+기한(deadline)' 구문을 사용하는 것이 좋습니다.

Please let me know by Friday morning if you'll be able to attend the weekend conference. Thanks!
주말 콘퍼런스에 참석할 수 있는지 금요일 오전까지 알려주시기 바랍니다. 감사합니다!

could, would로 시작하는 의문문으로 물어볼 수도 있습니다. 이러한 의문문은 특히 상사나 선생님 등 윗사람에게 예의를 갖추어 말할 때 사용합니다.

Could you send me that report by the end of the day? Thanks!
=
Would it be possible to send me that report by the end of the day? Thanks!
오늘 중으로 그 보고서 보내주실 수 있나요? 감사합니다!

그럼 다음 문장을 두 가지 경우로 다시 살펴보겠습니다.

1) 기한이 정해지지 않은 상황

X **Please let me know your answers as soon as possible. Thank you!**

○ **Please let me know your answers whenever you have time. Thank you!**
시간이 나면 답변을 알려주세요. 감사합니다!

2) 기한이 정해진 상황

X **Please let me know your answers as soon as possible. Thank you!**

Could you send me your answers by next Monday?
We'll need them for the meeting Tuesday afternoon.
Thank you!

다음 주 월요일까지 답변을 보내주실 수 있나요? 화요일 오후 회의에 필요할 거예요. 감사합니다!

Details

상대방에게 as soon as possible을 사용하는 것은 무례할 수 있지만, 본인 입장에서 as soon as possible을 쓰는 것은 자연스러워요. "내가 최대한 빨리 일 처리 할게요."라고 말하는 게 자연스러운 것처럼 말이죠.

(방금 상사가 몇 가지 과제를 내준 상황)

No problem. I'll get these done as soon as possible.

문제없습니다. 최대한 빠르게 그 일들을 처리할게요.

리빌딩

If you have any additional questions, please email me **at your earliest convenience**. Have a great day!

추가 문의 사항이 있으시면 편하신 때에 이메일로 보내주시기 바랍니다. 좋은 하루 보내세요!

10. in touch

(한 직원이 매니저에게 말하는 상황)

Is there a way for me to touch with the marketing director? I have a really good idea for an advertisement.

(B2B 영업사원이 새로운 잠재 고객과 미팅을 하고 떠나는 상황)

Have a great rest of your day. Let's get in touch. Hopefully we can have a follow-up meeting sometime next week.

→ in touch를 사용할 때 전치사 in을 빠뜨리거나 같이 사용하는 동사(get, keep, stay)를 잘못 사용하는 경향이 있습니다.

in touch to be in communication or to have communication with someone 누군가와 의사소통 하는

여러분이 다른 비즈니스와 in touch하고 있다는 것은 연락을 주고받고 있다는 뜻입니다.

in touch를 사용할 때는 절대 in을 빠뜨리면 안 됩니다. touch만 쓰면 물리적으로 접촉한다는 뜻이 되기 때문이죠. 또한 함께 사용하는 동사들에 따라서 in touch의 의미가 달라지기도 합니다.

get in touch   to first start having communication   먼저 의사소통을 시작하다

I heard a new business just opened in Gangnam.
We should get in touch with them and see if they're
interested in buying some of our office supplies.
강남에 새로운 사업체가 새로 막 문을 열었다고 들었어요. 그들에게 연락해서 우리 사무용품
구입에 관심이 있는지 알아봐야겠어요.

keep/stay in touch   to maintain communication   의사소통을 유지하다
누군가와 이미 연락을 주고 받는 상태인데 그것을 계속 지속할 때는 keep
in touch, stay in touch를 사용합니다.

I use Facebook and KakaoTalk to stay in touch with
my friends and family back in Korea.
전 한국에 있는 친구들, 가족들과 계속 연락을 주고받기 위해서 페이스북이나 카카오톡을 사용해요.

be in touch   to be communicating   의사소통을 하고 있다
be 동사를 써서 의사소통의 전반적인 상황을 말할 수도 있습니다.

I'm in touch with several prospective customers right
now. I think I should be able to close at least 2 deals
by the end of the week.
저는 지금 몇 명의 잠재 고객과 연락하고 있습니다. 이번 주말까지는 적어도 두 건의 거래를
마무리할 수 있을 것 같아요.

위 내용을 바탕으로 다음 문장들을 다시 살펴보겠습니다.

(직원이 매니저와 이야기 나누는 상황)
Is there a way for me to touch with the marketing
director? I have a really good idea for an advertisement.

○ Is there a way for me to get in touch with the
marketing director? I have a really good idea for an
advertisement.

마케팅 이사님과 연락할 방법이 있을까요? 정말 좋은 광고 아이디어가 있거든요.

다음 문장에서는 이미 알고 있는 사람과 계속 연락을 주고 받는 상황이
므로 stay/keep in touch를 사용해야 합니다. get in touch는 연락을 처
음 시작할 때 사용합니다. 또한, touch 대신 contact를 사용해서 get in
contact, stay in contact, keep in contact 식으로 써도 의미는 동일합
니다.

(B2B 영업사원이 고객과 미팅을 하고 떠나면서)

✗ Have a great rest of your day. Let's get in touch.
Hopefully we can have a follow-up meeting sometime
next week.

○ Have a great rest of your day. Let's stay/keep in
touch. Hopefully we can have a follow-up meeting
sometime next week.

남은 하루도 잘 보내세요. 계속 연락하죠. 다음 주 중에 후속 회의를 할 수 있기를 바랍니다.

11. take a rest

I've been working for 6 hours straight. I really need to take a rest.

It's been a very hectic week. I'm looking forward to taking a rest this weekend.

→ take a rest를 자연스럽게 쓰기가 생각보다 어렵습니다.

take a rest가 잘못된 표현은 아니지만 take a rest 대신 쓸 수 있는 좀 더 일반적이고 자연스러운 표현들이 있습니다. 상황에 따라 가장 잘 어울리는 표현은 달라질 수 있죠.

take a break   to have a short pause/rest from working, then resume working later 작업을 잠시 멈춘 다음 나중에 작업을 다시 시작하다

대표적으로 take a rest 대신 take a break을 쓸 수 있는데, 직장에서 일하다 잠깐 쉬는 경우 사용할 수 있습니다. 만약 휴식시간이 정해진 스케줄로 고정되어 있다면 have a break를 사용할 수 있어요. 예를 들면, 아침 9시부터 오후 2시까지 일을 하고, 그 다음 일하는 시간이 오후 5시부터 9시까지라면, 2시부터 5시까지 3시간 동안 쉬는 것을 have a 3-hour-break라고 말할 수 있습니다.

그럼 다음 문장을 다시 살펴보겠습니다. 이 문장은 잠시 휴식한 후 다시 돌아와 일을 시작한다는 뜻입니다.

  ✗   I've been working for 6 hours straight. I really need to ~~take a rest~~.

  ○   I've been working for 6 hours straight. I really need to take a break.

나는 6시간 연속으로 일하고 있어요. 정말 휴식이 필요해요.

일터에서 벗어나 자유 시간을 갖는다거나 근무 시간 외 쉬는 경우 take a rest 대신 rest/relax를 쓰는 것도 자연스럽습니다.

  ✗   It's been a very hectic week. I'm looking forward to ~~taking a rest~~ this weekend.

  ○   It's been a very hectic week. I'm looking forward to resting/relaxing this weekend.

정말 바쁜 한 주였네요. 이번 주말에는 푹 쉬면 좋겠어요.

In addition to lunchtime, most employees **take a 15-minute break** in the afternoon around 3 p.m.

점심시간 외에도 대부분의 직원은 오후 3시쯤에 15분간 휴식을 취합니다.

I just **relaxed** at home this weekend because I was so burnt out from the workweek.

이번 주 근무가 너무 피곤해서 주말에는 그냥 집에서 쉬었어요.

12. I understand well.

I read your email and I understand it well. I will discuss this with my team and get back to you.

Thank you for your email. I understand it well. Unfortunately, I don't think your suggestions will work because ...

→ I understand well.은 잘못 사용하면 상황에 따라서 무례하게 들릴 수 있습니다.

I understand your email well.이라고 하면 이메일의 내용을 이해한다는 의미만 전달한다고 볼 수 있습니다. 이메일에 담긴 내용에 동의하는지 여부는 전달되지 않고, 또 친근감도 느껴지지 않죠.

　I understand well. 대신 쓸 수 있는 자연스러운 표현은 make sense 입니다. make sense를 쓰면 좀 더 친근하게 들릴 뿐 아니라 이메일의 내용은 물론이고 상대방이 말한 내용을 긍정적으로 생각하거나 동의한다는 의미까지도 전달할 수 있습니다.

그럼 위 문장을 알맞은 상황을 가정해 고쳐보겠습니다.

✗　I read your email and I understand it well. I will discuss this with my team and get back to you.

○   **Thanks for your response. I think your suggestions
make complete sense. I will discuss this with my
team and get back to you.**

응답해 주셔서 감사합니다. 당신의 제안이 충분히 타당하다고 생각해요. 팀원들과 상의해서
다시 연락드리겠습니다.

make sense라고만 해도 되지만 totally makes sense, makes complete
sense 등 형용사, 부사를 사용해서 좀 더 뉘앙스를 풍부히 살려서 전달할
수도 있겠죠.
　상대방에 동의한다는 make sense와 달리, 상대방의 의견에 동의하
지 않는다면 어떻게 할까요? 그런 경우는 '이해한다(understand)'와 관련
된 말을 하기보다 그 의견이나 노력(idea, effort)에 대해서 고맙게 생각한
다고 말하면 됩니다.

✕   **Thank you for your email. I understand it well.
Unfortunately, I don't think your suggestions will
work because …**

○   **Thank you for your email. I appreciate your
suggestions, but unfortunately I don't think they'll
work because …**

이메일을 보내주셔서 감사합니다. 당신의 제안은 고맙지만 아쉽게도 효과가 없을 것 같아요.
왜냐하면 …

Hey John,
I read your email and everything **makes total
sense** to me. I think your plan sounds great.

John 님,

보내주신 이메일 확인했으며, 말씀하신 내용 전적으로 동감합니다. 멋진 계획이라고 생각해요.

13. I'm waiting for your response.

(잠재적인 비즈니스 파트너에 보내는 이메일을 마무리하며)

... You can use my online calendar to confirm the meeting time. I think next week would work best for me. I'll be waiting for your reply. Thanks, Jiwon Lee

메시지의 마지막에 **I'm waiting for your response.**라고 쓰면 약간 무례하고 무뚝뚝하게 들릴 수 있습니다.

I'm waiting for your response.를 사용하면 상대방을 재촉하는 듯한 느낌을 전달할 수 있습니다. 마치 컴퓨터 앞에 앉아 답변이 왜 안 오는 건지 꼬박 기다리는 느낌을 주기 때문에 적합하지 않죠. 대신 look forward to ~ 구문을 쓰면 보다 완곡하면서도 프로페셔널한 인상을 줄 수 있습니다.

정중한 이메일을 작성할 때는 I look forward to hearing back from you.라고 하고, 조금 친근한 상황이라면 Looking forward to hearing back from you.라고 하면 되겠습니다.

... You can use my online calendar to confirm the meeting time. I think next week would work best for me.

온라인 캘린더를 써서 회의 시간을 정할 수 있습니다. 저는 다음 주가 가장 좋을 것 같아요.

✗ I'll be waiting for your reply.

○ I look forward to hearing back from you! (formal)

○ Looking forward to hearing back from you! (casual)

답변 기다리고 있겠습니다!

Details

'답변을 받다'를 꼭 hearing back from you라고 할 필요는 없고 상황에 따라서 다양한 표현들을 사용할 수 있습니다.

예를 들어, networking event를 고대하고 있다면 Looking forward to the event.라고 하고, 누군가를 처음으로 만나는 것을 기대하고 있는 상황이라면 Looking forward to meeting you.라고 할 수 있어요.

리빌딩

(이메일을 마무리하며)

... We can start moving forward with our project then.

Looking forward to hearing back from you!

Have a great day,

Jiwon

... 프로젝트는 그때에나 진척이 있을 것 같습니다.

그럼 답변 기다리겠습니다. 좋은 하루 보내세요.

지원 드림

14. have a good time

(일과를 마치고 사무실을 떠나면서 동료에게)

Have a good time.

(이메일 끝인사로)

Have a good time.

(중요한 발표를 앞둔 동료에게)

I hope you have a good time.

→ Have a good time.은 적절한 상황에서 쓰지 않는 경우 어색할 수 있습니다.

have a good time (about a specific situation) have fun/enjoy yourself during this situation

have a good time을 적절한 상황에서 바로 쓰는 핵심은 바로 have a good time이 구체적인 이벤트나 상황(specific situation)에서 사용된다는 것입니다.

Did you have a good time at the party last night?

(specific situation = the party)

어젯밤 파티에서 즐거운 시간 보냈나요?

Unfortunately I won't be able to come to the team dinner tonight, but I hope everyone has a good time.

(specific situation = the team dinner)

아쉽게도 저는 오늘 저녁 회식에는 못 가지만, 모두 즐거운 시간 보내시길 바랍니다.

특정한 상황이 아니라 그냥 "좋은 시간을 보내세요!"라고 할 때는 Have a good time에서 time 대신 day, night, week 등으로 바꿔서 말을 하는게 훨씬 더 자연스럽습니다.

이 내용을 바탕으로 다음 문장을 다시 살펴보겠습니다. 퇴근 후 저녁 이므로 Have a good night.이라고 하면 됩니다. 그리고 rest of your를 붙여서 Have a good rest of your night.이라고 해도 좋습니다.

X   **Have a good time.**

O   **Have a good night.**

메시지나 이메일 보낼 때 한국말로도 "좋은 하루 보내세요."라고 하듯이, 이메일 보낼 때는 Have a good/great day.를 많이 사용합니다.

X   **Have a good time.**

O   **Have a good/great day.**

또 기억해야 할 것은 have a good time이 쉽게 말하면 '즐거운 시간 보내라(have fun)'는 뜻이므로 비즈니스 영어로는 적합하지 않을 수 있습니다. 상대방에게 '발표나 협상이 성공적으로 진행되길 바란다'라고 할 때 는 아래의 문장을 사용해보세요.

I hope (situation) goes well.
Best of luck with (situation).

(상황)이 잘되길 바라.

다음 문장은 중요한 발표를 앞두고 있는 동료에게 말하는 것이므로 아래처럼 고칠 수 있습니다.

✕　　**I hope you have a good time.**
○　　**I hope your presentation goes well.**
○　　**Best of luck with your presentation.**

Best of luck with your interview tomorrow! I'm sure you'll do great.

내일 인터뷰 잘되길 바랍니다! 잘하실 거예요.

I'm about to leave the office. **Have a good night!**

저는 이만 퇴근합니다. 좋은 밤 보내세요!

I heard you just got back from a vacation in Hawaii! How was it, did you **have a good time**?

하와이에서 휴가 보내고 돌아왔다고 들었어요! 어땠어요, 즐겁게 보냈어요?

Message sent: Friday morning, 8:45 a.m.

메시지 보냄: 금요일 오전 8시 45분

Hello Park Taeho,

안녕하세요 박태호 님,

This is Jiwon Lee, one of the sales representatives for Onward Tech. It's good to meet you. I hope you're doing well.

전 Onward Tech의 영업사원 이지원입니다. 만나게 되어서 반갑습니다. 잘 지내고 계시죠?

I met with some of your colleagues yesterday afternoon to discuss how our Synthesis marketing AI system can help Green Light Electronics grow. Kim Donghwi told me to get in touch with you about having a follow up meeting.

어제 오후에 우리 Synthesis marketing AI 시스템이 어떻게 Green Light Electronics 성장에 기여할 수 있을지에 대해 회사 동료분들과 이야기 나누었습니다. 김동휘 씨가 후속 미팅과 관련해서 태호 님께 연락을 취해보라고 하셨어요.

I'd love to meet with you sometime next week if you're available. Let me know at your earliest convenience. You can also look at the attachment I added to this email. It explains more about Synthesis.

시간이 괜찮으시다면 다음 주쯤 뵐 수 있으면 좋겠습니다. 편하신 때 연락주세요. 또한 본 이메일에 첨부한 첨부파일을 보시면 Synthesis에 관한 자세한 설명을 확인하실 수 있습니다.

Looking forward to meeting you!

빨리 만나 뵙길 바라겠습니다.

Have a great day,

좋은 하루 되세요.

Jiwon Lee
이지원 드림

Message sent: Tuesday morning, 9:30 a.m.
메시지 보냄 : 화요일 오전 9시 30분

Hi Jiwon,
안녕하세요, 지원 씨.

Thank you for your message. Also I apologize for the late reply. I had a lot of work Friday, last weekend, and on Monday. Looking forward to next weekend already so I can finally relax!

메시지 감사드려요. 또한 답변이 늦어서 죄송합니다. 금요일, 지난 주말, 월요일에 일이 많았어요.

어서 주말이 와서 쉴 수 있으면 좋겠네요

I read your email and looked at the Synthesis attachment. I think Synthesis sounds like a great product.
I would be happy to have a follow-up meeting this week. I am available tomorrow any time 2:00 – 4:00 p.m. or Thursday 1:00 – 5:00 p.m. Let me know which time works for you.

보내주신 이메일을 읽고 Synthesis 첨부 파일도 살펴보았습니다. Synthesis가 아주 좋은 제품인 것 같네요. 이번 주에 후속 회의를 할 수 있으면 좋겠습니다. 저는 내일 2시부터 4시까지, 그리고 목요일은 1시부터 5시까지 시간이 됩니다. 언제가 괜찮은지 알려주세요.

Thanks Jiwon!
고맙습니다. 지원 씨!

Taeho
태호 드림

216

Message sent: Tuesday morning, 11:05 a.m.

메시지 보냄 : 화요일 오전 11시 5분

Hey Taeho,

안녕하세요, 태호 님.

It's okay! I've been pretty busy the past few days as well.

괜찮습니다. 저도 지난 며칠 동안 꽤 바빴거든요.

That sounds great. I think Thursday afternoon at 3 p.m. would be perfect. We usually have our follow-up meetings virtually on Webex. Are you familiar with Webex? However, I don't mind coming to your office to meet in person.

좋습니다. 목요일 오후 3시면 괜찮겠네요. 저희는 주로 Webex에서 가상 후속 회의를 합니다.

Webex 잘 아시는지요? 그렇지만, 직접 찾아뵙고 대면 미팅을 하는 것도 좋습니다.

Would you prefer a virtual meeting or a face-to-face meeting?

가상 회의와 대면 회의 중 어느 쪽이 더 나으실는지요?

Take care,

안녕히 계세요.

Jiwon

지원 드림

Message sent: Tuesday afternoon, 1:43 p.m.

메시지 보냄 : 화요일 오후 1시 43분

Hi Jiwon,

안녕하세요, 지원 씨.

I'm totally fine with meeting on Webex! I'm looking forward to meeting you. Is there anything I need to prepare for our meeting?

Webex로 회의하는 것 괜찮습니다. 만나 뵙길 기대하겠습니다. 회의 전에 준비해야 할 게 있을까요?

Taeho

태호 드림

Message sent: Tuesday afternoon, 4:20 p.m.

메시지 보냄 : 화요일 오후 4시 20분

Sounds good, Taeho!

좋습니다, 태호 님.

Here's a Webex meeting link:

다음은 Webex 회의 링크입니다.

www.webex/meeting57189282711

If you could have some information ready about your recent/planned advertising campaigns(for example: your latest budget, analytics, and plans for next quarter) that would be great.

최근 또는 계획했던 광고 캠페인에 관한 자료(최근 예산, 분석, 다음 분기 계획 등)를 준비해주실 수 있다면 좋을 것 같습니다..

See you Thursday at 3!

목요일 3시에 뵐게요!

Take care,

안녕히 계세요.

Jiwon

지원 드림

그래머 실수 파트 1
Grammar Mistakes Part 1

다음 내러티브에는 오류 표현이 포함되어 있습니다. 한번 읽어보시고 어색한 표현을 찾아보세요. 해당 에러 표현에 대한 정정 표현은 각 챕터 끝부분에 제시됩니다.

지원은 Green Light Electronics와 계약을 따냈고 여러 건의 영업 실적 발표를 했다. 지금 지원은 Michelle과 1차 월간 평가 미팅 중이다.

(Jiwon knocks on Michelle's office door)

Michelle Hey, Jiwon! Come on in.
(Jiwon comes in and sits down)

Michelle Alright, so first of all, I'd love to hear your perspective on how this month has been.

Jiwon Yeah, I'm really enjoying things so far! I was kind of difficult the first time, because I don't have a lot of B2B sales experience, but I'm already more confident in my sales skills and am working hard to get better. I think I'm improving with every presentations.

Also, everyone's been really friendly and helpful. I knew the office environment was good here, but it's even great than I expected.

Michelle Great! Do you have any questions or anything you aren't sure about?

Jiwon Yeah, last sales meeting they asked a lot of really technical programming questions. I did my best, but I wasn't totally sure how should I answer. Should I just connect them with one of our engineers in those cases?

Michelle Yeah, that is happen pretty often. Jaemin

handles a lot of the more technical questions from prospects and customers. Just say you'll connect them with him. After the meeting, send a group email connecting them and briefly explain the questions so Jaemin can understand.

Jiwon   Okay, got it. I've also noticed that some people seem a little hesitant to sign up for our 1 year subscription plan. Do we ever offer a 3 months plan or 6 months plan?

Michelle   Most of the time no, simply because the 1-year plan is by far the best value for them and us. What made people seem like hesitant about the 1-year plan?

Jiwon   I met with Daylight Nutrition last week. They're a health supplement startup and want to start marketing their vitamins online. They interested in using Synthesis, but they just spent huge money opening their second offline store. They said they really want to balancing their budget and cutting costs right now.

Michelle   Ahhhhh okay, that makes sense. We'd had a few different situations like that in the past. Usually in those situations we offer a delayed billing plan. We break the price up into multiple installments and allow them to start using the product before we start billing them. We can put a clause into the contract that they have to cover our installment costs if they terminate the contract early. If they really are interested in using Synthesis but don't have the cash up front, the delayed billing plan works almost all the time.

Jiwon   Great. I'll offer that next time. Is there a standard delayed payment option or would it be case by case?

Michelle Talk to Sanghyeon about that and follow his suggestions. He does a lot of custom contracts and contract negotiations.

Jiwon   Okay! I'll do that later today.

Michelle Great. Alright, let's get started with your evaluation ...

1. comparative sentences

This week is much busy than last week.

Our June sales were much more bigger than our May sales.

I prefer work from home over go to the office.

My boss prefers having morning meetings than afternoon meetings.

다양한 비교급 문장을 정확한 용법에 따라 구사하기가 어렵습니다.

두 대상을 비교할 때 몇 가지 문장 구조를 사용해 비교급을 만들 수 있습니다. 우선 가장 기본적인 형태는 다음과 같습니다.

X is (비교급) 'than' Y.

Our newest product is more popular than our previous product.
신상품이 이전 상품보다 더 인기가 좋다.

또한, 비교하려는 두 대상 가운데 한쪽이 꼭 사물일 필요는 없습니다. 그 보다 생각이나 아이디어일 수도 있는 것이죠.

That test was easier than I expected.
그 테스트는 제가 생각하던 것보다 쉬웠어요.

여기에서 비교의 대상은 '테스트에 대해 기대하던 바'가 됩니다.

실수 문장을 다시 살펴보면, 첫 번째 문장은 busy의 비교급인 busier를 써서 표현해야 합니다.

X   **This week is much busy than last week.**
O   **This week is much busier than last week.**
이번 주는 지난 주보다 훨씬 바쁘다.

두 번째 실수 문장의 경우에는, 비교급인 bigger를 사용하고 있으므로 3음절 이상의 형용사 앞에서 비교급을 만들 때 사용하는 more는 사용하지 않습니다.

X   **Our June sales were much more bigger than our May sales.**
O   **Our June sales were much bigger than our May sales.**
6월 매출이 5월 매출보다 훨씬 더 컸습니다.

prefer는 '~을 더 좋아하다'라는 뜻으로, 아래 예문의 형태로 사용됩니다. prefer 동사 자체에 비교의 의미가 있어서 than 대신 to/over를 쓰는 것이 핵심이죠.

Most customers preferred product model 2 to/over product model 1.
고객들은 대부분 제품 모델 1보다 모델 2를 더 좋아했습니다. (선호하는 것은 product model 2)

비교 대상이 이미 언급되었다면, (주어) prefer X.라고만 해도 좋습니다.

> **A: Which product model did the customers like more?**
> 고객들은 어떤 제품 모델을 더 좋아했나요?
>
> **B: They liked both models, but most customers preferred product model 2.**
> 두 가지 모델을 다 좋아했지만, 대부분의 고객들은 모델 2를 더 좋아했어요.

만약 X와 Y가 행동(action) 동사라면, 각각의 동사에 ing를 붙여야 합니다.

> **I prefer calling customers to/over emailing customers.**
> 저는 고객에게 이메일을 보내는 것보다 전화하는 것을 선호해요.

prefer와 관련해서 가장 많이 하는 실수들을 살펴보죠.

1. 비교하는 대상 X, Y에 동사 원형을 사용한 경우

✕ **I prefer work from home to/over go to the office.**
○ **I prefer working from home to/over going to the office.**
나는 사무실에 가는 것보다 재택근무하는 것이 더 좋다.

2. to/over가 아닌 다른 전치사를 사용해서 비교하는 경우

✕ **My boss prefers having morning meetings than afternoon meetings.**
○ **My boss prefers having morning meetings to/over afternoon meetings.**
제 상사는 오후 회의보다 오전 회의를 더 선호합니다.

대화에서는 prefer 보다 I'd rather X than Y.(X, Y는 동사) 또는 I like X more than Y.(X, Y는 명사) 표현을 더 자주 사용합니다.

I **prefer** working from home **to/over** going to the office.
= I'd **rather** work from home **than** go to the office.
= I **like** working from home **more than** going to the office.
나는 사무실에 가는 것보다 재택근무하는 것이 더 좋다.

The career opportunities for me are **much bigger** in the US **than** in Korea. Plus, I actually **prefer** American culture. Those are my main reasons I'm looking for work abroad.

저로서는 한국보다 미국에서 경력을 쌓을 수 있는 기회가 훨씬 많습니다. 게다가, 저는 사실 미국 문화를 선호합니다. 제가 해외에서 일자리를 찾고 있는 주된 이유죠.

2. I am difficult / hard / easy / convenient / inconvenient

I was really difficult this week because I had to work overtime every day.

I am easy to speak English casually, but I am hard to give formal presentations in English.

→ 사람을 설명할 때 difficult, hard, easy, inconvenient를 사용하는 경우가 있습니다.

이러한 형용사들은 대부분 사람(person)이 아니라 상황(situation)이나 하는 일(task)을 묘사할 때 쓰여야 합니다.

다음 문장을 다시 살펴보겠습니다. difficult의 주어로 사람(I) 대신 힘들게 하는 상황 this week를 써야 합니다.

X   I was really difficult this week because I had to work overtime every day.

O   This week was really difficult for me because I had to work overtime every day.
     매일 야근을 해야 해서 이번 주는 정말 힘들었어요.

주어는 명사가 되어야 하므로, 만약 상황(situation)이나 일(task)이 동사라면 뒤에 ing를 붙여서 명사로 만듭니다. 아래 문장에서, 힘들게(hard)하는 것은 사람(I)이 아니라 상황(finish all my work on time)인데, finish가 동사이므로 ing를 붙여서 finishing all my work on time을 주어로 써야 합니다.

X   **My boss gives me so much work. I am very hard to finish all my work on time.**

O   **My boss gives me so much work. Finishing all my work on time is very hard for me.**
     상사가 일을 너무 많이 줘서, 제시간에 일을 마치기는 매우 어렵습니다.

위 문장처럼, 상황이나 일이 동사라면, 'It(가주어) be easy/difficult for 사람 to 부정사(진주어)' 구문을 써서 말할 수 있습니다.

그럼 이 내용을 바탕으로 다음 문장도 다시 살펴보겠습니다.

X   **I am easy to speak English casually, but I am hard to give formal presentations in English.**

O   **It is easy for me to speak English casually, but it is**
     가주어   진주어   가주어

     hard for me to give formal presentations in English.
                         진주어

     영어로 가볍게 말을 하는 것은 쉽지만 정식으로 발표를 하는 건 어려워요.

(Details)

자기 자신에 관해서 말하는 경우에는 말하는 사람이 분명하기 때문에 for me를 생략할 수 있습니다. 물론 for me를 넣으면 문장을 좀 더 확실하게 표현할 수 있죠.

Finishing all my work on time is very hard for me.
= Finishing all my work on time is very hard.

It is easy for me to speak English casually, but it is
hard for me to give formal presentations in English.
= It is easy to speak English casually, but it is hard to
give formal presentations in English.

(리빌딩)

I had an incredibly **difficult week**. I had several
important meetings all over Seoul, but my car
broke down so I had to use public transportation.
It was really inconvenient for me, but thankfully
my meetings went well and our company secured
two new clients.

정말 힘든 한 주를 보냈습니다. 서울에서 중요한 회의가 몇 건 있었는데, 차가 고장 나서 대중
교통을 이용해야 했거든요. 매우 불편했지만, 다행히도 미팅은 원만히 진행되어 회사에서는
클라이언트 두 명을 새로 확보했습니다.

3. seem/seem like

These goals seem like very difficult.
You look like really tired today. Are you okay?

언제 동사에 like를 붙이는지 혼동하는 경우가 있습니다.

look, seem, taste와 같은 감각 동사 뒤에 like를 붙이면, '~와 비슷하다' 또는 '~의 특징을 갖다'라는 의미가 됩니다. 따라서 look like는 '~와 비슷하게 보이다' 또는 '~의 특징을 갖는 것처럼 보이다'라는 뜻이 되는 거죠.

like를 붙여야 할지 여부는 동사 뒤에 오는 품사에 따라 다릅니다. 문장의 주어와 비슷하거나 유사한 특징을 가진 명사나 대명사가 동사 뒤에 오면 like를 붙여야 합니다.

He seems like a really hard worker.
그는 매우 열심히 일하는 사람 같아요.

This project seems like it will be impossible.
이 프로젝트는 불가능할 것 같습니다.

위 예문들은 아래처럼 seem 뒤에 바로 형용사가 나오도록 바꿀 수도 있습니다.

He seems like a really hard worker.
= **He seems very hardworking.**

This project seems like it will be impossible.
= This project seems impossible.

like 없이 seem 뒤에 형용사나 부사가 나오면 주어와 비슷하다는 게 아니라 주어의 성질을 설명해주는 것이라는 것을 알 수 있습니다.

다음 문장을 다시 확인해보겠습니다. seem like 뒤에는 형용사가 나오지 않으므로 형용사가 나오면 seem만 사용하면 됩니다.

✗ These goals seem like very difficult.
◯ These goals seem very difficult.
이 목표들은 매우 어려워 보입니다.

마찬가지로 주어의 상태나 상황을 설명해주는 tired라는 형용사가 있으므로 like가 나오면 안되겠죠.

✗ You look like really tired today.
◯ You look really tired today.
오늘 정말 피곤해 보이네요.

(리빌딩)

Our office **feels like** a ghost town now that over 80% of the staff is working remotely. Sometimes I'm the only one there for a majority of the stay. That might **seem** kind of isolating, but I actually really like it. I can concentrate easily and there are no interruptions.

이제 직원 80% 이상이 원격으로 근무하기 때문에 사무실이 유령도시처럼 느껴집니다. 가끔은 저 혼자만 사무실에 있는 경우도 있어요. 좀 고립된 것처럼 보일 수도 있지만, 전 그게 정말 좋습니다. 쉽게 집중할 수 있고 방해받지도 않거든요.

4. passive sentences

I surprised how well our product sold!

The payment received our sales team last Tuesday.

수동형의 문장을 적절한 맥락에서 자연스럽게 구사하기가 어렵습니다.

위에서 제시한 문장을 다시 한번 살펴보겠습니다. 내가 놀람을 당한 거고, 나를 놀라게 한 주체는 how well our product sold이므로 be p.p by 형태의 수동태로 고쳐야 합니다.

X   **I surprised how well our product sold!**

O   **I was surprised by how well our product sold!**
우리 제품이 너무 잘 팔려서 깜짝 놀랐어요!

또한, 수동태의 문장 구조 가운데 by 이하의 행위자나 원인은 문맥에 따라 파악이 확실한 경우 생략 가능합니다.

두 번째 문장을 살펴보겠습니다. 대금을 받은 주체는 our sales team이죠. 능동태로는 Our sales team received the payment last Tuesday. 인데, the payment를 주어로 옮겨 수동태 문장으로 바꾸면 동사는 was received by 형태가 됩니다.

233

The payment received our sales team last Tuesday.
The payment was received by our sales team last
Tuesday.

지난 화요일에 저희 영업팀에서 대금을 받았습니다.

결국 능동태와 수동태 문장을 자유롭게 바꾸어 보는 것이 중요합니다.

수동   I was surprised by how well our product sold!

능동   How well our product sold surprised me!

수동   The payment was received by our sales team last
Tuesday.

능동   Our sales team received the payment last Tuesday.

(리빌딩)

The latest Marvel Avengers movie quickly **broke**
most box office records.

최신 마블 어벤져스 영화는 빠르게 박스 오피스 기록 대부분을 깼다.

Most box office records **were** quickly **broken by**
the latest Marvel Avengers movie.

박스 오피스 기록 대부분은 최신 마블 어벤져스 영화로 빠르게 깨졌다.

5. using intransitive verbs

You're right, that could be happened!

Two weeks ago, I didn't even know this product was existed. Now I absolutely love it!

→ 목적어를 갖지 않는 자동사는 수동태로 만들 수 없습니다.

타동사(transitive verbs)는 목적어(대상)를 필요로 하는 동사인데 반해 자동사(intransitive verbs)는 주어의 행동이나 상태를 설명하는 동사일 뿐 목적어가 필요 없습니다. 물론 뒤에 형용사, 부사, 전치사구 등 수식어 구가 나올 수는 있지만, 직접적인 대상(목적어)은 나올 수 없어요.

따라서 자동사는 능동태로만 사용이 가능합니다. 특히 동사 happen 을 쓸 때 수동으로 쓰는 실수를 많이 하는데 happen은 '발생하다, 일어나다'라는 뜻의 자동사이므로 꼭 능동태로 써야 합니다.

✗ You're right, that could be happened!
○ You're right, that could happen!
네 말이 맞아. 그런 일이 생길 수도 있지!

exist도 마찬가지로 자동사인데 수동으로 써서 틀리는 경우가 많습니다.

✗ Two weeks ago, I didn't even know this product was existed. Now I absolutely love it!

○ **Two weeks ago, I didn't even know this product** existed. **Now I absolutely love it!**

2주 전에는 이 제품이 있는지조차 몰랐는데 이제는 그게 정말 좋아요!

(**Details**)

동사의 자/타동사 확인 방법은 Google에서 "Is (동사) transitive or intransitive?"라고 검색해도 알 수 있고, 대부분의 사전에도 자동사, 타동사가 표시되어 있습니다. 그리고 자동사와 타동사 둘 다로 사용되는 경우도 있는데, 이때는 해석이 달라지므로 주의해야 합니다.

(**리빌딩**)

Please wait for the customer to **arrive**. After they **arrive**, be friendly and **smile**.

고객이 올 때까지 기다려 주세요. 고객이 도착하면 친근하게 대하며 웃어주세요.

6. using transitive verbs

I sent this morning.

Please open on your computers and scroll down to page five.

완전 타동사는 반드시 목적어(대상)가 있어야 합니다.

타동사에 직접목적어가 없다면 그 문장은 문법적으로 불완전하고 부자연스러운 문장이 됩니다.

✗ Everyone should bring to the meeting.

이 문장에서 bring(가지고 오다)이라는 동사 뒤에 목적어(대상)가 없으므로 틀린 문장입니다. 아래 문장과 같이 목적어를 명시하여 써야 합니다.

○ Everyone should bring their laptops as well as a pen and paper to the meeting.
모든 사람은 펜과 종이, 그리고 노트북을 가지고 미팅에 참석해야 합니다.

그럼 다음 문장을 다시 살펴보겠습니다. sent 뒤에 this morning은 시간을 나타내는 부사구라서 목적어(대상)가 될 수 없습니다. 따라서 sent 뒤에 목적어를 추가해야 합니다.

I sent this morning.

I sent the report this morning.

전 오늘 아침에 리포트를 보냈습니다.

다음 문장에서는 컴퓨터에 있는 무언가를 열라는 뜻이 되어야 자연스러우므로 open 뒤에 목적어를 추가해야 합니다.

Please open on your computers and scroll down to page five.

Please open the excel file on your computers and scroll down to page five.

컴퓨터에서 엑셀 파일을 열고 5페이지까지 아래로 스크롤하세요.

(리빌딩)

My company **sells** AI technology that **helps** small businesses grow. We also **offer** many great products for companies in all industries.

저희 회사는 중소기업의 성장을 돕는 AI 기술을 판매합니다. 또한 모든 분야의 기업들을 위해 훌륭한 제품들을 많이 제공합니다.

7. including questions in statements

I'm not sure what does it mean.

I don't know what is it.

평서문 안에 쓰인 간접의문문의 어순을 혼동하는 경우가 많습니다.

의문문과 평서문 안에 쓰인 간접의문문은 어순에 차이가 있습니다. Where did I put my phone?이라는 의문문이 평서문 속에서 간접의문문이 되면, 어순이 의문사-주어-동사 순으로 놓여 I can't find where I put my phone.(폰을 어디에 두었는지 못 찾겠어.)라고 해야 합니다.

그럼 다음 문장들을 다시 살펴보겠습니다.

✕   I'm not sure what does it mean.
○   I'm not sure what it means.
    난 그게 무슨 말인지 잘 모르겠어요.

✕   I don't know what is it.
○   I don't know what it is.
    난 그게 뭔지 잘 모르겠어요.

리빌딩

I sent a bunch of follow-up emails to all our customers today. I'm not sure **how many I sent**, but it must have been at least 100.

오늘 모든 고객에게 후속 이메일을 많이 보냈습니다. 얼마나 보냈는지 모르겠지만, 적어도 100개는 보냈을 거예요.

8. first / at first / the first time

At first I gave a business presentation, I was really nervous.

The first time, it was difficult adjusting to the work culture.

→ first, at first, the first time을 혼동해서 사용하는 경우가 있습니다.

우선 first는 사건의 목록이나 순서를 나타내거나, 무언가를 설명하거나 순서를 정할 때 사용됩니다.

There are three main things we still need to do before launching the application. First, we need to finish beta testing and collect reviews. Second, we need to finish designing our online store. Third, we need to plan out our social media advertisements.

애플리케이션을 출시하기 전에 해야 할 세 가지 주요 사항이 있습니다. 먼저, 베타 테스트를 마치고 리뷰를 수집해야 합니다. 둘째, 온라인 스토어 디자인을 마무리해야 합니다. 셋째, 소셜 미디어 광고를 계획해야 합니다.

at first는 특정 상황이나 계속되는 경험에서 시작 시점을 말할 때 씁니다. 또한, 시작 당시에서 현재 상황에 이르기까지 어떤 변화가 있었다는 것을 암시합니다. 그래서 만약 speaking English was very difficult at first라고 말한다면, 영어를 말하는 게 지금은 더 쉬워졌다는 것을 의미하죠. 상황이 바뀌지 않았다면, at first를 빼고 문장을 현재 시제로 만드는 것이 낫겠죠.

Speaking English was very difficult at first. But now it's really fun.
처음에는 영어로 말하는 게 어려웠지만 지금은 정말 재미있어요.

Speaking English is very difficult for me.
영어로 말하는 것은 매우 어려워요.

the first time은 반복되고(repeatable), 셀 수 있으며(countable), 시작과 끝이 분명한 행동을 말할 때 사용하는데, 보통 어떤 일을 처음 경험할 때 쓰입니다.

The first time I went to my English class, I was very nervous.
처음 영어 수업에 갔을 때, 나는 정말 긴장했어요.

영어 수업에 출석한 횟수를 쉽게 셀 수 있고, 동사 went가 포함되어 있으며, 시작과 끝이 분명한 상황이라서 the first time을 쓰는 게 자연스러운 것이죠. 참고로 for the first time은 '처음으로'라는 뜻의 부사구입니다.

My company is offering a 50% discount on all products for the first time ever.
당사는 전 제품을 대상으로 최초 50% 할인을 하고 있습니다.

이제 다음 문장들을 다시 살펴보겠습니다. 처음으로 발표했던 경험을 생각하면서 하는 말이니 The first time을 쓰면 됩니다.

✗ **At first I gave a business presentation, I was really nervous.**

○ **The first time I gave a business presentation, I was really nervous.**
처음 비즈니스 프레젠테이션을 했을 때는 정말 긴장했어요.

문맥을 보면 처음에는 직장 문화에 적응하는 게 어려웠지만 지금은 나아졌다는 의미를 나타내고 있으므로 at first를 써야 합니다.

✕ **~~The first time~~, it was difficult adjusting to the work culture.**

○ **At first, it was difficult adjusting to the work culture.**
처음에는, 직장 문화에 적응하는 게 어려웠어요.

The first time I developed an application was such a learning experience for me. I didn't know what to do at first, but by the end of the project I was a much better developer.
처음 애플리케이션을 개발한 것은 진정한 배움의 경험이었습니다. 처음에는 어떻게 해야 할지 몰랐지만, 프로젝트가 끝날 무렵에는 훨씬 더 나은 개발자가 되었습니다.

9. each / every

Each team members should review the monthly company newsletter.

Every information you need is on our company website.

종종 each와 every를 복수로 사용하거나, 셀 수 없는 명사와 함께 사용하는 경우가 있습니다.

each나 every를 명사 앞에서 사용하면, 그 명사는 항상 단수, 그리고 셀 수 있는 명사가 되어야 합니다.

Our sales numbers have improved every month this year. 올해 들어 매달 판매 실적이 좋아졌습니다.

한 달이 아닌 몇 달을 말하는 상황이라 복수로 쓸 것 같지만 every, each 는 단수 취급합니다. 특정 그룹안의 개별 대상을 표현하기 때문이죠. 이와 달리, all의 경우는 그룹 전체를 집합적으로 일컫습니다.

every person / each person / all people

또한 each와 every는 셀수 있는 명사와 함께 사용됩니다. 셀 수 없는 명 사 앞에는 꼭 all을 사용하도록 하세요.

244

그럼 다음 문장을 다시 살펴보겠습니다. each가 나왔으니 '단수 취급', '셀 수 있는 명사', 이 두 가지를 기억하면 됩니다. 따라서 members를 member로 바꾸면 되겠네요.

✕   **Each team members should review the monthly company newsletter.**

○   Each team member **should review the monthly company newsletter.**

각 팀원은 월간 회사 뉴스레터를 검토해야 합니다.

아래 문장에 나온 every 역시 each와 마찬가지로 셀 수 있는 명사 앞에 놓이며, 단수 취급합니다. information은 셀 수 없는 명사이기 때문에 every가 아닌 all로 바꾸어야 하고, 필요한 구체적인 정보들을 말하는 것이니 all of the information이라고 하면 되겠습니다.

✕   **Every information you need is on our company website.**

○   All of the information **you need is on our company website.**

당신이 필요로 하는 정보는 모두 회사 웹사이트에 있습니다.

(주의 사항)

앞의 일반적인 원칙과 달리, 해당 원칙이 적용되지 않는 경우가 있으니 주의해야 합니다.

1. every + 숫자(number) + 복수명사(plural noun)
보통 시간을 나타내는 데 사용됩니다.

My company allows employees to take a break every four hours. 저희 회사는 직원들이 4시간마다 휴식을 취할 수 있도록 합니다.

2. each of + 한정사(determiner) + 복수명사(plural noun)

The company assigned a specific quarterly goal to <u>each of the employees</u>.

회사는 구체적인 분기 목표를 각 직원에게 배정했습니다.

3. every one of + 한정사(determiner) + 복수명사(plural noun)

<u>Every one of my teammates</u> skipped the meeting today.

우리 팀원들은 오늘 모두 회의를 빼먹었다.

Each salesperson should offer the discount to **all the customers** on their contact list. We want **every customer** to know about this deal.

각 영업 사원은 연락처 목록에 있는 모든 고객에게 할인을 제공해야 합니다. 우리는 모든 고객이 이 거래에 대해 알았으면 합니다.

10. all the time / every time

All the time we have a group project, Mark forgets to do his part.

My coworkers gossip every time at work. It's really annoying.

→ all the time과 every time은 사용하는 맥락이 다릅니다.

every time은 셀 수 있고 반복되는 상황에서, 어떤 일이 100% 일어난다고 할 때 사용할 수 있습니다.

He is late every time we have a meeting.
그는 우리가 미팅을 할 때마다 늦는다.

위 문장은 회사에서 여러 미팅이 열리는데, 그 모든 미팅에 100% 늦는다는 뜻입니다. 여기서 미팅은 셀 수 있고 반복적으로 계속해서 100% 늦는다는 말이니 every time을 쓰는 것이 자연스러워요.

all the time은 constantly, very often과 비슷한 의미로, 계속 진행 중인 상황이나 빈도수가 잦은 경우에 사용합니다.

I have my accounting exam next week, so I've been studying all the time.
다음 주에 회계학 시험이 있어서 내내 공부했어요.

다음 주에 회계학 시험이 있어서 계속 공부해오고 있다는 말인데, 공부하는 것은 셀 수가 없는 거죠. 계속 꾸준히 공부하고 있다는 것을 나타내고 싶어서 all the time을 사용해 강조했습니다. all day long, all week long, all year long처럼 좀 더 구체적인 시간 표현을 말하면서 비슷한 느낌을 전달할 수 있습니다.

그럼 다음 문장을 다시 살펴보겠습니다. group project는 셀 수 있는 명사이고, group projecct를 할 때마다 100% 자신이 해야 할 것을 잊는다는 말이니 every time이라고 고쳐야 합니다.

✕ **All the time we have a group project, Mark forgets to do his part.**

○ **Every time we have a group project, Mark forgets to do his part.**
우리가 그룹 프로젝트를 할 때마다, Mark는 자신의 역할을 하는 것을 잊어버려요.

동료들이 직장에서 남 얘기를 하는 것(gossip)은 늘 있는 일이라고 말하는 것이므로 all the time을 써야 합니다.

✕ **My coworkers gossip every time at work. It's really annoying.**

○ **My coworkers gossip all the time at work. It's really annoying.**
내 동료들은 직장에서 항상 험담을 해요. 정말 짜증나요.

(Details)

1. every time을 쓸 때 time 대신 실제 일어난 사건을 쓸 수 있습니다.

 I feel nervous before every job interview.
I feel nervous every time I have a job interview.
나는 면접을 볼 때마다 긴장된다.

2. time을 특정 기간이나 특정 요일/월과 바꿔쓸 수도 있습니다.

The regional manager visits our office every quarter.

지역 매니저가 분기마다 저희 사무실을 방문합니다.

There's a big international conference every July.

매년 7월에는 대규모 국제 콘퍼런스가 열립니다.

(리빌딩)

I really wish HR would do something about Mark.
He's a terrible employee. He's late **every time**
we have a meeting, he surfs the web **all the time**
instead of working, and he doesn't contribute
anything to our group projects.

인사과에서 Mark에 대해 뭔가 조처를 했으면 좋겠어요. 그는 형편없는 직원이거든요. 우리가

회의할 때마다 지각하고, 일은 안 하고 늘 웹서핑만 하고, 또 그룹 프로젝트에 전혀 도움이 되지

않아요.

11. gerunds and infinitives

We need to gathering more customer data.

My team wants increasing our sales.

동명사와 to 부정사는 원어민들도 실수할 정도로 까다로운 부분입니다.

동명사와 to 부정사를 제대로 구별할 수 있어야 합니다.

> 동명사의 형태 — 동사(V)+ing : studying, finishing, paying
> to 부정사의 형태 — to + 동사원형 : to study, to finish, to pay

동명사는 말 그대로 동사를 명사화한 것입니다. 따라서 동사의 성격을 지니지만 문장 내에서는 명사 역할, 주로 주어와 목적어 역할을 합니다. 반면, 부정사는 문장 내에서 명사 뿐만 아니라, 형용사, 부사의 역할도 할 수 있습니다.

[일반적인 규칙]
1. 보통은 to 부정사와 동명사를 함께 사용하지 않습니다. 일부 예외는 별도로 설명합니다.

- I like working from home.
- I like to work from home.

~~I like to working from home.~~

2. like, love, hate, start는 뒤에 동명사, 부정사 모두 나올 수 있습니다.

I like meeting our customers.

고객들을 만나는 게 좋아요.

I like to meet our customers.

고객들을 만나고 싶습니다.

3. choose, decide, get, want, need, plan 뒤에는 부정사가 나옵니다.

I need to finish this project by tomorrow.

내일까지 이 프로젝트를 끝내야 해요.

We're planning to open a new office in Ulsan.

우리는 울산에 새 사무실을 열 계획이다.

4. quit, finish, enjoy, practice는 뒤에 동명사가 나옵니다.

I practice giving my speech each night before bed.

나는 매일 밤 잠자기 전에 연설을 하는 연습을 한다.

We need to quit wasting time.

우리는 시간 낭비를 그만해야 한다.

[동명사가 나오는 경우]

1. 동명사가 주어로 쓰이는 경우

Reaching our sales goals will be difficult. (자연스러움)

To reach our sales goals will be difficult. (어색)

영업 목표를 달성하는 것은 어려울 거에요.

Planning the team workshop was a lot more difficult than I anticipated. (자연스러움)

To plan the team workshop was a lot more difficult than I anticipated. (어색)

팀 워크숍을 계획하는 것은 생각보다 훨씬 더 어려웠습니다.

2. 전치사의 목적어로 동명사가 쓰인 경우

1) 전치사 뒤에는 명사가 나와야 하기 때문에 동명사 형태로 바꿔야 합니다.

I'm thinking about starting my own company.

저는 제 회사를 차릴까 생각 중입니다.

I'm really tired of working overtime every night.

매일 밤 야근하는 게 정말 지겨워요.

2) 앞에서 to 부정사와 동명사는 함께 쓰이지 않는 것이 원칙이며 예외가 있다고 했는데, 전치사 to의 목적어로 동명사를 쓰는 경우가 그 예외에 해당합니다.

I am close to finishing the report.

나는 보고서를 거의 완성할 참이다.

I am looking forward to seeing you.

난 당신이 정말 보고 싶어요.

[부정사가 나오는 경우]
1. 형용사 + 부정사

It's hard to remember all of the new work policies.

신규 업무 방침을 모두 기억하기는 어렵다.

It's always important to follow up with customers after a sales session.

영업 기간 후에는 항상 고객과 후속 연락을 취하는 것이 중요하다.

2. 명사 + 부정사

동사 뒤에 명사가 나오고 그 명사를 설명할 때는 to부정사를 사용하는 것이 자연스럽습니다.

> **Our team leader wants us to email every customer.**
> 우리 팀장은 모든 고객에게 이메일을 보내라고 합니다.
>
> **I do yoga to relax my body after work.**
> 저는 퇴근 후에 몸의 긴장을 풀기 위해 요가를 해요.

그럼 다음 문장들을 다시 한 번 살펴볼게요. 전치사 to의 목적어로 동명사가 사용되는 예외가 있긴 하지만 일반적으로 사용하지 않습니다. 그러므로 need to 부정사 형태가 되어야 합니다.

> ✗ **We need to gathering more customer data.**
> ○ **We need to gather more customer data.**
> 고객 데이터를 더 많이 수집해야 합니다.

want는 to부정사를 목적어로 갖는 동사이므로 to increase로 바꿔야 하겠죠.

> ✗ **My team wants increasing our sales.**
> ○ **My team wants to increase our sales.**
> 우리 팀은 매출을 증진시키고자 한다.

리빌딩

My boss **likes taking** us all out for drinks after work on Friday. It's a really nice gesture, but it's kind **of annoying** when I just **want to go** home and relax after a long workday.

제 상사는 금요일 일을 마치고 회식을 하는 것을 좋아합니다. 좋은 일이지만 긴 하루 일과를 마치고 집에 가서 쉬고 싶을 때는 좀 짜증납니다.

12. adjectives involving numbers

My company has a very clear five years business plan.

We are hoping to start building small two people cars next year.

→ 한정 형용사구의 일부로 쓰인 명사를 복수형으로 쓰는 실수를 합니다.

한정 형용사는 명사 앞에서 그 명사를 수식하며 설명하는 역할을 합니다.

The tall building
A motivated employee

가끔 여러 단어들을 합쳐 한정 형용사구를 만드는데, 그런 경우 둘 이상의 수량을 의미하더라도 형용사구를 만드는 명사를 복수형으로 만들지는 않습니다.

처음 제시된 문장을 다시 살펴보면, '5개년 사업 계획'을 five years business plan이라고 했는데, five years가 바로 뒤에 있는 명사 business plan을 꾸며주고 있습니다. 이런 경우 명사를 꾸며주는 한정 형용사를 복수형으로 만들지 않고, 한정 형용사구를 구성하는 단어 사이에 -(hyphen)을 붙여서 5-year business plan이라고 해야 합니다.

✕   **My company has a very clear ~~five years~~ business plan.**

◯   **My company has a very clear five-year business plan.**

저희 회사의 5개년 사업 계획은 매우 명확합니다.

My company has a very clear five-year business plan.은 아래 문장처럼 바꿔 쓸 수도 있는데, 여기서 five years는 복수형을 써도 무방합니다.

◯   **My company has a very clear business plan for the next five years.**

저희 회사는 향후 5년간의 사업 계획이 매우 명확합니다.

다음 문장에서도 '두 명이 타는 차'라는 뜻으로 two people이 뒤에 cars를 꾸며주고 있는데, 이때 two people은 한정 형용사이니 단수로 써야 합니다. 따라서 people의 단수형인 person을 사용해서 two-person cars라고 해야 하는 것이죠.

✕   **We are hoping to start building small ~~two people~~ cars next year.**

◯   **We are hoping to start building small two-person cars next year.**

당사는 내년부터는 2인승 소형차를 제조하기를 바라고 있습니다.

After saving for years, I finally was able to afford a **two-story luxury apartment** in New York City.

수년 간 저축한 후에, 마침내 뉴욕에 있는 2층짜리 고급 아파트를 살 수 있게 되었다.

13. using size adjectives

The product premiere was a total failure, we only made a tiny money.

It's one of the most popular tech conferences in the world. Huge people will be there.

'양'을 언급하면서 '크기'에 쓰는 형용사를 쓰는 경우가 있습니다.

예를 들어, '적은 돈'을 말할 때 tiny money라고 하면 돈의 크기가 작다고 생각할 수 있고, '많은 사람'을 말할 때 huge people이라고 하면 크기가 거대한 사람들이라고 오해할 수 있습니다.

어떤 것의 '수'나 '양'을 말할 때, small, big, huge, tiny 등과 같은 크기 형용사를 사용하려면 다음과 같은 구문을 추가해야 합니다.

셀 수 있는 명사를 말할 때는, 형용사 + number of 명사
셀 수 없는 명사를 말할 때는, 형용사 + amount of 명사

이 내용을 바탕으로 다음 문장들을 다시 살펴보겠습니다. money는 셀 수 없는 명사이기 때문에 amount를 사용해서 a tiny amount of money라고 고쳐야 합니다.

X　The product premiere was a total failure, we only made a tiny money.

O　The product premiere was a total failure, we only made a tiny amount of money.

제품 시연회가 완전히 실패해 수익은 미미했다.

아래 문장에서는 '많은 사람들'을 huge people이라고 잘못 표현했습니다. huge 뒤에 people은 셀 수 있는 명사이니 number를 사용해서 a huge number of people이라고 하면 되겠네요.

X　It's one of the most popular tech conferences in the world. Huge people will be there.

O　It's one of the most popular tech conferences in the world. A huge number of people will be there.

그것은 세계에서 가장 인기 있는 테크 콘퍼런스 중 하나입니다. 엄청 많은 사람들이 올 거예요.

(리빌딩)

Even though I earned **a higher salary** at my old job, my hours are much more flexible now. I finally had the time to start investing in real estate and I'm actually earning **a lot of money** through my investments.

예전 직장에서 월급은 더 많이 받았지만, 지금은 근무 시간이 훨씬 더 유연합니다. 이제서야 부동산에 투자할 시간이 생겼고, 투자를 통해서 많은 돈을 벌고 있어요.

Narrative (with corrections)　다음은 앞서 소개된 with Error 파트에 대한 오류 표현을 정정한 내용으로 밑줄 친 부분에서 정확한 표현을 확인해보실 수 있습니다.

(지원이 Michelle의 사무실 문에 노크를 한다)

Michelle　Hey, Jiwon! Come on in.

아, 지원 씨! 들어오세요.

(지원이 들어와서 앉는다)

Michelle　Alright, so first of all, I'd love to hear your perspective on how this month has been.

좋습니다. 먼저, 이번 달 어땠는지 한번 듣고 싶어요.

Jiwon　Yeah I'm really enjoying things so far! The sales presentations were kind of difficult for me at first, because I don't have a lot of B2B sales experience, but I'm already more confident in my sales skills and am working hard to get better. I think I'm improving with every presentation.

네, 지금까지는 정말 즐기고 있어요. 처음에는 제가 B2B 영업 경험이 없어서, 세일즈 프레젠테이션이 좀 어렵긴 했지만, 이제는 영업 방식에 자신감이 생겼고 더 나아지기 위해 노력하고 있습니다. 매번 프리젠테이션을 하면서 점점 발전하고 있다고 생각합니다.

Also, everyone's been really friendly and helpful. I knew the office environment was good here, but it's even better than I expected.

또, 모든 분들이 너무 친절하고 도움을 많이 주셨어요. 사무실 환경이 좋다는 건 알았지만 생각보다 훨씬 좋습니다.

Michelle　Great! Do you have any questions or anything you aren't sure about?

좋네요. 혹시 잘 모르는 부분이나 질문이 있을까요?

Jiwon　Yeah, last sales meeting they asked a lot of

really technical programming questions. I did my best, but I wasn't totally sure how I should answer. Should I just connect them with one of our engineers in those cases?

네. 지난 영업미팅에서 프로그래밍 관련해서 기술적인 질문들을 많이 받았어요. 최선을 다하긴 했지만, 어떻게 대답을 해야 할지 확신이 서지는 않았어요. 그런 경우들은 그냥 우리 엔지니어 한 명과 연결해주면 될까요?

Michelle
Yeah, that happens pretty often. Jaemin handles a lot of the more technical questions from prospects and customers. Just say you'll connect them with him. After the meeting, send a group email connecting them and briefly explain the questions so Jaemin can understand.

네, 그런 일은 꽤 자주 일어나죠. 재민 씨가 잠재 고객과 고객의 많은 기술적인 질문을 담당해요. 그냥 담당자와 연결시켜 주겠다고 하세요. 미팅이 끝난 후, 그들을 연결시켜주면서 그룹 이메일을 보내고 재민이 이해할 수 있도록 질문에 대해 간략하게 설명해주세요.

Jiwon
Okay, got it. I've also noticed that some people seem a little hesitant to sign up for our 1-year subscription plan. Do we ever offer a 3-month plan or 6-month plan?

네, 알겠습니다. 1년 구독 플랜 가입을 조금 망설이는 분들이 있다는 사실도 알게 되었는데요, 3개월이나 6개월 구독 플랜도 제공하나요?

Michelle
Most of the time no, simply because the 1-year plan is by far the best value for them and us. What made people seem hesitant about the 1-year plan?

대부분 그런 경우는 없습니다. 1년 구독 플랜이 고객측에게도, 우리에게도 가장 이득이 되기 때문이죠. 어떤 이유로 사람들이 1년 구독 플랜을 주저하는 것 같아 보이던가요?

Jiwon

I met with Daylight Nutrition last week. They're a health supplement startup and want to start marketing their vitamins online. They were interested in using Synthesis, but they just spent a huge amount of money opening their second offline store. They said they really want to balance their budget and cut costs right now.

지난 주에는 Daylight Nutrition 사와 만났었는데요, 건강보조식품 스타트업인데 비타민 제품을 온라인에서 마케팅하고 싶어 하더라고요. Synthesis에 관심은 보였는데, 오프라인 2호점 개업에 지출이 커서 예산 균형을 맞추고 비용 절감을 하고 싶다고 했습니다.

Michelle

Ahhhhh okay, that makes sense. We'd had a few different situations like that in the past. Usually in those situations we offer a delayed billing plan. We break the price up into multiple installments and allow them to start using the product before we start billing them. We can put a clause into the contract that they have to cover our installment costs if they terminate the contract early. If they really are interested in using Synthesis but don't have the cash up front, the delayed billing plan works almost every time.

아... 네, 말이 되네요. 과거에도 그와 비슷한 상황들이 있었어요. 일반적으로 이러한 상황에서는 청구 지연 플랜을 제공합니다. 우리쪽에서 가격을 할부로 분할한 후에 고객에 가격을 청구하기 전부터 사용을 허용하는 것이죠. 계약을 조기 종료할 경우에 할부금액을 부담해야 한다는 조항을 계약서에 넣을 수 있습니다. 만약 Synthesis에는 정말 관심이 있는데 현금을 선불로 지급할 수 없는 경우라면 청구 지연 플랜이 거의 대부분의 경우 효과가 있었습니다.

Jiwon

Great. I'll offer that next time. Is there a

standard delayed payment option or would it be case by case?

좋네요. 다음에는 그 플랜을 제공해보도록 하겠습니다. 지연 결제는 기준 옵션이 있는 건가요 아니면 경우에 따라 다른가요?

Michelle

Talk to Sanghyeon about that and follow his suggestions. He does a lot of custom contracts and contract negotiations.

그 문제는 상현 씨와 상의한 후 제안을 따르면 됩니다. 상현 씨가 맞춤 계약과 계약 협상을 많이 하시거든요.

Jiwon

Okay! I'll do that later today.

알겠습니다! 오늘 중으로 해보겠습니다.

Michelle

Great. Alright, let's get started with your evaluation ...

좋아요. 그럼 지원 씨에 대한 평가를 시작합시다.

그래머 실수 파트 2
Grammar Mistakes Part 2

1 explaining frequency
2 using 'mean'
3 your saying
4 all/every not, not all/every
5 I am late for 5 minutes.
6 one of (something)
7 -ed/-ing for adjectives
8 ages/quantities/lengths of
   time
9 using two words with the
   same function
10 using intensifiers
11 forgetting determiners
   when using many
   adjectives/adverbs
12 talking 'in general'

다음 내러티브에는 오류 표현이 포함되어 있습니다. 한번 읽어보시고 어색한 표현을 찾아보세요. 해당 에러 표현에 대한 정정 표현은 각 챕터 끝부분에 제시됩니다.

지원은 Green Light Electronics와 계약을 따냈고 여러 건의 영업 실적 발표를 했다. 지금 지원은 Michelle과 1차 월간 평가 미팅을 하고 있다. Michelle이 지원의 실적에 대한 피드백을 주고 있다.

Michelle	Alright Jiwon, first let's look at your sales numbers. So far, you've met with eighteen different businesses. You've closed seven new deals and have three more pending, So that's a closing rate of about forty percent, which is actually a kind of really impressed rate. Most people start out in the twenties to low thirties. I know you said B2B sales pitches are difficult pitches, but Sanghyeon and I are both really exciting with your performance so far.
Jiwon	Thank you. Most of the potential customers that haven't signed up yet said they'd contact me later. In your experience, do potential customers ever sign up later?
Michelle	They always don't sign up later, but we can occasionally convert some of them. Usually we contact any potential leads again after we have an update or new product. This happens once per every four to six months, so keep a list of all your leads and hopefully you'll get some of them to sign up when you contact them again later this year.

Jiwon	Yeah, I've been putting all their information into the sales team files in the portal. I also created my own spreadsheet too.
Michelle	Good! Most people have their own system like that. It's more easier to keep track of everything.
	A few things I've noticed. It seems like you're booking your sales meetings a bit too close together. If one meeting goes longer than expected and traffic is bad it'll be pretty hard to get to your next meeting on time. If you're late for a few minutes or even on time but obviously in a rush, that can make a pretty bad first impression.
Jiwon	Yeah, that's true.
Michelle	Ideally, get there 20 minutes early so you have plenty of time to set up and check in. Also, be friendly and chat with everyone: security, receptionists, everyone. You never know who the managers will talk to after you meet. One of our old salesman was really good at giving pitches, but actually lost a few potential sales because he was rude to a company receptionist one day. We got some negative feedbacks from that company's manager after that.
Jiwon	I totally understand your mean. I'll remember all of that.
Michelle	Great! One other thing. Normally I would never comment on this, but I do think it would help if you improved your business

English, especially your pronunciation. Sometimes it's difficult to understand your saying. I know Korean have a hard time with R and L and a few other sounds. I know a great English pronunciation coach. If you'd like, I'd be happy to connect you with him. As you know, our company covers 50% of the cost for business English lessons.

Jiwon   Yeah, that would be great! I've been looking for a good English instructor since I started working here.

Michelle   Perfect. I'll send a short email after this meeting to introduce you. Keep up the good work, Jiwon. I think you're gonna be really successful, valuable member of our sales team.

Jiwon   Thank you for your time!

1. explaining frequency

We usually have team meetings 1 times every weeks.

We try to update our applications 1 times for three months.

빈도 표현에서 어색하고 부자연스러운 문장 구조를 사용하는 경우가 많습니다.

아래의 문장 구조를 사용하면 명확하고 자연스럽게 빈도 표현을 쓸 수 있습니다.

(thing happening) X time(s) every Y (length of time)

숫자   숫자   hour, day, week, month, year 등

1. 어떤 일이 얼마나 자주 일어나는지 말할 때는 반드시 문장에 동사를 써야 합니다.

✗   We company workshops 1 time every six months.

○   We have company workshops 1 time every six months.
우리는 6개월에 한 번씩 회사 워크숍을 갖는다.

2. 1 time, 2 times를 once, twice로 바꿔쓸 수 있습니다. (once, twice가 훨씬 더 많이 사용되는 표현입니다.)

○ I usually take the subway to work, but I drive my own car 1 or 2 times every week.

○ I usually take the subway to work, but I drive my own car once or twice every week.
저는 보통 지하철로 출근하지만, 일주일에 하루나 이틀은 자차를 이용합니다.

3. 시간을 나타내는 단어가 단수라면(just one week, month, year 등) every 대신 per/a를 사용할 수 있습니다.

I attend teleconferences twice every week.
I attend teleconferences twice a week.
I attend teleconferences twice per week.
난 일주일에 두 번 원격회의에 참여합니다.

다음 문장은 시간을 나타내는 단어를 단수로 써야 하는데 복수(weeks)로 썼기 때문에 아래와 같이 세 가지 경우로 고쳐 쓸 수 있습니다.

✗ We usually have team meetings 1 times every weeks.
○ We usually have team meetings once a week.
○ We usually have team meetings once per week.
○ We usually have team meetings 1 time every week.
(once every week도 가능하긴 하지만 빈도는 ↓)

다음 문장은 시간의 길이를 말할 때 every를 써야 하는데 전치사 for를 잘못 사용한 경우입니다.

✗ We try to update our applications 1 time for three months. (for three months는 3개월 동안)

○ **We try to update our applications** 1 time every three months. (every three months는 3개월 마다)

3개월에 한 번씩 저희 앱을 업데이트하려고 노력합니다.

In order to stay connected while working remotely, each team at my office has a virtual meeting **once a week**, and we have an office wide Zoom call **once a month** to discuss major company issues.

원격 근무하는 동안 계속 연락할 수 있도록 제 사무실의 각 팀은 일주일에 한 번씩 원격 미팅을 하고, 한 달에 한 번씩 사무실 전체 Zoom 통화를 통해 주요 회사 문제에 대해 논의합니다.

2. using 'mean'

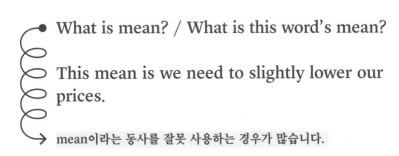

What is mean? / What is this word's mean?

This mean is we need to slightly lower our prices.

→ mean이라는 동사를 잘못 사용하는 경우가 많습니다.

먼저 일반동사의 의문문을 만들 때 쓰는 조동사 do를 주어 앞에 사용할 수 있습니다.

X   **What is this word's mean?**

O   **What does this word mean?**
   이 단어의 뜻은 무엇인가요?

또는 동사 mean 대신 명사 meaning을 사용할 수도 있습니다.

X   **What is this word's mean?**

O   **What is this word's meaning?**
   이 단어의 뜻은 무엇인가요?

이때 아래 표현을 써서 그 뜻을 설명할 수 있습니다.

This means (that) _____.

According to the consumer survey, most people don't buy our products because they believe our prices are too high. This means we need to slightly lower our prices.

소비자 설문에 따르면, 사람들 대부분이 저희 제품 가격이 너무 비싸다고 생각해 사지 않는다고 합니다. 이는 저희가 가격을 좀 낮출 필요가 있다는 걸 의미하죠.

(리빌딩)

A lot of people clicked on our online advertisement, but only a small percentage actually entered their email information on the landing page. **This means** our ad is effective, but we need to make our landing page more appealing to our target customers.

많은 사람이 우리 온라인 광고를 클릭했는데 실제 소수 인원만이 랜딩 페이지에 이메일 정보를 입력하더군요. 이는, 광고는 효율적이었지만 랜딩 페이지는 타겟층의 관심을 더 끌도록 만들어야 한다는 것을 의미합니다.

3. your saying

My boss's saying was that the meeting was cancelled.

I agree with his saying.

I didn't fully understand her say.

가끔 saying과 say를 명사처럼 사용하는 경우가 있습니다.

문제는 say가 동사인데 명사로 생각하고 말한다는 것입니다. 누군가가 한 말이나 의견 또는 정보를 줄 때는 person's say나 person's saying이 아니라 (person) said/says/will say를 사용해야 합니다.

(person) said/says/will say (words/opinion/information).

다음 문장을 다시 살펴보겠습니다.

✗   **My boss's saying was that the meeting was cancelled.**

○   **My boss said that the meeting was cancelled.**

상사가 미팅이 취소되었다고 말했어요.

다른 사람이 말한 의견이나 정보를 언급할 때에는 what (person) said를 사용하는데 주로 목적어 자리에 옵니다.

그럼 다음 문장들도 다시 살펴보겠습니다.

✕ **I agree with his saying.**

○ **I agree with** what he said.

그가 말한 것에 동의해요.

✕ **I didn't fully understand her say.**

○ **I didn't fully understand** what she said.

난 그녀가 말한 것을 다 이해하지는 못했어요.

(제약회사 미팅을 끝내면서)

A: Alright, before we're done, does anyone have any questions?

B: Yeah, I didn't quite understand **what you said** about our vaccination development timeline. When exactly should we begin phase two testing?

A: 좋아요, 마치기 전에 질문 있으신 분 있나요?

B: 네, 백신 개발 일정에 대해 말씀하신 것을 잘 이해하지 못했습니다.
정확히 언제 임상2상 테스트를 시작해야 하나요?

4. all/every not, not all/every

All not members were on time.

Every sales team didn't reach the monthly goal.

all not과 not all의 차이를 잘 모르는 경우가 많습니다.

all과 every는 무언가가 100% 있다는 의미를 나타낼 때 쓰는 단어들입니다. 그와 같은 all과 every 뒤에 not이 온다면 사실상 0%의 의미를 갖는 것이죠.

All our customers live in Seoul.
우리 고객들은 모두 서울에 산다.

All our customers do not live in Seoul.
우리 고객들은 모두 서울에 살고 있지 않다.

이와 달리, all, every '앞'에 not이 붙으면 부분 부정이 되어 not all → not 100% → 100% 미만이라는 의미입니다. 결국 0%보다는 크고 100%는 작다는 말인데, '모두가 ~한 것은 아니다' 정도로 해석할 수 있습니다.

Not all of our customers live in Seoul.
우리 고객이 모두 서울에 사는 것은 아니다.

그럼 다음 문장을 다시 보도록 하겠습니다. 일부 사람들은 미팅에 늦었지만 나머지 사람들은 제때 도착했다는 뜻이므로 부분 부정으로 표현해야 합니다.

✗ **All not members were on time.**
○ Not all members **were on time.**

모든 멤버들이 제시간에 온 것은 아니었다.

0%라는 의미라 해도 all ~ not, every ~ not의 구조로 쓰는 경우에는 어색할 수 있습니다. 이런 경우 0%를 의미하는 none 또는 no를 사용하는 게 훨씬 좋습니다. 이 내용을 기억하면서 다음 문장을 살펴보도록 할게요.

✗ **Every sales team didn't reach the monthly goal.**
○ None of the sales teams reached **the monthly goal.**
○ No sales team reached **the monthly goal.**

월별 목표에 도달한 영업팀은 한 팀도 없다.

always ~ not과 everything ~ not의 경우도 마찬가지로, never, nothing 으로 바꾸어 말하는 것이 좋습니다.

✗ **He always doesn't contribute to team projects.**
○ **He** never contributes **to team projects.**

그는 결코 팀 프로젝트에 기여하지 않는다.

✗ **Everything didn't go as planned at the conference.**
○ Nothing went **as planned at the conference.**

콘퍼런스에서 계획대로 되는 일이 하나도 없었다.

My work hours are 10 a.m. to 7 p.m., but I **don't**

always get to leave right at seven. Sometimes I have to work a little bit of overtime, but I almost always can leave by eight.

근무 시간은 오전 10시부터 오후 7시까지인데, 항상 7시에 바로 퇴근하는 건 아니에요. 가끔 야근을 해야 할 때도 있지만, 거의 8시까지는 퇴근할 수 있습니다.

5. I am late for 5 minutes.

● The meeting started early a couple of minutes.

I'm really sorry, but I am late for 5-10 minutes for the appointment later today.

→ 늦거나 이르다는 표현의 late와 early를 쓰면서 어순을 잘못 쓰는 경우가 있습니다.

보통 "나 10분 일찍 왔어.", "1시간 늦게 도착했어."와 같이 시간을 포함해서 말할 때는 10분, 1시간 같은 숫자 뒤에 early/late를 넣으면 됩니다.

✕ He will probably be late a few minutes.
○ He will probably be a few minutes late.
그는 아마 몇 분 정도 늦을 거예요.

다음 문장을 다시 살펴보죠. 시간의 길이를 나타내는 a couple of minutes를 먼저 쓰고 뒤에 early를 붙여야 합니다.

✕ The meeting started early a couple of minutes.
○ The meeting started a couple of minutes early.
미팅이 몇 분 정도 일찍 시작했어요.

late나 early를 사용할 때 문장의 시제를 실수하는 경우도 많은데, 상황에 따라 시제를 달리 사용해야 합니다.

1. 만약 특정 상황이 아직 시작되지 않았다면, 미래 시제를 사용합니다.

I will be about 30 minutes late to the team dinner tomorrow night.

내일 밤 팀 만찬에 30분 정도 늦을 것 같아요.

위 예문에서는 tomorrow night이라는 확실한 미래 시점이 있으니 미래 시제를 사용했어요.
다음 문장에서도, 뒤에 later today라는 미래 시점이 있기 때문에 미래 시제인 will be late을 사용해야 합니다.

✕ **I'm really sorry, but I am late for 5-10 minutes for the appointment later today.**

○ **I'm really sorry, but I will be 5-10 minutes late for the appointment later today.**

정말 죄송합니다만, 오늘 약속 시간에 5분에서 10분 정도 늦을 것 같습니다.

2. 만약 특정 상황이 이미 시작되었지만, 현재 도착하지 못한 상황일 때는 (be) running late을 사용합니다.

Let's start the meeting. Tom just messaged me that he's running about 10 minutes late, he can catch up when he gets here.

회의를 시작하겠습니다. Tom이 10분 정도 늦는다고 방금 메시지를 보냈어요. Tom은 도착하면 따라잡을 수 있을 거예요.

3. 만약 방금 도착한 상황이라면, 현재 시제를 사용합니다.

I have a 3:00 p.m. appointment, but I'm about 15 minutes early.

전 3시에 약속이 있는데, 15분 정도 일찍 왔어요.

I'm so sorry I'm 10 minutes late!

죄송해요. 10분 늦었네요!

4. 만약 어떤 일이 이미 시작되었고 미리 도착한 상황이라면, 이때는 과거 시제를 사용합니다.

Sorry, I was 5 minutes late to the meeting earlier this morning.

미안해요, 오늘 아침 회의에 5분 늦었어요.

(리빌딩)

David: Hey John, I know we were supposed to have our Zoom call at 8 p.m., but I'**m running** about 10 minutes **late**. Would it be okay if we start at 8:10? Sorry for the inconvenience!

John: No problem! Message me when you're ready to start.

David: John, 저녁 8시에 Zoom 통화하기로 한 거 아는데 10분 정도 늦어질 것 같아요. 8시 10분에 시작해도 괜찮을까요? 불편하게 해드려 죄송해요!

John: 괜찮아요! 준비되시면 메시지 주세요.

6. one of (something)

One of colleague will transfer departments this week.

One of problems with the new application is it takes too long to load.

명사 앞에 one of를 붙이면서 실수하는 경우가 있습니다.

문장에서 one of를 사용할 때는 항상 다음 구조를 따릅니다.

one of 한정사 + 복수명사

(*한정사 - 관사, 소유격, 수사, 지시 형용사, 수량 형용사, 부정형용사)

한정사는 상황에 따라 달라지긴 하지만, 보통 the, my, our가 가장 많이 쓰입니다. 그리고 one of ~라는 표현이 '몇 명, 몇 개 중에서 하나'라는 뜻 이므로 뒤에 오는 명사는 복수명사를 써야 합니다. 그리고 one이 주어이 기 때문에 문장의 동사는 단수형으로 씁니다.

Most of my clients live in Seoul, but one of my clients lives in Daejeon.

한정사   복수명사

단수동사

제 고객 대부분은 서울에 살지만, 제 고객 중 한 명은 대전에 삽니다.

가장 흔한 실수로는 한정사를 쓰지 않거나, 복수 명사를 써야 하는데 단수 명사를 사용하는 경우입니다.

그럼 이 내용을 바탕으로 다음 문장들을 다시 살펴보겠습니다.

✕ **One of colleague will transfer departments this week.**

○ **One of my colleagues will transfer departments this week.**

제 동료 중 한 명이 이번 주에 부서를 옮길 거예요.

✕ **One of problems with the new application is it takes too long to load.**

○ **One of the problems with the new application is it takes too long to load.**

새 애플리케이션의 문제 중 하나는 로딩이 너무 오래 걸린다는 기에요.

(**Details**)

1. one of ~가 가장 쉽게 볼 수 있는 형태지만, one 대신 다른 숫자를 쓸 수도 있습니다.

Three of my team members are Korean. The rest are American.

우리 팀 멤버들 중 세 명은 한국 사람이고, 나머지는 미국인입니다.

2. one 대신 0(zero)을 말하고 싶다면 none of ~라고 하면 됩니다.

None of my team members speak Korean, so I have to speak English at work all day.

우리 팀 멤버들 중에는 한국말을 하는 사람이 없어요. 그래서 직장에서 종일 영어를 사용해야 합니다.

3. 명사 앞에 부사, 형용사가 오더라도 한정사와 복수명사는 반드시 있어야 합니다.

One of the really pleasantly surprising things about
this week was how well our new app sold.

이번 주에 정말 기쁜 소식 중 하나는 새로 출시한 앱이 얼마나 잘 팔렸냐는 것이었어요.

One of the biggest problems in the manufac-
turing industry is supply chain efficiency. If you
can't deliver your products to your customers
efficiently, you won't be able to survive.

제조업의 가장 큰 문제 중 하나는 공급망의 효율성입니다. 고객에게 제품을 효율적으로 제공할
수 없다면 살아남을 수 없습니다.

7. -ed / -ing for adjectives

I had so much work to do last week, so it was very tired.

I am very exciting about my new promotion.

비교적 간단한 문법이지만, -ed로 끝나는 형용사를 쓸지, -ing로 끝나는 형용사를 쓸지 혼동하는 경우가 있습니다.

다음 두 가지 방법을 기억하면 -ed로 끝나는 형용사와 -ing로 끝나는 형용사를 잘 구별해서 쓸 수 있습니다.

1. -ed 형용사는 사람이 느끼는 감정을 말할 때 사용합니다.

I gave my team the day off because they were all so tired.
팀원들 모두 너무 피곤해 해서 제가 휴가를 줬어요.

2. 반면 -ing 형용사는 -ed 형용사에 해당하는 감정을 느끼도록 만드는 것을 말합니다. 여러분을 tired하게 만드는 물건, 사람, 또는 상황은 tiring한 거죠.

I gave my team the day off because our most recent project was so tiring.
최근 프로젝트가 너무 힘들어서 팀원들에게 휴가를 줬어요.

최근 프로젝트가 우리 팀을 tired하게 했으므로 tiring이라고 해야 합니다.

My colleague is kind of annoying.
내 동료는 좀 짜증 나요.

My colleague가 나를 annoyed하게 했으므로 annoying이라고 해야 합니다.

We're almost finished developing our newest, most interesting product.
당사는 매우 흥미로운 최신 제품을 거의 다 개발했습니다.

the product가 우리를 interested하게 했으므로 interesting이라고 해야 합니다.

I had an exhausting week.
난 정말 피곤한 한주를 보냈어요.

the week가 나를 exhausted하게 했으므로 exhausting이라고 해야 합니다.

다음 문장을 다시 살펴보면, 지난주에 할 일이 너무 많았던 상황이 나를 피곤하게 만든 것이므로 tiring이라고 해야 합니다.

✗ **I had so much work to do last week, so it was very tired.**

○ **I had so much to do last week, so it was very** tiring.
지난주에 할 일이 너무 많아서 정말 피곤했어요.

주어를 I로 바꾸면 내가 피곤한 것이니 tired를 써서 다음 문장처럼 써도 같은 의미를 전달하겠죠.

○ I had so much to do last week, so I was very tired.

다음 문장은 주어인 I가 느끼는 감정이므로 excited를 쓰는 게 맞습니다.

✕ I am very **exciting** about my new promotion.
○ I am very excited about my new promotion.
새롭게 승진이 되어 굉장히 기쁩니다.

(Details)

형용사의 -ed형은 같지만 -ing형 대신 다른 형태를 갖는 경우도
있습니다.

scared / scary
stressed / stressful
impressed / impressive

I don't like my boss. Being around him is so stressful.
저는 제 상사가 싫어요. 그 사람 곁에 있으면 너무 스트레스받아요.

상사가 곁에 있는 상황(Being around your boss)이 나를 스트레
스받게 만든 것이므로 stressful이 맞습니다.

많은 분들이 '스트레스받는다'는 뜻으로 I'm stressful.이라고 하
는데, '나'라는 사람이 느끼는 감정이므로 I'm stressed 또는 I get
stressed라고 해야 합니다.

I had to walk home really late last night. It was kind of
scary.
어젯밤에 정말 늦게 집에 걸어가야 했는데 좀 무서웠어요.

밤늦게 집에 걸어가는 상황(walking home late at night)이 나를 무섭게 하는 것이므로 scary라고 해야 합니다.

His presentation was really impressive.
그의 발표는 매우 인상적이었어요.

그의 발표(his presentation)를 보고 내가 감명을 받은 것이니 impressive가 맞습니다.

(리빌딩)

I never thought I would end up being an AI researcher. When I was younger, I thought science and technology were really **boring**. However, I had a really good business professor in college who first got me **interested** in the tech industry. Now, I think AI is a very **exciting** field and I'm really **satisfied** with what I do.

제가 AI 연구원이 될 거라고는 생각도 못 했어요. 어렸을 때, 저는 과학 기술이 정말 지루하다고 생각했어요. 하지만 대학교 때 정말 좋은 경영학 교수님을 만나 처음으로 기술 산업에 관심을 가지게 되었습니다. 지금은 AI가 매우 흥미로운 분야라고 생각하고 제가 하는 일에 정말 만족합니다.

8. ages / quantities / lengths of time

The people are 15 on the finance team.

I am 29 years.

Getting a job is difficult for mid 20's people in Korea.

나이나 양, 시간의 길이를 설명하면서 정확한 표현을 모르는 경우가 있습니다.

먼저, 나이(age)와 양(quantity)의 차이점을 살펴보겠습니다. 일반적으로 나이를 말할 때 숫자는 명사 뒤에 사용하고, 양이나 수를 말할 때는 숫자를 명사 앞에 씁니다.

> My daughter is two (years old).
> I have two daughters.

가장 흔히 저지르는 실수는 '양'을 말할 때, 숫자를 명사 앞에 두지 않고 명사 뒤에 두는 것입니다.

✕ The people are 15 on the finance team.
○ There are 15 people on the finance team.
재무팀에 15명이 일하고 있어요.

앞의 문장을 다시 살펴보겠습니다. 얼핏 보면 맞는 문장처럼 보일 수 있지만, 실제 이렇게 쓰게 되면 재무팀(finance team)에 있는 모든 사람이 15살이라는 뜻입니다. 팀에 있는 사람의 수를 말하려면 숫자를 명사(people) 앞으로 옮겨 15 people이라고 말해야 합니다.

보통 시간의 길이를 나타낼 때는 for를 써서 'for (숫자) weeks/months/years' 형태로 사용합니다.

I have worked here <u>for three years</u>.
저는 이곳에서 3년 동안 일했습니다.

사람이나 동물의 나이를 말할 때는 '숫자' 또는 '(숫자) years old' 둘 다 사용 가능합니다. 하지만 그 외 물건, 회사, 건물 등에는 '(숫자) years old'로 씁니다.

My dog is 12 (years old).
우리 개는 12살이다.

✕　**This building is over 400.**
◯　**This building is over** 400 years old.
이 건물은 400년 이상 되었다.

다음 문장도 다시 살펴보겠습니다. 나이를 말하는 것이니 숫자만 쓰던지 숫자 뒤에 years old를 써야 합니다.

✕　**I am 29 years.**
◯　**I am** 29. / **I am** 29 years old. 나는 29살이다.

마지막으로 나이대를 말하는 경우, '20대에'는 in my 20s, '30대에'는 in my 30s라고 하는데, 상황에 따라 소유격과 숫자를 변형해서 응용하면 됩니다. 예를 들어, 20대 초반, 중반, 후반은 early, mid, late을 숫자 앞에 넣어 in my early 20s, in my mid 20s, in my late 20s라고 하면 되죠.

A lot of Koreans in their early and mid 20s struggle to find good jobs.

수많은 20대 한국인 청년들이 좋은 직업을 찾기 위해 고군분투한다.

이 설명을 바탕으로 다음 문장을 다시 살펴보겠습니다.

X **Getting a job is difficult for mid 20s people in Korea.**

○ **Getting a job is difficult for** people in their mid 20s in Korea.

○ **Getting a job is difficult for** Koreans in their mid 20s.

20대 중반의 한국 사람들은 취업에 어려움을 겪는다.

리빌딩

I first started working at Sonia in 2003. I was **in my early 20s** and had just graduated university. I worked hard **for years**, slowly climbing the company ladder, until I became the youngest senior manager in 2012 when I was only **32 years old.**

저는 2003년에 Sonia에서 처음 일을 시작했습니다. 20대 초반이었고 막 대학을 졸업한 상태였죠. 2012년 32살의 나이로 최연소 수석 매니저가 될 때까지 꾸준히 승진하며 수년간 열심히 일했습니다.

9. using two words with the same function

Our team will going to have a meeting tomorrow afternoon about finding new clients.

I heard that the prospect decided to work with our competitor instead of us. There isn't nothing we can do about it now, just learn from the situation and focus on finding new possible clients.

It should be much more easier to find high paying clients once our website looks more professional.

We could also update our ads with more professional images too.

→ 한 문장 안에서 중복되는 단어나 구를 반복적으로 사용하면서 문법적으로 맞지 않거나 어색한 경우가 있습니다.

이러한 실수는 보통 writing 보다는 speaking에서 하기 쉽습니다.

우선 다음 문장을 살펴보겠습니다. 이 문장에서는 미래를 나타내는 표현인 will과 be going to가 중복으로 사용되었습니다. will과 be going to는 거의 같은 표현이라고 봐도 무리가 없는데, 격식적인 표현으로는 be going to보다 will을 쓴다는 것도 기억하세요.

✕ **Our team will going to have a meeting tomorrow afternoon about finding new clients.**

○ **Our team will have a meeting tomorrow afternoon about finding new clients.**

○ **Our team is going to have a meeting tomorrow afternoon about finding new clients.**
우리 팀은 내일 오후에 새로운 고객 발굴에 관한 회의를 가질 예정입니다.

다음 문장도 다시 살펴보겠습니다. 이 문장에는 isn't과 nothing이라는 부정 표현이 이중으로 있습니다. 문맥상 "우리가 할 수 있는 게 현재는 아무것도 없다."라는 뜻이므로 부정 표현은 하나만 사용하면 됩니다.

✕ **There isn't nothing we can do about it now, just learn from the situation and focus on finding new possible clients.**

○ **There's nothing we can do about it now, just learn from the situation and focus on finding new possible clients.**

○ **There isn't anything we can do about it now, just learn from the situation and focus on finding new possible clients.**
지금 우리가 할 수 있는 일은 아무것도 없어요. 상황을 보고 새로운 고객을 찾는 데만 집중하세요.

다음 문장에서도 비교급인 easier 앞에 more를 붙일 필요가 없습니다. 발음이 짧은 형용사(1음절, 2음절)는 끝에 -er을 붙이고(faster, better, harder 등), 발음이 긴 형용사(3음절 이상)는 앞에 more를 붙여 비교급을 만듭니다(more difficult, more exciting, more intelligent 등).

It should be much ~~more easier~~ to find high paying clients once our website looks more professional.

It should be much easier to find high paying clients once our website looks more professional.

저희 웹사이트를 좀 더 전문적으로 보이도록 하면 고액 연봉 고객을 찾기가 훨씬 쉬울 거예요.

마지막으로 아래 문장을 보면, also(또한)라는 표현과 문장 끝에 too(~도)라는 표현이 있습니다. 의미가 중복되므로 둘 중 하나는 삭제합니다. 참고로, also가 too보다는 좀 더 격식적입니다.

We could ~~also~~ update our ads with more professional images ~~too~~.

We could also update our ads with more professional images.

We could update our ads with more professional images too.

좀 더 전문적인 이미지로 광고를 업데이트할 수도 있습니다.

(리빌딩)

The stock's value should continue to ~~gradually~~ increase.

= The stock's value should continue ~~to~~ increase over time.

주가는 계속해서 오를 것이다.

10. using intensifiers

The project was kind of very difficult.

Thankfully, our team is pretty finished with this project.

Our next project will be quite same.

→ very, so, really, extremely, totally, absolutely와 같은 강조 표현을 중복 사용해 어색한 경우가 있습니다.

intensifier(강의어)는 다른 말의 정도나 강도를 설명하며 뜻을 강화하는 형용사와 부사를 말합니다. 아래 표를 통해 자주 쓰이는 intensifier와 강도의 차이를 확인해 볼까요.

mild	moderate	intense	very intense
kind of slightly	fairly somewhat pretty	quite	very really extremely

1) intensifier는 한 번만 사용해야 합니다.
예를 들어, kind of pretty difficult라고 하면 kind of와 pretty라는 intensifier가 중복해 쓰였기 때문에 틀린 문장입니다.

X   **The project was kind of very difficult.**

O   **The project was kind of difficult.**

        그 프로젝트는 좀 어려웠어요.

O   **The project was very difficult.**

        그 프로젝트는 정말 어려웠어요.

2) 정도를 나타낼 수 없는 경우에는 intensifier를 사용하면 안 됩니다.

예를 들어, My grandfather is kind of dead.라는 문장을 보면 사람은 살아 있거나(alive) 죽었거나(dead) 둘 중에 하나이기 때문에 kind of dead는 불가능하죠.

비즈니스 영어의 경우, finished/done을 사용할 때 주의해야 합니다. pretty finished/done이라고 하는 경우는 논리적으로 성립하지 않죠. '거의 다 끝냈다'는 의미를 전달하고 싶다면 partially나 almost 같은 부사를 써서 partially finished/done이나 almost finished/done이라고 해야 합니다.

아래 문장은 프로젝트가 아직 완전히 끝나지 않은 상황을 말하고 있으므로 pretty 대신 almost를 쓰는 것이 자연스러워요.

X   **Thankfully, our team is pretty finished with this project.**

O   **Thankfully, our team is almost finished with this project.**

        다행히도 우리 팀의 경우 이 프로젝트를 거의 마무리 짓고 있습니다.

다음 문장도 살펴보겠습니다. 조금이라도 다르면 다른 것이기 때문에 same에는 intensifier를 사용하면 어색합니다. 이런 경우 same을 similar로 바꾸면 intensifier를 사용할 수 있습니다.

Our next project will be quite same.

Our next project will be quite similar.

우리의 다음 프로젝트는 꽤 비슷할 거예요.

Unfortunately, I will be **quite busy** this week, but I'm **pretty sure** Mike's schedule is open. I know he's **very interested** in attending more seminars, so you should ask him to go instead.

아쉽게도 저는 이번 주에 꽤 바쁠 것 같지만, Mike의 스케줄은 비어 있을 거예요. Mike가 세미나에 더 많이 참석했으면 하는 것을 알고 있으니, 그에게 대신 가라고 해보세요.

11. forgetting determiners

I had really interesting conversation with one of my colleagues today.

Our new application is highest-reviewed, best-selling application we've ever made.

셀 수 있는 명사 앞에 수식어가 길어질 때 한정사를 누락하는 경우가 있습니다.

지시형용사 demonstrative	소유격 possessive	수량형용사 quantifiers
this, that, these, those	my, your, his, her, its, our, your, their	some, any, every, more, much, few, little
관사 articles	**서수 ordinals**	**기수 numbers**
a, an, the	first, second, third, last, next	one, two, three, four, twenty, fifty, hundred

X   We experienced problem at the office today.

O   We experienced a problem at the office today.
오늘 사무실에서 문제가 발생했습니다.

위 문장에서 problem은 셀 수 있는 명사이기 때문에 앞에 한정사를 넣어야 합니다.

✗ We experienced pretty big, unexpected problem at the office today.

◯ We experienced a pretty big, unexpected problem at the office today.

오늘 사무실에서 예상치 못한 큰 문제가 발생했습니다.

problem 앞에 pretty, big, unexpected과 같은 형용사나 부사로 수식어가 길어지더라도 problem은 셀 수 있는 명사이므로 한정사를 꼭 붙여야 합니다.

어떤 한정사를 쓰느냐는 상황과 명사에 따라 좌우됩니다. 다음 문장에 쓰인 conversation은 구체적인 대화를 지칭하는 것이 아니므로 앞에 부정 관사 a/an을 붙이면 됩니다.

✗ I had really interesting conversation with one of my colleagues today.

◯ I had a really interesting conversation with one of my colleagues today.

오늘 동료 중 한 명과 정말 흥미로운 대화를 했어요.

다음 문장에서 application은 형용사와 관계대명사절을 사용해 구체적으로 설명되고 있으므로 정관사 the나 소유격을 붙이면 됩니다.

✗ Our new application is highest-reviewed, best-selling application we've ever made.

◯ Our new application is the highest-reviewed, best-selling application we've ever made.

◯ Our new application is our highest-reviewed, best-selling application we've ever made.

저희가 새로 만든 앱은 지금까지 만든 앱들 중 최고의 평가를 받고 가장 잘 팔립니다.

This was longest, most difficult project of my career.

→ This was **the** longest, most difficult project of my career.

이 일은 제 경력에서 가장 길고도 어려운 프로젝트였습니다.

12. talking 'in general'

As a customer service rep, I spend most of my day talking to customer on the phone.

Korean university are pretty competitive.

→ 통상적으로 무언가를 일컫는 상황에서 단수 명사를 쓰는 실수를 합니다.

통상적으로 무언가를 말할 때는 항상 복수형을 사용해야 합니다. 예를 들어, I just bought a smartphone.이라는 문장에서 a smartphone은 특정 스마트폰이 아니라 일반적인 스마트폰 한 대를 말하는 거죠. 하지만 I just bought the newest Samsung Galaxy smartphone.처럼 구체적인 브랜드의 스마트폰을 말하려면 정관사 the를 사용해야 합니다.

그럼 이 내용을 바탕으로 다음 문장을 다시 살펴보겠습니다. 내가 하는 일은 통상적으로 고객들과 통화하는 것이므로 customers라고 고치면 됩니다.

✗ As a customer service rep, I spend most of my day talking to customer on the phone.

○ As a customer service rep, I spend most of my day talking to customers on the phone.

고객 서비스 담당자로서, 저는 하루의 대부분을 고객과 전화 통화를 하며 보냅니다.

아래 문장은 한국 대학 일반을 말하는 것이지, 어느 한 대학을 말하는 것이 아니므로 Korean university 보다는 Korean universities라고 하는 것이 낫습니다.

✕ **Korean ~~university~~ are pretty competitive.**

○ **Korean universities are pretty competitive.**

한국 대학들은 꽤 경쟁이 심하다.

Good English **skills** are important for **employees** in international **companies.**

좋은 영어 실력은 외국계 기업 직원들에게 중요합니다.

Michelle	Alright Jiwon, first let's look at your sales numbers. So far, you've met with eighteen different businesses. You've closed seven new deals and have three more pending, so that's a closing rate of about forty percent, which is actually a really impressive rate. Most people start out in the twenties to low thirties. I know you said B2B sales pitches are difficult, but Sanghyeon and I are both really excited with your performance so far.

좋아요. 지원 씨, 먼저 판매 수치를 보죠. 지금까지, 18개의 회사와 미팅을 진행했네요. 7건의 신규 거래를 성사시켰고, 3건은 현재 진행 중이니, 40% 정도의 성사율을 기록했으니 정말 대단한 성과네요. 대부분의 사원은 20%에서 30% 초반대로 시작하거든요. 세일즈 발표가 어렵다고 했지만, 상현 씨와 저는 지금까지 지원 씨의 성과를 보니 너무 신나네요.

Jiwon	Thank you. Most of the potential customers that haven't signed up yet said they'd contact me later. In your experience, do potential customers ever sign up later?

고맙습니다. 아직 계약을 하지 않은 대부분의 잠재 고객들도 나중에 연락한다고 했습니다. 잠재 고객이 나중에 계약한 경우도 있었나요?

Michelle	They don't always sign up later, but we can occasionally convert some of them. Usually we contact any potential leads again after we have an update or new product. This happens once every four to six months, so keep a list of all your leads and hopefully

you'll get some of them to sign up when you contact them again later this year.

항상 나중에 계약하는 것은 아니지만, 몇 분의 마음을 바꾼 경우도 가끔 있어요. 보통은 새로운 업데이트가 있거나, 제품이 나오면 그 잠재 고객들에게 연락하죠. 보통 이런 일은 4달에서 6달에 한 번 정도 있어요. 그래서 그 잠재 고객들의 목록을 가지고 있으면, 올해 후반에 다시 연락할 때 몇 명은 계약을 따낼 수 있을 거예요.

Jiwon

Yeah, I've been putting all their information into the sales team files in the portal. I also created my own spreadsheet.

네, 잠재고객의 모든 정보를 포털 영업팀 파일 안에 저장해 두었습니다. 저 역시도 스프레드시트를 만들어 두었고요.

Michelle

Good! Most people have their own system like that. It's easier to keep track of everything.

A few things I've noticed. It seems like you're booking your sales meetings a bit too close together. If one meeting goes longer than expected and traffic is bad it'll be pretty hard to get to your next meeting on time. If you're a few minutes late or even on time but obviously in a rush, that can make a pretty bad first impression.

좋아요! 대부분 그렇게 자신만의 시스템을 가지고 있죠. 그래야 모든 것을 추적해서 확인하는 게 더 쉽거든요.

제가 몇 가지 알게 된 것이 있는데요, 지원 씨가 너무 미팅과 미팅 사이를 타이트하게 잡는 것 같더라고요. 한 미팅이 예상보다 더 길어지게 되고, 차가 막히는 문제가 생기면 다음 미팅에 제시간에 도착하는 게 어렵거든요. 만약 약간 미팅에 늦게 되거나, 제때 도착한다고 하더라고 많이 서둘러야 한다면, 첫인상을 좋게 남기긴 어려울 수 있어요.

Jiwon	Yeah, that's true. 네, 맞습니다.
Michelle	Ideally, get there 20 minutes early so you have plenty of time to set up and check in. Also, be friendly and chat with everyone: security, receptionists, everyone. You never know who the managers will talk to after you meet. One of our old salesmen was really good at giving pitches, but actually lost a few potential sales because he was rude to a company receptionist one day. We got some negative feedback from that company's manager after that. 20분 일찍 도착하는 게 이상적이에요. 그래야 준비하고 체크인할 시간이 충분할 거예요. 또, 경비원, 안내직원 등 모든 사람과 친하게 지내세요. 지원 씨와 미팅을 가진 이후에 그쪽 매니저들이 누구와 이야기할지 모르거든요. 우리 회사 예전 영업사원 중 한 사람은 발표는 정말 능숙했지만, 어느 날 회사 안내직원에게 무례하게 대하고 실제 영업기회 몇 건을 놓쳤어요. 그 후에 그 회사 매니저로부터 부정적인 피드백을 받았고요.
Jiwon	I totally understand what you mean. I'll remember all of that. 무슨 말씀이신지 잘 이해했습니다. 모두 기억하도록 하겠습니다.
Michelle	Great! One other thing. Normally I would never comment on this, but I do think it would help if you improved your business English, especially your pronunciation. Sometimes it's difficult to understand what you're saying. I know Koreans have a hard time with R and L and a few other sounds. I know a great English pronunciation coach. If you'd like, I'd be happy to connect you with

him. As you know, our company covers 50% of the cost for business English lessons.

좋아요! 하나만 더 언급할게요. 보통은 이런 말을 잘 안하지만, 지원 씨가 비즈니스 영어, 특히 발음을 개선하면 도움이 될 것 같아요. 가끔은 무슨 말씀을 하는지 이해하기가 어려울 때가 있거든요. 한국 사람들이 R과 L, 그리고 다른 발음 몇 가지를 어려워한다는 것을 알고 있어요. 훌륭한 영어 발음 코치를 알고 있어요. 괜찮다면, 그 분과 연결해드릴게요. 이미 아시겠지만, 회사에서 비즈니스 영어 교육의 50%를 지원해줍니다.

Jiwon

Yeah, that would be great! I've been looking for a good English instructor since I started working here.

네, 그거 정말 좋겠네요! 여기서 일하기 시작한 후로 좋은 영어 강사를 찾고 있었거든요.

Michelle

Perfect. I'll send a short email after this meeting to introduce you. Keep up the good work, Jiwon. I think you're gonna be a really successful, valuable member of our sales team.

좋아요. 이 미팅이 끝난 후 간단한 이메일을 보내서 알려드리겠습니다. 계속 열심히 하세요, 지원 씨. 지원 씨는 우리 영업팀에서 정말 성공적이고 소중한 사람이 될 것 같아요.

Jiwon

Thank you for your time!

시간 내주셔서 감사합니다!

어휘 선택 실수
Word Choice Mistakes

1   question
2   menu
3   schedule
4   shocked
5   cheer up
6   expect
7   almost
8   organize
9   cheap
10 appointment
11 fresh
12 satisfied
13 matter
14 moment
15 overwork
16 promotion
17 retire
18 bear
19 point out

금요일 오후, 상현과 지원이 영업팀의 구글 행아웃에서 1:1 채팅을 나누는 상황.

Sanghyeon	Happy Friday, team! Quick favor, would anyone be able to a little overwork this weekend? We would need someone to lead a Zoom meeting with a US customer Saturday morning.
Mike	Sorry, I have an appointment with my family Saturday. We have tickets to the Doosan Bears vs Lotte Giants KBO game.
Charlie	I've had so many schedules lately, I was really hoping to just relax and be fresh this weekend. I can do it if no one else can, though.
Jiwon	No worries Charlie, I can do it. Would I need to come to the office or can I do the call from home?
Charlie	Thanks, Jiwon!
Sanghyeon	Great! It's not a matter. As long as your Internet's good you can do it wherever. Thanks Jiwon, hope it's not inconvenient for you.
Jiwon	It's no problem! I didn't have any schedule for this weekend anyway.
Sanghyeon	Perfect. I'll send you a PM with more info.

Sanghyeon   Thanks again, Jiwon. I attached a document with background on this customer and the meeting agenda. This customer is a Korean-US fashion brand called Allure. We've been working with them for a really long moment, so it shouldn't be too much work. They just want to question you about some upcoming product updates. Everything's already planned, so you would just need to answer questions and organize the meeting.

Jiwon   Great, I'll take a look and let you know if I have any questions.

Hey Sanghyeon, I don't understand the part of the meeting agenda that mentions data upgrades.

Sanghyeon   Ah yeah... They've used almost their data storage on their current plan. I was going to suggest they upgrade to the Enterprise package so they'll have more data. That would be cheaper than buying extra data near the end of each month after they run out.

Jiwon   Got it, I'll suggest that. I'm curious though, you usually do all of the Saturday morning calls. Are you busy this weekend?

Sanghyeon   This stays between us, but I actually have an interview with the US branch Saturday. I'm applying for an overseas director position.

Jiwon   Wow, I'm so shocked! Congratulations!

Sanghyeon   Thank you! I've been wanting to promote for

310

	a while now. This is a huge opportunity for me and my family. I can't bear the thought of just staying at this role for the rest of my career.
Jiwon	That sounds great. I hope the interview is successful!
Sanghyeon	Thank you. I expect this opportunity. I'll be really satisfied if I get this position. You know Jiwon, if I do promote, they'll be looking for someone to fill my position here. You've been doing a great job and I think you'd be a prime candidate.
Jiwon	Wow, that's really satisfying to hear, thank you for the compliment. Do you think I'm ready?
Sanghyeon	Cheer up! You're a fantastic sales rep with a lot of experience. They also want someone who is bilingual in this role. I think you'd be very successful. Plus, having that leadership experience will look great if you ever decide to retire.
Jiwon	It's really an honor to hear that. I hope your interview goes well and we'll see what happens!

1. question

(동료에게 새로운 Dropbox 시스템에 관한 정보를 묻는 상황)

Hi Mike,
Sorry to bother you, but can I question you
about the new Dropbox system?

question을 동사로 생각하고 잘못 사용하는 경우가 많습니다.

question은 주로 '질문'이라는 뜻의 명사로 쓰입니다. 하지만 가끔 question을 동사로 쓰는 경우가 있는데, 이때는 '질문을 하다'가 아니라 다른 의미가 되므로 주의해야 합니다. 동사 question은 크게 다음 두 가지 의미로 쓰입니다.

question 1. to ask someone a series of questions in a formal situation usually because you think they did something wrong
(공식적으로) 질문하다, 심문하다

이러한 의미의 question은 보통 법적인 상황(legal situations)에서 사용됩니다.

The police questioned the criminal for hours. Finally, the criminal admitted to committing the crime.
경찰이 몇 시간 동안이나 범인을 심문하자, 마침내 범인은 범행을 시인했다.

question 2. to express doubt, hesitation, or an objection to something 의심하거나 이의를 제기하다

At first, I really q̲u̲e̲s̲t̲i̲o̲n̲e̲d̲ transferring to a new department. However, now I know I made the correct choice. (I doubted and was hesitant about transferring to a new department)

처음에는 새 부서로 옮기는 것에 대해 정말 의문을 가졌죠. 하지만 이제는 제가 올바른 선택을 했다는 것을 알게 되었습니다. (새 부서로 옮기는 것에 대해 의심하고 주저한 경우)

따라서 맨 처음 주어진 문장에서처럼 question Mike about the Dropbox system이라고 한다면, Mike를 심문하거나 의심한다는 의미가 되므로 문맥상 적절하지 않습니다.

이 문장을 고치기 위해서는 question을 동사가 아니라 명사로 사용해서 ask a question.이라고 표현합니다. 아래 문장 구조를 참고하세요:

I questioned (사람) → I asked (사람) a question
I questioned (사람) → I asked a question to (사람)

I a̲s̲k̲e̲d̲ my teacher a̲ ̲q̲u̲e̲s̲t̲i̲o̲n̲.
= I a̲s̲k̲e̲d̲ a̲ ̲q̲u̲e̲s̲t̲i̲o̲n̲ ̲t̲o̲ my teacher.
나는 선생님에게 한 가지 질문을 했다.

I a̲s̲k̲e̲d̲ my boss a̲ ̲q̲u̲e̲s̲t̲i̲o̲n̲.
= I a̲s̲k̲e̲d̲ a̲ ̲q̲u̲e̲s̲t̲i̲o̲n̲ ̲t̲o̲ my boss.
나는 상사에게 한 가지 질문을 했다.

질문이 하나가 아니라면 a few questions나 some questions를 사용하면 됩니다. 그럼 다음 문장을 다시 살펴보겠습니다.

✗ Hi Mike,

Sorry to bother you, but can I question you **about the new Dropbox system?**

◯ Hi Mike,

Sorry to bother you, but can I ask you a few questions **about the new Dropbox system?**

안녕하세요, Mike.

번거롭게 해드려 죄송하지만, 새로운 Dropbox 시스템에 대해 몇 가지 여쭤봐도 될까요?

I really dislike the way Jayden constantly **questions** my ideas just because he's older than me.

저는 Jayden이 저보다 나이가 많다는 이유만으로 끊임없이 제 생각에 의문을 제기하는 게 정말 싫어요.

At the end of the presentation, there will be plenty of time to ask **questions**.

프레젠테이션의 마지막에는 질문할 시간이 충분할 겁니다.

2. menu

You can order many menus at this restaurant.

The menus at this restaurant taste great.

음식점에서 menu라는 단어를 음식이나 음료로 잘못 사용하는 경우가 있습니다.

menu n. the list of all the food and drinks available at a restaurant
식당에서 이용 가능한 모든 식사와 음료의 목록

menu는 음식이나 음료가 아니라 흔히 말하는 메뉴판입니다. 우리는 식당에서 menu를 보고 음식이나 음료를 주문하는 거죠. 또한 menu에서 선택할 수 있는 식사는 dish라고 합니다.

이제 다음 문장들을 다시 살펴보겠습니다. 상황에 따라 menu 대신 주문하는 실제 식음료명을 써서 바꾸면 됩니다.

✗ You can order many menus at this restaurant.
○ You can order many different types of food at this restaurant.
이 식당에서는 다양한 종류의 음식을 주문할 수 있어요.

○ **You can order** many types of sushi/wine/kimchi etc. **at this restaurant.**

이 식당에서는 다양한 초밥/와인/김치 등을 주문할 수 있어요.

✕ ~~The menus~~ at this restaurant taste great.

○ The food **at this restaurant tastes great.**

이 식당 음식은 정말 맛있어요.

○ The appetizers/main dishes/desserts etc. **at this restaurant taste great.**

이 식당 에피타이저/주요리/디저트는 정말 맛있어요.

The catering scrvice has a few possible **menu** options for our event. Look at these and let me know which **menu** looks best!

케이터링 서비스는 우리가 하는 행사에 몇 가지 가능한 옵션을 제공합니다. 이것들을 보고 어떤 메뉴가 가장 좋아 보이는지 알려주세요!

3. schedule

I have many schedules this week.

Sorry, I can't meet you then. I have another schedule at that time.

→ schedule의 정확한 사용법을 모르는 경우가 많습니다.

schedule n. a timetable that lists all of your duties/obligations/ events and when they happen 모든 할 일에 대한 일정표

schedule은 할 일 전체를 말하는 것이므로, many schedules라는 표현은 논리적으로 성립이 안 됩니다. 따라서 여러 일정이 있다는 표현을 쓰려면 many things/tasks/events/obligations on my schedule이라고 하면 됩니다. 또는 have a very busy/tight schedule이나 have a full schedule이라고 표현할 수도 있죠. 그럼 이 내용을 바탕으로 다음 문장을 다시 살펴보겠습니다.

X   I have many schedules this week.
O   I have a very busy schedule this week.
저 이번 주에 매우 스케줄이 빡빡해요.

할 일이 추가되는 것은 more schedules라고 할 수 없고, 다른 일정이 있다고 another schedule이라고 말할 수도 없습니다. 대신, I have another obligation. I'm busy. 또는 I have other plans.라고 말하면 됩니다. 그럼 다음 문장도 살펴보겠습니다.

✕ **Sorry, I can't meet you then. I have another schedule at that time.**

○ **Sorry, I can't meet you then. I have another obligation at that time.**

죄송하지만, 그때는 못 뵐 것 같아요. 그때 다른 할 일이 있거든요.

○ **Sorry, I can't meet you then. I will be busy at that time.**

죄송하지만, 그때는 정말 바빠서 못 뵐 것 같아요.

(Details)

단, 여러 일정을 개별적으로 유지하는 경우에는 schedules나 another schedule을 쓸 수 있습니다. 예를 들어, 업무와 관련된 work schedule, 운동 일정의 workout schedule, 그리고 가족 행사만 별도로 관리하는 family schedule이 있을 수 있겠죠. 그러나 대개의 경우 many schedules가 있다고 말하는 것은 맞지 않습니다.

(리빌딩)

I would love to attend the fintech Zoom conference next week, but unfortunately my **schedule is completely full.** If your team hosts another virtual event, please let me know!

다음 주에 열리는 핀테크 Zoom 콘퍼런스에 참석하고 싶은데 아쉽게도 일정이 꽉 찼어요.

팀에서 다른 온라인 이벤트를 주최한다면, 저에게 알려주세요!

4. shocked

(상대방이 내 머리 스타일에 대해서 칭찬했을 때)

Wow, I'm so shocked that you noticed! Thank you!

shocked는 일반적인 상황에서 사용하기에는 너무 강한 표현입니다.

surprised를 사용해야 하는 상황에서 shocked를 쓰는 경우가 종종 있는데, 사실 이 두 단어는 어감이 매우 다릅니다.

먼저 shocked는 surprised에 비해 매우 강한 표현입니다. 만약 I'm shocked라고 한다면, 내가 너무 놀라서 말을 할 수 없을 정도라는 의미입니다. 따라서 shocked는 극도로 놀란 상황에 쓰는 게 맞아요. 또한 shocked는 대부분 부정적인 상황에 쓰이고, 행복하고 즐거운 상황에서는 거의 사용되지 않습니다. 매우 당황스럽고(very upsetting), 충격적으로 놀라거나(disturbing surprises), 예상치 못한 상황(unexpected situations)에 충격을 받았을 때만 사용하는 것이 좋습니다.

예를 들어, shocked를 쓸 수 있는 상황을 가정해보죠. 경찰이 집에 와서 이웃을 살인자로 체포했다고 말했습니다. 오랫동안 알고 지낸 이웃이 살인자라는 것은 꿈에도 생각하지 못했던 거죠. 이런 경우 When the police came to my apartment and explained why they arrested my neighbor I was shocked.라고 할 수 있습니다.

이제 다음 문장을 다시 살펴보겠습니다.

✗ **Wow, I'm so shocked** that you noticed! Thank you!

○ **Wow, I'm** surprised **that you noticed! Thank you!**

와, 네가 (내가 머리한 걸) 알아보다니 놀랐어! 고맙다!

(**Details**)

shocked뿐만 아니라 shocking도 매우 놀랍고 황당하고 부정적인
상황에서 사용된다는 것 기억하세요.

**I heard some sad, shocking news today at work. My
colleague Christina's husband suddenly passed away
from a heart attack. He was only 38.**

오늘 직장에서 슬프고 충격적인 소식을 들었어요. 동료 Christina의 남편이 심장마비로 갑자기

사망했다는 소식이었죠. 그는 고작 38살이었어요.

Our CEO suddenly quit without telling anyone.
Everyone at the company is **shocked** and
confused by his decision.

우리 대표님이 갑자기 아무한테도 말하지 않고 그만두셨어요. 대표님의 결정에 회사 사람들

모두가 충격과 혼란에 빠졌어요.

5. cheer up

It's very important for parents to cheer up their children.

(내일 매우 중요한 면접이 있는 친구에게)

Cheer up! You can do it!

cheer up이라는 구문을 잘못 사용하는 경우가 있습니다.

cheer up to make or become less sad or upset and start to feel happy again 격려하다

cheer up은 상대방이 슬프거나(sad) 또는 속상할(upset) 때 기운을 북돋아주기 위해 사용하는 표현이에요. 단순히 상대방을 도와주고, 지지하고, 동기 부여를 하거나 격려를 하는 경우에는 cheer up을 쓰면 어색합니다. 이런 경우에는 cheer up 대신 help, support, encourage, motivate/inspire 등의 표현을 쓰는 것이 맞습니다.

그럼 다음 문장들을 다시 살펴보겠습니다.

X   It's very important for parents to cheer up their children.

O   It's very important for parents to support/encourage/help/motivate their children.
부모가 아이를 지지하는/격려하는/도와주는/동기를 부여하는 것은 매우 중요하다.

중요한 면접을 보는 친구에게 한국말로 "파이팅!"이라고 말하고 싶을 때에는 cheer up이 아닌, 아래와 같은 표현을 사용합니다.

✗ **Cheer up! You can do it!**

○ Good luck! **You can do it!** 행운을 빌어! 넌 할 수 있어!

○ I believe in you! **You can do it!** 난 널 믿어! 넌 할 수 있어!

○ You'll do great! **You can do it!** 잘 할 거야! 넌 할 수 있어!

I really appreciate how **supportive and encouraging** the team leaders are here at Google.
이곳 구글에서 팀장님들이 저를 지지하고 격려해주시는 점 정말 감사드립니다.

One of my best friends just lost their job due to a company layoff. I feel really bad for him, so we're going to meet up this weekend to **cheer** him **up**.
제 절친한 친구 중 한 명이 회사 정리해고로 직장을 잃었어요. 정말 안쓰러워서 이번 주말에 만나서 그 친구 기운 좀 나게 해주려고요.

6. expect

(친한 팀 멤버들에게 일 끝나고 술 마시자고 말하는 상황)

It's been a long week. I expect to get drinks with you all later.

(채용담당자와 지원자의 대화)

recruiter: Okay, we scheduled your in-person interview for 9 a.m. next Friday here at our Seoul office.

candidate: Thank you very much. I really expect that.

→ excited나 look forward to를 사용해야 하는 상황에서 expect를 쓰는 경우가 있습니다.

expect   v. to think something is likely to happen 예상하다

expect는 단지 어떤 일이 일어날 것이라는 가능성을 생각하는 것일 뿐, 그와 같은 가능성에 대한 호불호를 의미하는 것은 아닙니다.

I recently invested in Bitcoin because I expect that its value will go up soon.
나는 비트코인의 가치가 곧 오를 것으로 예상해서 최근 비트코인에 투자했어요.

I can't believe our new smartphone app reached
100,000 downloads! We expected it would be popular,
but we didn't expect 100,000 downloads within the
first month!

우리의 새로운 스마트폰 앱이 다운로드 수가 10만 건에 달하다니 믿을 수 없어요! 인기가 있을
것으로 예상했지만, 첫 달에 다운로드 수가 10만 건이 될 것이라고는 예상하지 못했어요!

흔히 무언가를 원하는 경우에 expect를 쓰는데, 이때에는 excited나
look forward to로 바꿔 사용하면 됩니다. 참고로 excited는 친근하고 가
벼운 표현이라서 어느 정도 안면이 있고 친한 사이에 사용하는 것이 좋
습니다. 이에 반해, look forward to는 정중하고 전문적인 느낌을 주므로
보통 격식적인 표현으로 사용합니다.

I am excited to watch the Lotte Giants this weekend!
이번 주말에 롯데자이언츠 경기를 볼 수 있어 신나요!

I really look forward to the chance to speak at the
tech conference this weekend.
이번 주말에 테크 콘퍼런스에서 연설할 기회를 고대하고 있어요.

이제 다음 문장들을 다시 살펴보겠습니다.

It's been a long week. I expect to get drinks with you
all later.

It's been a long week. I'm excited to get drinks with
you all later.
정말 긴 한주였어요. 나중에 함께 술 한잔 하고 싶네요.

A: Okay, we scheduled your in-person interview for 9
a.m. next Friday here at our Seoul office.
A : 알겠습니다. 다음 주 금요일 오전 9시에 이곳 서울 지사에서 대면 인터뷰를 하기로 했어요

X B: Thank you very much. I really expect that.

○ B: Thank you very much. I really look forward to that.

B: 정말 고맙습니다. 빨리 만나 뵙고 싶습니다.

The product premiere actually went even better than **expected**! We were hoping to sell 500 units but we ended up selling almost 700.

제품 시연회는 사실 예상보다 훨씬 더 잘 진행됐어요! 500대 정도 판매되면 좋겠다고 생각했는데 700대 가까이 팔렸어요.

(공식 일자리 제안을 받은 후)

Thank you so much. I really **look forward to** joining your team and helping the company grow.

정말 감사해요. 귀사의 팀에 합류하여 회사 성장에 도움이 되기를 진심으로 기대합니다.

7. almost

English is very important for my team, but almost team members have trouble speaking English naturally.

I almost have meetings Monday morning, but this week we don't have any urgent issues, so there's no meeting.

→ almost all, almost every, almost always를 사용해야 하는 상황에서 almost만 쓰는 경우가 있습니다.

almost adv. very nearly, but not quite 거의

almost는 어떠한 사건이 일어날 법하거나 사실에 근접하지만, 결과적으로 실현되지는 않은 상황을 가리킬 때 씁니다. 또한 부사이기 때문에 형용사나 동사 아니면 또 다른 부사를 수식해주는 역할을 하죠. 따라서 명사를 수식하는 형용사처럼 사용하면 어색합니다.

The movie was so sad that I almost cried. → 동사 수식
그 영화는 너무 슬퍼서 난 거의 울 뻔했다.

Finding affordable housing in Gangnam is almost impossible. → 형용사 수식
강남에서 가격이 적당한 주택을 찾는 것은 거의 불가능하다.

He is very good about checking his emails, and responds <u>almost immediately</u>. → 부사 수식

그는 이메일을 잘 확인하고, 거의 즉시 답변을 합니다.

부사 almost는 명사구 team members를 수식할 수 없습니다. 이때 almost를 almost all, almost every로 바꾸면 의미도 제대로 전달되고 뒤에 있는 명사도 꾸며 줄 수 있어요. 또한, all과 결합하는 경우에는 명사의 복수형을, every와 결합하는 경우에는 단수형을 쓰는 점에 유의하세요.

X **Almost the workers at my company are Korean.**

○ Almost all the workers **at my company are Korean.**
(all + 복수명사)

○ Almost every worker **at my company is Korean.**
(every + 단수명사)

우리 회사 직원 대부분은 한국인입니다.

그럼 다음 문장을 다시 한 번 살펴보겠습니다.

X **English is very important for my team, but** almost team members **have trouble speaking English naturally.**

○ **English is very important for my team, but** almost all my team members **have trouble speaking English naturally.**

○ **English is very important for my team, but** almost every team member **has trouble speaking English naturally.**

영어는 우리 팀에게 매우 중요하지만, 거의 모든 팀원들이 자연스럽게 영어를 말하는 데 어려움을 겪습니다.

거의 100% 반복되는 행동을 말할 때는 almost always을 사용해야 합니다.

I **almost always** go to Pilates after work.

전 거의 퇴근 후에 필라테스를 해요.

이 내용을 바탕으로 다음 문장도 다시 살펴보겠습니다.

✕   I almost have meetings Monday morning, but this
week we don't have any urgent issues, so there's no
meeting.

○   I almost always have meetings Monday morning, but
this week we don't have any urgent issues, so there's
no meeting.

월요일 아침에는 거의 항상 회의가 있는데, 이번 주는 급한 사안이 없는 관계로 회의가 없습니다.

Okay, so we're **almost** finished with our meeting,
but before we end let's briefly review what we
covered today.

네, 이제 거의 회의가 끝나가지만 종료하기 전에 오늘 다루었던 내용을 간략히 살펴보겠습니다.

Our weekly meetings are pretty small, usually
only 5 or 6 people, but **almost every** employee
attends the quarterly meetings.

주간 회의는 보통 대여섯 명 정도 참여하는 작은 규모지만, 분기별 회의에는 거의 모든 직원이
참석합니다.

I'm technically supposed to finish work at 5:30
p.m., but I **almost always** have to stay an extra
30-40 minutes to finish all my work.

저는 엄밀히 따지면 오후 5시 30분에 근무를 마쳐야 하는데, 일을 다 끝내려면 거의 항상 30-
40분은 더 있어야 합니다.

8. organize

(직장 상사가 그룹 Zoom 콘퍼런스를 시작하면서)

I just emailed all of you the agenda for today. Let's try to follow it so we can organize this conference.

→ organize와 organized의 의미 차이를 정확히 구분하는 경우가 드뭅니다.

organize v. to arrange or put things into a structured order 정리하다

무언가가 지저분하거나(messy) 명확하지 않아서(unclear) 정리하거나 바로잡고 싶은 경우 organize라는 동사를 사용할 수 있습니다. 이미 정리가 되어(organized) 있는 상황이라면, 주어가 사람인 경우 keep (something) organized라는 표현을 쓰고, 상황(event/situation)이 주어라면 stay organized를 쓸 수 있어요.

The moderator kept the meeting organized.
사회자는 회의를 깔끔하게 진행했습니다.

The meeting stayed very organized because everyone closely followed the agenda.
모두가 의제를 면밀히 따랐기 때문에 회의는 매우 조직적으로 진행되었습니다.

그럼 다음 문장을 다시 살펴보겠습니다. 상사는 모든 사람이 의제를 잘

따라서 이미 잘 조직된 콘퍼런스를 끝까지 잘 진행했으면 하는 상황입니다. 따라서 이런 경우는 keep this conference organized라고 하는 게 맞습니다.

✕ I just emailed all of you the agenda for today. Let's try to follow it so we can organize this conference.

○ I just emailed all of you the agenda for today. Let's try to follow it so we can keep this conference organized.

여러분 모두에게 오늘의 의제를 이메일로 보냈습니다. 이 콘퍼런스가 잘 준비될 수 있도록 의제를 따르도록 합시다.

(리빌딩)

It's very important that we **keep** all our Slack conversations **organized**. So, please make sure you only send relevant information, and check that it's the correct group before sending any files.

모든 Slack 대화를 정리하는 것이 매우 중요합니다. 따라서 관련된 정보만 보내주시고, 파일 전송 전에 해당 그룹이 맞는지 확인 부탁드립니다.

9. cheap

(컴퓨터 판매사원이 제품을 소개하면서)

Our laptop has all the basic features you're looking for, and is also very cheap.

→ cheap이라는 단어의 뉘앙스 차이로 의도와는 다르게 부정적인 의미를 전달하는 경우가 있습니다.

cheap은 '싸다'라는 뜻이지만 약간 부정적인 뉘앙스가 있습니다. Something is cheap.이라고 하면, 무언가가 가격은 싸지만 품질(quality)도 별로라는 의미까지 전달할 수 있습니다.

Most of the products at Daiso are cheap.
다이소 제품은 대부분 저렴하다.

부정적인 뉘앙스를 원하지 않는다면 cheap 대신 다음 두 단어를 쓸 수 있습니다.

1) inexpensive
inexpensive는 싼 가격(low cost)을 의미하지만, 동시에 낮은 품질(low quality)을 의미하지는 않습니다.

2) affordable
affordable은 제품의 가격이 품질에 비해 크게 비싸지 않다는, 즉 가격 이상의 값어치가 있다는 긍정적인 느낌을 줍니다.

위의 설명을 바탕으로 다음 문장을 다시 살펴보겠습니다. 회사 제품을 소개하는 경우에는 긍정적인 느낌을 주는 affordable를 사용하는 것이 가장 적합합니다.

✗ **Our laptop has all the basic features you're looking for, and is also very cheap.**

○ **Our laptop has all the basic features you're looking for, and is also very** affordable.

당사의 노트북은 여러분이 원하는 모든 기본 기능을 갖추고 있으며 가격도 매우 적당합니다.

(리빌딩)

If you want **cheap** products, you can always go to Daiso, but if you want real quality products at very **affordable** prices, you should check out our website.

저렴한 제품을 원하신다면 언제든지 다이소로 가실 수 있지만, 매우 적당한 가격에 좋은 품질의 제품을 원하신다면 저희 웹사이트를 확인해 보세요.

10. appointment

(동료들과 저녁을 먹을 계획이었는데, 아이가 아파서 못 나가는 상황)

I'm really sorry, but I can't attend our appointment tonight because my son is sick at home.

appointment라는 격식적인 단어를 가벼운 대화에서 구분 없이 사용하는 경우가 많습니다.

appointment   n. an arrangement to meet someone at a particular time and place 특정 시간과 장소에서 누군가를 만나기로 한 약속

appointment는 편안하게 친분을 목적으로 만나는 관계에서 사용하기보다는 서비스나 거래와 같은 특정한 상황에서 사용합니다.

> **doctor's appointment**
> **dentist/dental appointment**
> **massage appointment**

누군가를 가볍게 만나는 경우에는 하려고 하는 행위를 직접 말하거나 (have coffee, have dinner 등) hang out 또는 meet up이라는 표현을 사용하면 됩니다.

이 설명을 바탕으로 다음 문장을 다시 살펴보겠습니다.

✗ I'm really sorry, but I can't attend our appointment tonight because my son is sick at home.

○ I'm really sorry, but I can't have dinner with you all tonight because my son is sick at home.
정말 죄송하지만, 집에 있는 아들이 아파서 오늘 저녁 다 같이 못 먹겠어요.

○ I'm really sorry, but I can't meet up with you all tonight because my son is sick at home.
정말 죄송하지만, 집에 있는 아들이 아파서 오늘 밤 다 같이 만날 수 없어요.

(리빌딩)

Sorry I can't go to lunch with you. I have a physiotherapy **appointment** during my lunch break. If you want though, we can **meet up** for drinks after work.
미안하지만 점심 먹으러 같이 못 가요. 점심시간에 물리치료 예약을 했거든요. 원한다면 퇴근 후에 만나서 술 한잔해요.

11. fresh

(편안한 주말을 보내고 나서 월요일 아침 동료에게 말하는 상황)

Last week was really busy. I was super stressed, but after this weekend I feel fresh again.

사람의 감정을 묘사하면서 fresh를 잘못 쓰는 경우가 있습니다.

fresh 1. adj. new and different, not previously known or done 새로운

After working in the engineering industry for 10 years, I decided I needed a f̲r̲e̲s̲h̲ start so I became a programmer.

10년 동안 공학계에서 일한 후, 새로운 시작이 필요하다고 생각해서 프로그래머가 되었습니다.

fresh 2. adj. (about food) recently made, picked, or cooked so it is not spoiled and safe to eat. (this is especially common for fruits and vegetables) (식품과 관련해) 신선한

My grandmother's f̲r̲e̲s̲h̲ kimchi is the best kimchi I've ever eaten.

우리 할머니의 갓 만든 김치는 내가 먹어본 김치 중에 최고의 김치예요.

사람의 기분을 말하면서 fresh를 사용하는 경우가 없지는 않으나, 어색한

경우가 대부분이죠. 누군가 feel fresh라는 표현을 사용한다면 대개 아래 두 경우 중 하나에 해당합니다.

1. 몸이 안 좋았다가 다시 정상으로 회복했을 때
하지만 이런 경우에도 I feel fresh.보다는 I feel (much) better. I feel recovered. I feel rejuvenated.라고 말하는 게 훨씬 자연스러워요.

2. 그냥 기분이 좋을 때
이 경우에도 I feel fresh. 대신 I feel good. I feel great.를 쓸 수 있습니다.

다음 문장을 다시 살펴보겠습니다.

✕ **Last week was really busy. I was super stressed, but after this weekend I feel fresh again.**

○ **Last week was really busy. I was super stressed, but after this weekend I feel much** better**.**

지난 주는 정말 바빴어요. 스트레스를 많이 받았지만, 이번 주말도 지나가니 기분이 훨씬 좋아졌어요.

(리빌딩)

After meeting with all the sales teams, we've decided we need a **fresh** approach to our sales strategies.

모든 영업팀과 회의를 한 후, 영업 전략에 대한 새로운 접근 방식이 필요하다고 판단했습니다.

12. satisfied

(친한 동료가 재택근무에 대해서 어떻게 생각하냐고 묻는 상황)

Overall, I'm very satisfied with this situation. It's really convenient being able to avoid the 90-minute commute to the office every day.

(상사가 새로운 사무실을 보여주고 내가 마음에 들어하는 상황)

Wow, this looks great! I am very satisfied, thank you.

→ satisfied는 격식적인 표현이라 가까운 사람들, 특히 친구들 사이에서 사용할 때는 어색하게 들립니다.

satisfied를 '만족한(content and pleased)'이라는 의미로만 알고 있는 경우가 많지만 비즈니스 상황에서 satisfied는 격식적인 표현으로 보통 고객이나 상사와의 대화, 그리고 면접이나 발표하는 상황에서 사용됩니다.

(카딜러가 차를 보러 온 고객에게)

I think you'll be very satisfied if you choose to buy this car.

이 차 구매하시면 정말 만족하실 거예요.

(면접에서 나의 장점에 대해서 말할 때)

My biggest strength is my outstanding customer service. I always make sure every customer is satisfied with their experience, and have fantastic customer reviews.

저의 가장 큰 장점은 뛰어난 고객 서비스입니다. 항상 모든 고객이 만족스러운 경험을 할 수 있도록 노력하기에 고객들의 평이 매우 좋습니다.

위 설명을 바탕으로 다음 문장을 다시 살펴보겠습니다. 친한 동료에게 satisfied라고 하면 다소 딱딱하게 들립니다. 이런 경우 like나 love를 써서 자연스럽게 좋아한다는 표현을 할 수 있어요.

✗　**Overall, I'm very satisfied with this situation. It's really convenient being able to avoid the 90-minute commute to the office every day.**

○　**Overall, I like working from home a lot. It's really convenient being able to avoid the 90-minute commute to the office every day.**

전반적으로 나는 재택근무가 좋아. 매일같이 90분이나 되는 통근 시간을 줄일 수 있으니까.

또한, satisfied는 다소 감정이 절제된 표현입니다. 물론 무언가에 대한 만족의 정도를 나타내지만, 기쁨이나 즐거움을 노골적으로 드러내는 단어는 아닙니다. 따라서 happiness와 excitement와 같은 감정들을 확실하게 표현하고 싶다면, love 또는 hate를 사용하는 게 좋습니다.

✗　**Wow, this looks great! I am very satisfied, thank you.**

○　**Wow, this looks great! I love it, thank you so much!**

와, 이거 멋지네요! 너무 좋아요, 정말 고마워요!

13. matter

For the new sales position, we're looking for someone with experience, confidence, and communication skills. Those qualities are really matter when it comes to sales.

We really need to get our financial report done by the end of this week. It is not a matter who does it, we just need to finish it by Friday.

matter를 동사로 써야 하는데 명사로 잘못 쓰거나, be 동사를 붙이는 경우가 있습니다.

matter   v. to be of importance/have significance 중요하다

matter는 동사이기 때문에 따로 be동사를 쓸 필요가 없습니다.

✗   It is a really matter that we stay within our budget for this project.

○   It really matters that we stay within our budget for this project.
이 프로젝트를 위해 예산을 초과하지 않는 것이 정말 중요해요.

그러면 이 내용을 바탕으로 다음 문장들을 다시 살펴보겠습니다.

✗ For the new sales position, we're looking for someone with experience, confidence, and communication skills. Those qualities are really matter when it comes to sales.

◯ For the new sales position, we're looking for someone with experience, confidence, and communication skills. Those qualities really matter when it comes to sales.

새로운 영업직에 경력, 자신감, 커뮤니케이션 능력을 갖춘 사람을 찾고 있습니다. 이러한 자질은 영업에 있어 매우 중요합니다.

만약 부정문이라면 does not matter를 사용합니다.

✗ We really need to get our financial report done by the end of this week. It is not a matter who does it, we just need to finish it by Friday.

◯ We really need to get our financial report done by the end of this week. It doesn't matter who does it, we just need to finish it by Friday.

이번 주 내로 재무 보고서를 꼭 끝내야 합니다. 누가 하든 상관없고, 금요일까지만 끝내면 돼요.

리빌딩

In my opinion, education and academic credentials **don't really matter** when it comes to career success. What **matters** is your job performance, professional experience, and continued personal development.

직업적으로 성공하는데 교육과 학력은 그다지 중요하지 않다고 생각합니다. 중요한 것은 업무 성과, 전문적 경험, 그리고 지속적인 개인 발전이죠.

14. moment

The past few months have been a pretty difficult moment for our business. Sales are down and expenses are up.

긴 단위의 시간을 말할 때 moment를 써서 잘못 말하는 경우가 있습니다.

moment n. a very brief, specific period of time 순간

moment는 매우 짧은 순간이라는 시간적 개념이고 구체적인 상황에서 사용됩니다.

> The <u>moment</u> the customer smiled and said 'that's reasonable' after hearing our prices, I knew I could close the sale.
>
> 가격을 들은 후 고객이 웃으며 '그거 합리적이네요.'라고 말하는 순간, 저는 판매가 성사됐음을 알 수 있었습니다.

고객이 웃으며 가격이 합리적이라고 말하는 상황은 아주 짧은 순간이에요. 거의 몇 초 정도에 지나지 않을지도 모르죠. 이런 상황에 moment를 써야 합니다.

　좀 더 길게 지속되는 상황에서는 time을 사용하는 것이 자연스러워요. moment는 몇 초에서 몇 분 남짓한 정도의 짧은 시간에 쓰고 time은

몇 분 단위에서 심지어 몇 년 단위까지 시간의 길이에 상관 없이 쓸 수 있습니다.

> **I had a great time at the team building workshop last weekend.**
> 지난 주말 팀 빌딩 워크숍에서 좋은 시간을 보냈어요.

그러면 다음 문장을 다시 살펴보겠습니다.

X **The past few months have been a pretty difficult moment for our business. Sales are down and expenses are up.**

○ **The past few months have been a pretty difficult time for our business. Sales are down and expenses are up.**
지난 몇 달은 저희 사업에 상당히 힘든 시기였습니다. 매출은 줄고 지출은 늘었죠.

(리빌딩)

My **time** spent traveling in Europe had a big impact on my career. I knew I wanted to become an architect **the moment** I first saw the Eiffel Tower in person.
유럽 여행을 하면서 보낸 시간이 제 경력에 큰 영향을 미쳤습니다. 에펠탑을 처음으로 직접 본 순간 건축가가 되고 싶다는 것을 알았습니다.

15. overwork

 This was a really busy week for me. I overworked every day for 2 or 3 hours.

overtime과 overwork는 뉘앙스상 차이가 있습니다.

overwork 1. v. to work too much/too hard 과로하다
2. v. to force someone else to work too much/too hard 일을 너무 많이 시키다

overtime n. (business) extra work time in addition to your normal working hours 정상 근무 시간 외 추가 근무 시간

만약 overtime(초과근무)을 많이 하면 overwork하는 것이니 두 표현 모두 쓸 수 있을 것 같지만, 실제로 overwork는 거의 쓰이지 않습니다.
　overwork는 남들에게 지나치게 일을 많이 시킨다는 두 번째 의미로 더 많이 사용되기 때문이죠. 만약 My company is overworking me.라고 하면 회사에서 너무 많은 일을 시킨다는 뜻입니다. 따라서 '야근하다'는 표현은 work overtime, work late, stay late라고 씁니다.

✕　I had to **overwork** yesterday.
○　I had to work overtime yesterday.
　어제 야근을 해야 했어요.

343

그럼 다음 문장을 다시 살펴보겠습니다.

✕ **This was a really busy week for me. I overworked every day for 2 or 3 hours.**

○ **This was a really busy week for me. I worked overtime every day for 2 or 3 hours.**

저에게는 정말 바쁜 한 주였어요. 저는 매일 두세 시간씩 야근을 했어요.

(리빌딩)

I'm so glad I found a new job. At my previous company I was **overworked** and undervalued. I often had to **work overtime**, was underpaid, and was almost always stressed out about something.

새 일을 구해서 정말 기쁩니다. 이전 직장에서는, 격무에 시달리고 제대로 평가받지도 못했거든요. 야근도 잦고 연봉도 낮았고 늘 무언가에 스트레스를 받았습니다.

16. promotion

 I will plan my promotion this weekend.
I promoted to senior director two years ago.

promotion의 정확한 사용법을 모르는 경우가 많습니다.

promotion 1. n. effort and activity done to increase awareness or
sales revenue 판촉 활동

> Our promotion for our newest product bundle starts
> next week.
> 다음 주부터 최신 제품에 대한 프로모션(홍보 활동)이 시작됩니다.

promotion 2. n. the action or raising someone to a higher level/
rank 진급, 승진

> I really hope I get a promotion before the end of the
> year.
> 올해 안에 정말 승진하고 싶어요.

이처럼 promotion은 '홍보'와 '승진'이라는 의미가 있습니다. 문제는
때때로 둘 중 어떤 의미로 사용하는지 확실하지 않은 경우가 있어서 이
부분을 명확히 하는 것이 중요합니다.

다음 문장에서 promotion이 '홍보'를 말하는 건지 '승진'을 말하는 건지 확실하지 않네요. promotion 앞에 sales/product를 넣어서 '홍보'의 의미로 쓰인 것을 확실히 알려주는 것이 좋습니다.

X   **I will plan my promotion this weekend.**

O   **I will plan** our summer sales promotion **this weekend.**

이번 주말에 여름 세일 홍보를 계획할 거예요.

promotion의 동사형 promote는 각 의미마다 능동형과 수동형으로 사용될 수 있습니다. promote가 '홍보하다'의 의미인 경우, 다음과 같은 구조를 사용해야 합니다.

능동   (company) promote (product)

Samsung is promoting its new smart TV.

삼성은 새로운 스마트 TV를 홍보하고 있어요.

수동   (product) be promoted

The Smart TV is promoted on Naver and YouTube.

스마트 TV는 네이버와 유튜브에서 홍보됩니다.

promote가 '승진하다'의 의미인 경우, 다음과 같은 구조를 사용해야 합니다.

능동   (company/boss) promoted (person receiving promotion) to (new job position)

The senior managers promoted me to lead product designer.

선임 매니저들이 저를 수석 제품 디자이너로 승진시켰어요.

(person receiving promotion) be promoted to (new job position)

I was promoted to lead product designer.

저는 수석 제품 디자이너로 승진했습니다.

다음 문장도 다시 살펴보겠습니다. senior director로 승진한 것이므로 be promoted를 사용해야 하고, 과거 시제(ago)이므로 I was promoted로 고쳐야 합니다. 참고로, be promoted에서 be 동사 대신 get을 쓰기도 하는데, get을 사용하면 승진을 하는 '사람'에 중점을 두어 말하는 느낌입니다.

✕ **I promoted to senior director two years ago.**
○ **I was promoted to senior director two years ago.**
○ **I got promoted to senior director two years ago.**

저는 2년 전에 선임 이사로 승진했습니다.

I **was promoted to** sales team leader last year. I manage the sales teams and plan all our in-store **promotions**.

전 작년에 영업팀 팀장으로 승진했습니다. 전 영업팀들을 관리하고, 모든 매장 내 홍보를 계획합니다.

17. retire

I'm planning on retiring in my late 40s and opening a restaurant.

'은퇴하다'라는 뜻의 retire에서 마저 주의할 뉘앙스가 있습니다.

retire v. to leave one's job and completely stop working, usually when one reaches a usual age to quit working 은퇴하다

retire의 중요 포인트는 '완전히 일을 그만둔다'는 것입니다. 더는 일을 해서 돈을 벌지 않는 것을 뜻하죠.

가장 흔히 접하는 실수는 직업을 바꿀 때 retire를 사용한다는 것입니다. 만약 현재 하는 일을 그만두고 앞으로 다른 일을 할 계획이라면 retire 대신 quit (my) job을 쓰면 됩니다.

이 내용을 바탕으로 다음 문장을 다시 살펴보겠습니다.

✗   I'm planning on ~~retiring~~ in my late 40s and opening a restaurant.

○   I'm planning on quitting my job in my late 40s and opening a restaurant.

저는 40대 후반에 회사를 그만두고 식당을 열 계획입니다.

My career goals are to continue getting work experience here, then in a few years move to the US and work in an international company. I want to raise my kids in the US and hopefully **retire** in my late 60s.

저의 직업적인 목표는 이곳에서 계속 경력을 쌓다가 몇 년 후에 미국으로 건너가 국제적인 회사에서 일하는 것입니다. 미국에서 아이들을 키우다가 60대 후반에 은퇴할 수 있으면 좋겠네요.

18. bear

I had to bear my demanding former boss for almost a year.

I can't bear working overtime.

→ bear는 지금은 많이 사용하지 않는 표현입니다.

bear v. to endure a difficulty or negative situation 참다, 견디다

무언가를 견디다라는 의미로 bear를 쓰는 것이 문법적으로 틀린 표현은 아니지만 현재는 많이 쓰지 않아 어색한 표현입니다. 동일한 의미로 보다 자연스럽고 요즈음 많이 쓰는 표현으로는 put up with가 있습니다.

그럼 다음 문장을 put up with를 사용해서 고쳐보도록 하겠습니다.

✗   I had to bear my demanding former boss for almost a year.

○   I had to put up with my demanding former boss for almost a year.
    나는 거의 1년 동안 까다로운 이전 상사를 참아야 했다.

또한, 부정형으로 '더이상 참을 수 없다'는 뜻으로는 can't bear가 아닌 can't stand를 많이 씁니다. 이 표현이 훨씬 자연스럽고, 굉장히 싫어 더

이상 무언가를 받아들이거나 참을 수 없다는 의미입니다.

✗   I ~~can't bear~~ working overtime.
○   I can't stand working overtime.

더이상 야근하는 게 싫어요.

I seriously **can't stand** one of my colleagues, Jake.
He is the most annoying person I've ever worked
with.

제 동료 중 한 명인 Jake를 정말 견딜 수가 없어요. 그는 지금까지 일해본 사람 중에 가장 짜증
나는 사람이에요.

19. point out

If there are any errors in my writing, please point me out.

He pointed me out that the discount ends this week so I should make my purchase as soon as possible.

point out의 목적어를 잘못 사용하는 경우가 있습니다.

point out (phrasal verb)   to bring attention to something or make people aware of something (주의를 주기 위해) 지적하다

point out과 관련해 가장 흔히 하는 실수로는 point out의 목적어로 '정보' 나 '지적되고 있는 문제'가 아니라 '사람'을 쓰는 것입니다. point out의 목적어는 사람들이 주의해야 할 정보가 되어야 합니다.

그럼 다음 문장을 다시 살펴보겠습니다. 나(me)를 지적하는 게 아니라 나의 실수(errors)를 지적해달라고 해야겠죠. 따라서 point out the errors 로 보고, 반복되는 errors는 them으로 바꾸면 됩니다.

X   If there are any errors in my writing, please point me out.

○ **If there are any errors in my writing, please** point them out.

제가 쓴 글에 오류가 있으면 지적해 주세요.

다음 문장에서 point out하는 대상은 that the discount ends next week이므로 간단히 me를 삭제하면 문법적으로 올바른 문장이 됩니다.

✗ **He** pointed me out **that the discount ends this week so I should make my purchase as soon as possible.**

○ **He** pointed out **that the discount ends this week so I should make my purchase as soon as possible.**

그는 할인이 이번 주에 끝나기 때문에 가능한 한 빨리 구매를 해야 한다고 지적했다.

(리빌딩)

Mike **pointed out** that our team productivity has definitely gone up since we ended mandatory morning meetings. Maybe just letting people work uninterrupted is more efficient after all.

Mike는 오전 의무 회의를 종료한 이후로 팀 생산성이 확실히 상승했다고 지적했습니다. 사람들을 방해받지 않고 일하도록 한 것이 결국 더 효율적이었던 것이죠.

Narrative (with corrections) 다음은 앞서 소개된 with Error 파트에 대한 오류 표현을 정정한 내용으로 밑줄 친 부분에서 정확한 표현을 확인해보실 수 있습니다.

Sanghyeon

Happy Friday, team! Quick favor, would anyone be able to work a little overtime this weekend? We would need someone to lead a Zoom meeting with a US customer Saturday morning.

즐거운 금요일 되세요, 팀 여러분! 급한 부탁이 있는데, 이번 주말에 좀 더 일할 수 있는 사람 있나요? 미국 고객과 토요일 아침에 Zoom 미팅을 리드할 사람이 필요하거든요.

Mike

Sorry, I have plans with my family Saturday. We have tickets to the Doosan Bears vs Lotte Giants KBO game.

죄송하지만, 저는 토요일에 가족과 계획이 있어서요. 두산베어스와 롯데자이언트 야구 경기 티켓이 있어요.

Charlie

I've had such a busy schedule lately, I was really hoping to just relax this weekend. I can do it if no one else can, though.

요즘 스케줄이 너무 많아서, 이번 주말에는 정말 푹 쉬면서 기분 전환하고 싶었어요. 하지만 아무도 할 사람이 없다면 제가 할게요.

Jiwon

No worries Charlie, I can do it. Would I need to come to the office or can I do the call from home?

걱정마요 Charlie, 제가 할 수 있어요. 사무실로 와야 하나요, 아니면 집에서 전화로 할 수 있나요?

Charlie

Thanks, Jiwon!

고마워요, 지원 씨!

Sanghyeon

Great! It doesn't matter. As long as your internet's good you can do it wherever. Thanks

Jiwon, hope it's not inconvenient for you.

좋아요! 장소는 상관없어요. 인터넷 연결만 된다면 어디서든 할 수 있어요.

고마워요 지원 씨, 부담이 안 되면 좋겠네요.

Jiwon

It's no problem! I didn't have any plans for this weekend anyway.

문제없어요! 어쨌든 이번 주말은 아무 계획도 없었거든요.

Sanghyeon

Perfect. I'll send you a PM with more info.

좋아요. 자세한 정보는 개인 메시지로 보낼게요.

(상현과 지원의 개인적인 대화)

Sanghyeon

Thanks again, Jiwon. I attached a document with background on this customer and the meeting agenda. This customer is a Korean-US fashion brand called Allure. We've been working with them for a really long time, so it shouldn't be too much work. They just want to ask you questions about some upcoming product updates. Everything's already planned, so you would just need to answer questions and keep the meeting organized.

다시 한번 고마워요, 지원 씨. 이 고객에 대한 배경과 회의 안건을 첨부했어요. 이 고객은 Allure라는 한미 패션 브랜드입니다. 정말 오랫동안 그들과 함께 일해왔기 때문에 할 일이 많지는 않을 거예요. 그들은 단지 지원 씨에게 몇 가지 제품 업데이트에 관해 물어보길 원하거든요. 모든 것이 이미 계획되어 있으니 질문에 답하고 회의를 준비하기만 하면 될 거예요.

Jiwon

Great, I'll take a look and let you know if I have any questions.

잘됐네요, 궁금한 게 있으면 한 번 보고 말씀드릴게요.

Hey Sanghyeon, I don't understand the part of the meeting agenda that mentions data upgrades.

상현 씨, 데이터 업그레이드에 대해 언급하는 회의 안건 부분을 잘 모르겠어요.

Sanghyeon Ah yeah ... They've used <u>almost all</u> their data storage on their current plan. I was going to suggest they upgrade to the Enterprise package so they'll have more data. That would be <u>more affordable</u> than buying extra data near the end of each month after they run out.

아 네... 이들이 현재 플랜에서는 데이터 저장용량은 거의 다 사용한 상태예요. 그래서 데이터 사용량을 늘리도록 Enterprise 패키지 업그레이드 건을 제안하려고 했죠. 매달 말쯤에 데이터가 소진된 후 추가 데이터를 구입하는 것보다 더 저렴할 거예요.

Jiwon Got it, I'll suggest that. I'm curious though, you usually do all of the Saturday morning calls. Are you busy this weekend?

알겠습니다, 그렇게 제안하죠. 그런데 궁금한 게, 보통 토요일 아침 전화를 전부 하시잖아요. 이번 주말에는 바쁘신 건가요?

Sanghyeon This stays between us, but I actually have an interview with the US branch Saturday. I'm applying for an overseas director position.

이건 저희끼리만 얘기지만, 실은 토요일에 미국 지사와 인터뷰가 있어요. 해외 이사직에 지원하려고 합니다.

Jiwon Wow, <u>that's great</u>! Congratulations!

와, 그거 잘됐네요! 축하합니다!

Sanghyeon Thank you! I've been wanting to <u>get promoted</u> for a while now. This is a huge opportunity for me and my family. I <u>can't stand</u> the thought of just staying at this role for the rest of my career.

고마워요! 한동안 승진하고 싶었거든요. 이건 나와 우리 가족에게 큰 기회예요. 이후 커리어도 계속해서 이 역할에 머물러야 한다고 생각하면 못 참겠어요.

Jiwon That sounds great. I hope the interview is

successful!

그거 멋지네요. 인터뷰가 성공적이기를 바랄게요!

Sanghyeon

Thank you. I am really excited for this opportunity. I would love to get this position. You know Jiwon, if I do get promoted, they'll be looking for someone to fill my position here. You've been doing a great job and I think you'd be a prime candidate.

고마워요. 이 기회가 정말 기대되고 이 포지션을 꼭 얻고 싶어요. 지원 씨 알죠, 내가 승진하면 내 자리를 대신할 사람을 찾을 거예요. 그동안 잘 해오셨고 제 생각에 지원 씨는 유력한 후보가 될 것 같아요.

Jiwon

Wow, that's really nice to hear, thank you for the compliment. Do you think I'm ready?

와, 그거 정말 듣기 좋네요. 칭찬해 주셔서 감사합니다. 제가 준비되었다고 생각하세요?

Sanghyeon

I do. You're a fantastic sales rep with a lot of experience. They also want someone who is bilingual in this role. I think you'd be very successful. Plus, having that leadership experience will look great if you ever decide to switch jobs/companies.

그럼요. 지원 씨는 경험이 풍부한 굉장한 영업사원이에요. 게다가 회사에서는 이 자리에 2개 국어를 할 수 있는 사람을 원하거든요. 지원 씨가 매우 성공할 거라고 생각해요. 직무를 전환하거나 이직을 할 때에도 리더십 경험이 있는 게 좋죠.

Jiwon

It's really an honor to hear that. I hope your interview goes well and we'll see what happens!

그 말을 들으니 정말 영광입니다. 인터뷰가 잘 되길 바라고 상황을 지켜보도록 하죠!

숫자 관련 실수
Number Related Mistakes

다음 내러티브에는 오류 표현이 포함되어 있습니다. 한번 읽어보시고 어색한 표현을 찾아보세요. 해당 에러 표현에 대한 정정 표현은 각 챕터 끝부분에 제시됩니다.

상현이 해외 취업을 하고 지원이 영업팀장으로 승진했다. 지원은 현재 사무실에서 추가적인 역할과 책임을 맡고 있다. 분기 회의에서 지원이 수석 매니저들에게 영업팀의 재무 실적을 설명한다.

Sales By Team Amounts in Thousands USD			
Team	2021 Q1 Goals	2021 Q1 Actual	2020 Q1
Sales Team A	650.0	619.71	571.20
Sales Team B	600.0	669.82	520.03
Sales Team C	650.0	651.75	597.94
TOTAL	1,900	1,941.28	1,689.17

Income Statement Q1 In Thousands USD			
Revenue	2021 Q1	2020 Q1	2019 Q1
Total Sales	1,941.2	1,689.1	1468.3
Cost of Goods Sold	469.8	453.2	420.0
Gross Profit	1,471.4	1,235.9	1,048.3
Gross Profit	75.8%	73.2%	71.4%

Expenses			
Salaries and benefits	680.1	634.2	598.0
Rent/Energy	150.2	137.1	135.4
Travel	25.5	28.5	25.5
Other Expenses	89.1	77.9	81.0
Total Expenses	944.9	877.7	839.9
Operating Profit	526.5	358.2	208.4
Operating Profit %	27.1%	21.2%	14.2%
Interest Expenses	220.5	74.5	57.6
Taxes	115.8	78.8	45.8
Net Profit	190.2	204.9	105
Net Profit %	9.8%	12.1%	7.2%

	2020 Q1	% change YOY
Sales Revenue	1,941.2	14.9%
Gross Income	1,471.4	19.05%
Operating Income	526.5	47%
Net Income	190.2	7.2%

Michelle	Alright everyone, to start things off I just want to look through our quarterly financial statement and compare it to last year. Then, Jiwon will break down our revenue by sales team. After that, we're going to review our strategies for the upcoming quarter.

To start, we generated one thousand and nine hundred forty one thousand in sales revenue for Q1. This is an increase of one hundred fifteen percent compared to Q1 last year, which we're really satisfied with. Congrats to everyone. Also did really well keeping our expenses under control. Our total expenses were nine hundred thousand forty four dot nine, which is only slightly higher than last year. Our operating income is way up because of that, we increased our operating income percent by twenty seven dot one, which is the highest in company history.

You might notice our net income is slightly down. Total net income decreased about negative seven percent compared to last year, but that was mostly because we're trying to pay off our debts as soon as possible. We started this quarter with two large loans. We completely paid off our first loan June thirty, which is great.

Our remaining loan is with Korea National Bank. We've paid off two third of it and will hopefully be able to completely pay it off by twenty twenty two January or February.

As you all know, we're planning on downsizing our office next quarter. Since more of you are working from home it would be great to reduce our rent and energy expenses. I'm meeting with the building owners next September third Friday to discuss downsizing our office. We'll have a team meeting the week after that to review our plans.

Alright, Jiwon, why don't you go ahead and start?

Jiwon   Great. So the good news is that every sales team increased revenue compared to last year. Sales Team B really shined this quarter, they exceeded their sales goal by over sixty nine. Mike led that team in sales with two hundred thirty in revenue. Awesome job, Mike.

Team A struggled a bit and didn't quite reach their revenue goal. However, there are several deals still being negotiated, so Team A should have a pretty big Q2. We're hoping if all goes well Team B should make at least

seven hundred thousand in revenue next
quarter.

Team C was able to reach their goal just
barely. They ended the quarter with six
hundred fifty one dot seventy five thousand.
Overall, we exceeded our total revenue goal
for the quarter. We're currently finalizing
our forecasts for Q2. We'll share the exact
numbers next week, but we're hoping for
over two million point two hundred thousand
in revenue.

Michelle   Sounds great, thanks Jiwon. Okay, let's move
on to our strategies for next quarter ...

1. large numbers

영어에서는 단위가 큰 수를 표현할 때 다음 몇 가지 사항을 알아야 합니다.

digit   n. a single 0-9 that is part of a number (숫자)

모든 숫자는 하나 이상의 digit(숫자 자리)을 갖습니다. 수(number) 개념
과 구별하기 위해서 예를 들어볼게요.

> 7 = one digit: 7
> 540 = three digits: 5 4 0
> 35,999 = five digits: 3 5 9 9 9
> 1,000,000,000 = ten digits: 1 0 0 0 0 0 0 0 0 0
> 010-2345-9876 = eleven digits : 0 1 0 2 3 4 5 9 8 7 6

영어에서 큰 숫자는 세 자리로 나누고 세 자릿수마다 콤마(,)를 찍고 각
자릿수마다 trillion, billion, million, thousand를 붙여 읽습니다.

000,000,000,000,000
trillion   billion   million   thousand | | |
                                    hundred ten one

영어로 숫자를 말할 때는 세 자리 단위에 해당하는 숫자를 항상 같은 방
식으로 말해야 합니다. 예를 들어, 235는 two hundred thirty five라고
읽습니다. 그럼 아래 수는 어떻게 읽을까요?

235,000,000

235를 읽은 다음(two hundred thirty-five), 콤마에 해당하는 단위를 말해야 하는데 235 다음 콤마는 앞서 배웠던 것처럼 million이죠.

$$000,000,000,000,000$$

trillion,   billion,   million ,   thousand

따라서 235,000,000는 two hundred thirty five million이라고 읽습니다.

또 다른 예를 들어보죠. 37,900,500는 어떻게 읽으면 될까요? 일단 앞에서부터 콤마(,)를 기준으로 나눕니다.

37 = thirty seven
000,000,000,000,000 = million

900 = nine hundred
000,000,000,000,000 = thousand

500 = five hundred

따라서 37,900,500는 thirty seven million nine hundred thousand five hundred라고 읽으면 됩니다.

요약하자면, 큰 수는 콤마를 넣어 3 digits으로 끊어 숫자를 읽은 다음, 콤마에 해당하는 단위를 붙이면 됩니다. 그리고 다음 3자리로 넘어가면 되겠죠. 그리고 팁을 하나 드리자면, 읽을 때는 콤마에서 잠깐씩 포즈(pause)를 주며 읽어주세요!

그럼 돈을 말할 때는 어떻게 할까요? 이때는 앞서 설명한 내용을 적용해서 말하고 마지막에 통화 단위를 붙이면 됩니다.

앞에서 언급된 예인 $37,900,500 USD는 thirty seven million nine hundred thousand five hundred USD 라고 읽거나 thirty seven million nine hundred thousand five hundred dollars라고 읽으면 됩니다.

한국 돈(won)이라면 같은 원리를 적용해서 37,900,500 KRW 의 경우, thirty seven million nine hundred thousand five hundred Korean won 또는 thirty seven million nine hundred thousand five hundred won이라고 읽습니다. 또 다른 예를 들어보죠.

1,550,475,000 KRW

1 = one
000,000,000,000,000 = billion

550 = five hundred fifty
000,000,000,000,000 = million

475 = four hundred seventy five
000,000,000,000,000 = thousand

즉, 앞에서부터 차례로 말하면 one billion five hundred fifty million four hundred seventy five thousand가 됩니다.

중간 3자리가 000인 경우는 그 부분을 생략하면 됩니다.

10,000,500,700

10 = ten
000,000,000,000,000 = billion

000 = million (생략)

500 = five hundred
000,000,000,000,000 = thousand

700 = seven hundred

10,000,500,700은 ten billion five hundred thousand seven hundred 라고 읽으면 됩니다.

다음 수를 영어로 써보도록 하겠습니다.

1. $85,769,092

  85 =
  000,000,000,000,000 =

  769 =
  000,000,000,000,000 =

  092 =

  $85,769,092 =

2. 1,475,090

  1 =
  000,000,000,000,000 =

  475 =
  000,000,000,000,000 =

  090 =

  1,475,090 =

50 =
000,000,000,000,000 =

055 =
000,000,000,000,000 =

500 =
000,000,000,000,000 =

005 =

50,055,500,005 KRW =

592 =
000,000,000,000,000 =

019 =

592,000,019 =

101 =
000,000,000,000,000 =

111 =

$101,000,000,111 =

7. 6,000,575,039 =

8. 400,000,000 KRW=

9. 65,340,285 =

10. 7,513,203 KRW =

PRACTICE 2

이번에는 반대로 해당 텍스트에 대한 실제 수를 써보도록 하겠습니다.

1. three hundred eighty seven million four hundred
    Korean won
    three hundred eighty seven million =
    000,000,000,000,000

    four hundred =

    three hundred eighty seven million four hundred
    Korean won =

2. one million four hundred eighty one thousand two
    hundred twenty five
    one million =
    000,000,000,000,000

    eighty one thousand =
    000,000,000,000,000

    two hundred twenty five =

one million four hundred eighty one thousand two hundred twenty five =

3.   nine billion nine hundred million ninety thousand
     nine
     =

4.   one hundred fifty seven million five hundred thirty
     thousand dollars
     =

5.   one trillion three hundred ten billion two hundred
     million Korean won
     =

1. $85,769,092
85 = eighty five
000,000,000,000,000 = million
769 = seven hundred sixty nine
000,000,000,000,000 =
thousand
092 = ninety two
$85,769,092 = eighty five
million seven hundred sixty nine
thousand ninety two dollars

2. 1,475,090
1 = one
000,000,000,000,000 = million
475 = four hundred seventy five
000,000,000,000,000 = thousand
090 = ninety
1,475,090 = one million four
hundred seventy five thousand
ninety

3. 50,055,500,005
50 = fifty
000,000,000,000,000 = billion
055 = fifty five
000,000,000,000,000 = million
500 = five hundred
000,000,000,000,000 = thousand
005 = five
50,055,500,005 KRW = fifty
billion fifty five million five
hundred thousand five Korean
won

4. 592,000,019
592 = five hundred ninety two
000,000,000,000,000 = million
019 = nineteen

592,000,019 = five hundred
ninety two million nineteen

5. $101,000,000,111
101 = one hundred one
000,000,000,000,000 = billion
111 = one hundred eleven
$101,000,000,111 = one
hundred one billion one hundred
eleven dollars

6. $582,175,019
five hundred eighty two million
one hundred seventy five
thousand, nineteen dollars

7. 6,000,575,039
six billion five hundred seventy
five million thirty nine

8. 400,000,000 KRW
four hundred million Korean
won

9. 65,340,285
sixty five million three hundred
forty thousand two hundred
eighty five

10. 7,513,203 KRW
seven billion five hundred
thirteen thousand two hundred
three Korean won

1.

three hundred eighty seven
million = 387,000,000
four hundred = 400
three hundred eighty seven
million four hundred Korean
won = 387,000,400 KRW

2.

one million = 1,000,000
eighty one thousand = 81,000
two hundred twenty five = 225
one million four hundred eighty
one thousand two hundred
twenty five = 1,081,225

3.

nine billion nine hundred million
ninety thousand nine
= 9,900,090,009

4.

one hundred fifty seven million
five hundred thirty thousand
dollars = $157,530,000

5.

one trillion three hundred
ten billion two hundred
million Korean won =
1,310,200,000,000 KRW

2. decimals and rounding

단위가 매우 큰 수는 정확하게 말하려면 시간이 많이 걸리기 때문에 편의상 반올림을 하거나 소수를 써서 보다 간단히 말하는 경우가 많습니다.

예를 들어, 비즈니스 회의를 하며 아래처럼 말하는 경우는 드뭅니다.

Last month, we generated <u>ten million four hundred ninety seven thousand two hundred thirty two dollars</u> **in sales revenue.**
지난달에는 10,497,232달러의 판매 수익을 냈습니다.

대신 아래처럼 줄여서 말할 수 있어요.

Last month, we generated <u>around ten point five million dollars</u> **in sales revenue.**
지난달에는 약 1,050만 달러의 판매 수익을 냈습니다.

소수점을 포함하는 수를 정확하게 말하기 위해서 알아야 할 몇 가지 내용이 있습니다.

첫째, 소수점을 dot 또는 period라고 말하는 경우가 있는데, point가 정확한 표현입니다.

3.5 thousand

= three point five thousand

✗ three ~~dot~~ five thousand

10.4 million

= ten point four million

✗ ten ~~period~~ four million

둘째, 소수점 이하 숫자들은 각 자리의 digit을 따로따로 말합니다.

1.54 million

= one point five four million

7.641 billion

= seven point six four one billion

셋째, 이번에 알려드릴 내용은 약간 복잡합니다. 앞에서 설명한 바와 같이, 세 자리 수 집합(sets of three digits)을 설명하는 데 사용되는 단어는 다음과 같습니다.

trillion(조) → billion(억) → million(백만) → thousand(천)

숫자를 말할 때는 항상 이 순서를 따라야 합니다. thousand million이라고 순서를 바꾸어 말하면 혼란스러울 수 있어요. 항상 3자리마다 끊어서 읽어야 하므로 trillion, billion, million 앞에 thousand가 올 수 없습니다.

아래 가상의 손익계산서(income statement)를 한번 볼까요?

　　단위는 millions라서 2018년의 매출 $785.5는 seven hundred eighty five point five million dollars라고 말하면 됩니다. 2019년도는 nine hundred twenty point eight million dollars라고 말하면 되죠. 그런데 2020년 매출 $1,007.5는 one thousand seven million이라고 하

면 될까요? 전체 숫자를 써보니 1,007,500,000 dollars이고, 따라서 one billion seven point five million dollars라고 읽어야 합니다.

연도별 수입 NextGen A.I.	
해당 년도	총 수입 (단위: millions USD)
2018	$785.5
2019	$920.8
2020	$1,007.5

아래는 또 다른 예입니다.

Instagram은 광고 노출 횟수가 715,800이고, 이것을 반올림하면 716,000이 되므로 Our Instagram ads generated about seven hundred sixteen thousand impressions.이라고 하면 됩니다.

YouTube의 횟수는 841,900이고, 대략 842,000으로 말한다면 Our YouTube ads generated about eight hundred forty two thousand impressions.이라고 할 수 있습니다.

Naver의 횟수는 1,189,400이고, 반올림해서 1,200,000라고 한다면, Our Naver ads generated about one point two million impressions.라고 말할 수 있습니다.

광고 데이터 NextGen A.I.	
플랫폼	노출 수 (단위: thousands)
Instagram	715.8
YouTube	841.9
Naver	1,189.4

*impression: 광고 노출 횟수

넷째, 소수점을 사용하면 100% 정확한 수는 아니기 때문에 그 수 앞에 around, about, approximately, roughly 등을 사용해서 대략적인 값이라는 점을 일러주는 것이 좋습니다.

예를 들어, 8,297,104를 eight point three million이라고 말할 수 있지만 같은 숫자는 아닙니다. 따라서 숫자 앞에 around를 붙여 around eight point three million이라고 하면 대략적으로 말하는 것임을 알 수 있죠. 아래는 반올림해서 말할 때 쓸 수 있는 유용한 표현들입니다.

Word	When To Use It	Example
just over	실제 수가 언급하려는 수보다 약간 높은 경우	actual number: $1,412,058 We generated just over $1.4 million in revenue last month. 지난달 매출은 140만 달러가 조금 넘는다.
almost	실제 수가 언급하려는 수보다 약간 낮은 경우	actual number: 36,942 We had almost 37 thousand visitors to our website. 우리 웹사이트에 거의 37,000명이 방문했다.
around about approximately	실제 수가 언급하려는 수에 근접한 경우로, 언급하려는 수보다 낮을 수도 높을 수도 있음.	actual number : 37.2 My temperature is around 37 degrees. 내 체온은 37도 정도이다.

3. percentages

아래 예시처럼, 백분율 자체를 영어로 표현하는 것은 그다지 어렵지 않습니다.

> **70% = seventy percent**
> **10.5% = ten point five percent**

하지만 퍼센트의 증감을 표현하는 경우에는 실수하는 경우가 있어요. 먼저 아래의 차트를 보도록 하죠.

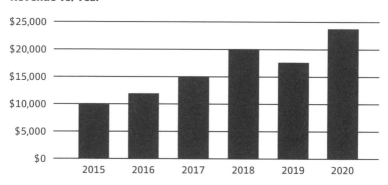

Revenue vs. Year

아래 표에서 연도별 매출 수치를 보고, 연간 매출 변화를 퍼센트로 알아봅시다.

먼저 2015년 매출은 $10,000에서 $12,000로 증가했습니다. 이와 같이 비율의 증감을 표현하는 경우 다음과 같이 계산해 표현합니다.

연수입 2015-2020	
연도	수입 (단위: thousands)
2015	$10,000
2016	$12,000
2017	$15,000
2018	$20,000
2019	$18,000
2020	$24,000

% 증감량 = ((값 2 - 값 1)/값 1) × 100%

2015 → 2016 % change
= ($2,000/$10,000) × 100% = 20%

혹시 20%가 아니라 120% 증가했다고 계산 실수하지 않도록 주의해야 합니다. 100% 증가했다는 말은 2배가 되었다는 뜻입니다. 만약 수익이 10,000달러에서 120% 증가했다면 12,000달러를 더해 22,000달러가 되어야겠죠. 아래는 이런 변화를 나타내는데 유용한 표현들입니다.

1. In (연도), revenue increased to (amount).
   In 2016, revenue increased to $12 million.

2. In (연도), revenue increased by (amount of change)
   In 2016, revenue increased by $2 million.

3. In (year), revenue increased by (percent change)
   In 2016, revenue increased by 20%.

4. ... which is a (amount or change OR percent of change) increase compared to (previous year).

... which is a 20% increase compared to 2015.

대부분의 경우 위의 4가지 형태를 혼용하면 정확하게 설명할 수 있습니다.

In 2016, revenue increased to $12 million, which is a 20% increase compared to 2015.

2016년 매출은 1,200만 달러로 2015년에 비해 20% 증가했습니다.

2019년은 2018년에 비해서 매출이 감소했네요. 2018년에 20,000이었던 매출이 18,000으로 줄어들었으니,

2019 → 2018 % change
= (-$2,000/$20,000) × 100% = -10%

이런 경우를 말할 때는 앞에서 배웠던 문장 구조를 사용하되, increase가 아니라 decrease를 사용하면 됩니다.

In 2019, revenue decreased to $18 million.

2019년에는 매출이 1,800만 달러로 감소했다.

In 2019, revenue decreased to $18 million, which is a 10% decrease compared to 2018.

2019년에는 매출이 1,800만 달러로 2018년에 비해 10% 감소했다.

따라서 퍼센트의 변화가 +(positive)일 때는 increase를 사용하고, -(negative)일 때는 decrease를 쓰면 됩니다.

이전 막대그래프 표를 보고, 2017년부터 2019년까지 변화율(%)을 계산하고 increase와 decrease 중 하나를 고르세요.

1. 2016 → 2017 % change
= ($3,000/$12,000) × 100% =   %
2016 to 2017 : a   % (increase / decrease)

2. 2017 → 2018 % change
=
2017 to 2018: about   % (increase / decrease)

3. 2018 → 2019 % change
=
2018 to 2019: a   % (increase / decrease)

1. 2016 → 2017 % change
= ($3,000/$12,000) × 100% = 25%
2016 to 2017 : a 25 % (increase / decrease)

2. 2017 → 2018 % change
= ($5,000/$15,000) × 100% = 33.33%
2017 to 2018 : about 33.33% (increase / decrease)

3. 2018 → 2019 % change
= (-$2,000/$20,000) × 100% = -10%
2018 to 2019 : a -10% (increase / decrease)

4. saying dates

이번에는 날짜와 연도를 정확하고 자연스럽게 영어로 말하는 방법에 대해 배워보겠습니다. 날짜 전체를 말할 때 다음과 같은 순서를 따릅니다.

Day of the week, Month, Day, Year (작은 개념 → 큰 개념)

Thursday, November 26th, 2020
(Thursday November twenty sixth two thousand twenty)

날짜를 쓸 때는 '26' 또는 '26th'라고 쓸 수 있지만, 날짜를 말할 때는 '26th'라고만 말해야 합니다.

다른 방식으로도 표현할 수 있습니다.

Thursday, the 26th of November, 2020

하지만 처음 언급했던 Day of the week, Month, Day, Year 순서로 말하는 것을 추천드리는데, 그 이유는 이 순서로 말하는 것이 가장 안전하고 자연스러우며, of나 the 같은 전치사나 관사가 추가로 필요하지 않아서 가장 간단하기 때문입니다.

(Details)

1. 위에서 언급한 것처럼(Thursday, November 26th, 2020), 특

정 날짜를 말할 때는 항상 기수가 아닌 서수를 써야 합니다. 한국어와 마찬가지로, 영어도 두 개의 숫자 집합을 가지고 있죠.

기수(cardinal numbers)

1, 2, 3, 4, 5, 6, 7, 8 …

one, two, three, four, five, six, seven, eight …

서수(ordinal numbers)

1st, 2nd, 3rd, 4th, 5th, 6th, 7th, 8th …

first, second, third, fourth, fifth, sixth, seventh, eighth …

따라서 12월 1일은 December 1이라고 적을 수는 있지만 읽을 때는 항상 December first라고 해야 합니다.

2. 항상 4가시 정보(day of the week, month, day, year)를 모두 포함해서 말하지는 않죠. 이런 경우, 포함하지 않는 부분은 생략하고 나머지 순서는 그대로 유지하면 됩니다.

October 23rd, 2020 (요일이 생략된 경우)

Monday the 5th (년도와 해당 월이 생략된 경우)

the first Friday in September (년도와 일자가 생략된 경우)

May 2021 (요일과 일자가 생략된 경우)

3. on Monday처럼 요일 앞에는 on이 오고, in January/in 2021처럼 달이나 년도 앞에는 in을 써야 합니다.

on October 23rd, 2020

on Monday, June 29th

in October

in 2020

5. saying years

우선 연도를 말할 때 알아야 할 세 가지 사항이 있습니다.

첫째로, 2000년까지는 두 자리씩 나누어서 말합니다.

> 1930 = nineteen thirty
> 1987 = nineteen eighty seven
> 1845 = eighteen forty five

여기에는 몇 가지 예외 상황도 있습니다.

1. 만약 세 번째 자리가 0이면(예를 들어 1904), 이때 0을 'oh'라고 발음합니다.

> 1904 = nineteen oh four (nineteen four)
> 1809 = eighteen oh nine (eighteen nine)

이것은 주로 회화에서 적용되기 때문에, 글로 쓸 때는 숫자를 쓰는 것이 좋습니다.

2. 만약 세 번째와 네 번째 자리가 모두 0이라면(예를 들어 1900년), 앞에 두 자리를 말하고 뒤에 hundred를 붙입니다.

> 1900 = nineteen hundred (nineteen oh oh)
> 1800 = eighteen hundred (eighteen oh oh)

둘째로, 2000년부터 2009년까지는 two thousand를 말하고 나서 마지막 두 자리를 말합니다.

2000 = two thousand (twenty hundred)
2002 = two thousand two (twenty two)
2007 = two thousand seven (twenty seven)

셋째로, 2010년부터 지금까지는 위에 언급한 두 가지 방법 모두로 말할 수 있습니다.

2010 = two thousand ten / twenty ten
2015 = two thousand fifteen / twenty fifteen
2020 = two thousand twenty / twenty twenty
2020 = two thousand twenty two / twenty twenty two

6. saying fractions

이제 분수에 대해 말해보죠. 분수는 항상 두 개의 수로 되어 있는데, 분자와 분모를 각기 다르게 읽습니다. 분자는 기수 방식으로 읽고, 분모를 서수 방식으로 읽는 것이죠. 또한 분모가 2인 경우에는 half라고 읽습니다.

1/2 = one half

그 외, 분모가 3이상인 경우에는, third, fourth, fifth, sixth 등과 같이 기수로 읽습니다.

1/3 = one third
1/6 = one sixth

또한, 분자가 1 이상인 경우, 분모에 -s를 붙여 복수형을 만듭니다.

1/3 = one third　　　**2/3 = two thirds**
1/6 = one sixth　　　**5/6 = five sixths**

마지막으로 분수와 정수가 혼합되어 있는 경우에는 다음의 형식으로 읽으면 됩니다.

(정수) and (분수)
2 1/3 = two and one third
1 3/5 = one and three fifths

Narrative (with corrections)　다음은 앞서 소개된 with Error 파트에 대한 오류 표현을 정정한 내용으로 밑줄 친 부분에서 정확한 표현을 확인해보실 수 있습니다.

Sales By Team (팀별 매출) Amounts in Thousands USD (미국 달러, 단위 $1000)			
Team	2021 Q1 Goals (2021년 1사분기 목표)	2021 Q1 Actual (2021년 1사분기 실제달성)	2020 Q1 (2020년 1사분기)
Sales Team A (A영업팀)	650.0	619.71	571.20
Sales Team B (B영업팀)	600.0	669.82	520.03
Sales Team C (C영업팀)	650.0	651.75	597.94
TOTAL (총계)	1,900	1,941.28	1,689.17

Income Statement Q1 (1사분기 손익계산서) In Thousands USD (미국 달러, 단위 $1000)			
Revenue (수익)	2021 Q1 (2021 1사분기)	2020 Q1 (2020년 1사분기)	2019 Q1 (2019년 1사분기)
Total Sales (총매출)	1,941.2	1,689.1	1468.3
Cost of Goods Sold (매출 원가)	469.8	453.2	420.0
Gross Profit (매출 총이익)	1,471.4	1,235.9	1,048.3
Gross Profit ((매출 총이익 %)	75.8%	73.2%	71.4%

Income Statement Q1 (1사분기 손익계산서) In Thousands USD (미국 달러, 단위 $1000)			
Expenses (비용)			
Salaries and benefits (급여)	680.1	634.2	598.0
Rent/Energy (임차료/전기세)	150.2	137.1	135.4
Travel (교통비)	25.5	28.5	25.5
Other Expenses (기타 비용)	89.1	77.9	81.0
Total Expenses (총비용)	944.9	877.7	839.9
Operating Profit (영업 이익)	526.5	358.2	208.4
Operating Profit % (영업 이익율)	27.1%	21.2%	14.2%
Interest Expenses (이자 비용)	220.5	74.5	57.6
Taxes (세금)	115.8	78.8	45.8
Net Profit (순이익)	190.2	204.9	105
Net Profit % (순이익율)	9.8%	12.1%	7.2%

	2020 Q1	% change YOY
Sales Revenue (매출 수익)	1,941.2	14.9%
Gross Income (총수입)	1,471.4	19.05%
Operating Income (영업 수입)	526.5	47%
Net Income (순수입)	190.2	7.2%

Michelle   Alright everyone, to start things off I just want to look through our quarterly financial statement and compare it to last year. Then, Jiwon will break down our revenue by sales team. After that, we're going to review our strategies for the upcoming quarter.

좋습니다, 여러분, 먼저 분기별 재무제표를 살펴보고 작년과 비교해보겠습니다. 그리고서 지원 씨가 영업팀별로 매출을 나눌거예요. 그 후엔, 다음 분기 전략을 검토할 것입니다.

To start, we generated one million nine hundred forty one thousand(1,941.2) in sales revenue for Q1. This is an increase of fifteen percent compared to Q1 last year, which we're really satisfied with. Congrats to everyone. Also did really well keeping our expenses under control. Our total expenses were nine hundred thousand forty four point nine thousand(944.9), which is only slightly higher than last year. Our operating income is way up because of that, we increased our operating income percent to twenty seven point one(27.1%), which is the highest in company history.

우선, 1분기에 $1,941,200 판매 수익을 올렸습니다. 이는 작년 1분기 대비 15% 증가한 수치로 매우 만족스러운 부분입니다. 모두 축하드려요. 또한 비용 부분 역시 잘 관리했습니다. 회사 총비용은 $944,900으로 작년보다 조금 더 높았습니다. 그 때문에 영업이익이 크게 올라서 27.1%로 영업이익률을 높였습니다. 회사 역사상 가장 높은 수치를 기록했습니다.

You might notice our net income is slightly down. Total net income decreased by about seven percent(7.2%) compared to last year, but that was mostly because we're trying to pay off our debts as soon as possible. We started this quarter with two large loans. We completely paid off our first loan June thirtieth(June 30th), which is great.

순이익이 약간 줄었다는 것을 확인하실 수 있는데요. 총순이익은 작년보다 약 7% 줄었지만, 이는 부채 상환을 최대 앞당기려 한 데 있습니다. 회사에서 이번 분기는 두 번의 대규모 대출을 받으며 시작했었는데 6월 30일자로 첫 번째 대출금을 전액 상환했습니다. 정말 잘된 일이죠.

Our remaining loan is with Korea National Bank. We've paid off two thirds of it and will hopefully be able to completely pay it off by January or February twenty twenty two(Jan or Feb 2022).

남은 대출금은 한국은행건으로, 현재 2/3는 상환한 상태이고, 2022년 1월 또는 2월까지 전액 상환할 수 있기를 바랍니다.

As you all know, we're planning on downsizing our office next quarter. Since more of you are working from home it would be great to reduce our rent and energy expenses. I'm meeting with the building owners next Friday, September third(Sep 3rd) to discuss downsizing our office. We'll have a team meeting the week after that to review our plans.

다들 아시다시피, 다음 분기에는 사무실 규모를 축소할 계획입니다.

재택근무를 하시는 분들이 더 많기 때문에 임대료와 에너지 비용을 줄이면 좋을 것 같습니다. 다음 주 금요일 9월 3일에 건물주를 만나 사무실 규모를 줄이는 방안을 논의할 예정입니다. 그리고 그다음 주에 팀 회의를 해서 계획을 검토할 거예요.

Alright, Jiwon, why don't you go ahead and

start?

자, 그럼 지원 씨. 먼저 시작하시죠.

| Jiwon | Great. So the good news is that every sales team increased revenue compared to last year. Sales Team B really shined this quarter, they exceeded their sales goal by over sixty nine thousand dollars(69.8). Mike led that team in sales with two hundred thirty thousand dollars in revenue. Awesome job, Mike. |

좋습니다. 영업팀 모두 작년 대비 매출이 늘었다는 좋은 소식이군요. 영업 B팀은 이번 분기 정말 탁월했습니다. 매출 목표치보다 69,800달러나 초과 달성했으니까요. Mike가 팀을 잘 이끌어주어 230,000달러의 매출을 달성했습니다. 정말 훌륭합니다, Mike.

Team A struggled a bit and didn't quite reach their revenue goal. However, there are several deals still being negotiated, so Team A should have a pretty big Q2. We're hoping if all goes well Team B should make at least seven hundred thousand in revenue next quarter.

A팀은 약간의 어려움이 있어 수익 목표를 달성하진 못했습니다. 하지만 아직 몇몇 건이 협상 중에 있으니 A팀도 2분기 수익은 기대해볼 만할 겁니다. 모든 일이 순조로이 진행되면 B팀이 다음 분기에 700,000달러 이상 수익을 올리게 될 텐데 이를 기대해볼 수 있겠네요.

Team C was able to reach their goal just barely. They ended the quarter with six hundred fifty one point seven five thousand(651.75). Overall, we exceeded our total revenue goal for the quarter. We're currently finalizing our forecasts for Q2. We'll share the exact numbers next week, but we're hoping for over two point two million(2,200) in revenue.

C팀도 가까스로 목표치를 달성할 수 있었는데요. 651,750달러로 이번 분기를 마무리했습니다. 전반적으로 이번 분기 총매출 목표는 초과 달성했습니다.

현재 2분기 예상목표 설정을 마무리하고 있습니다. 다음주 쯤에는 정확한 수치를 공유하게 될텐데, 2,200,000달러 이상의 수익을 예상하고 있습니다.

Michelle

Sounds great, thanks Jiwon. Okay, let's move on to our strategies for next quarter ...

좋습니다, 지원 씨 고마워요. 자, 그럼 다음 분기 전략으로 넘어갑시다 ...

유용한 비즈니스 관련 어휘
Useful Business English Words

1 significantly/significant
2 positively/negatively impact
3 objective/subjective
4 indefinitely
5 commute
6 innovation
7 unfortunately
8 pros and cons
9 commit
10 hesitant
11 clarify
12 mandatory
13 assertive
14 proactive
15 stand out
16 micromanage
17 delegate
18 maximize/minimize
19 elaborate
20 opportunity
21 scale up
22 insight

지원은 싱가폴에서 열리는 대규모 비즈니스 컨퍼런스에서 Onward Tech를 소개할 수 있는 기회를 얻었다. 이 대화는 지원의 컨퍼런스에서 발표하는 개막 연설이다.

Jiwon

Okay, who here wants to know their customers better?
(audience members raise their hands)

Who wants to be able to scale up their businesses in the most efficient way possible?
(more audience members raise their hands)

As today's business world becomes increasingly competitive, it's more important than ever to stand out, be proactive, and innovate. This is especially important when we consider just how overexposed we all are to advertising. Research shows that on average, a person sees over 5,000 advertisements a day. We're constantly having products and services pushed in our faces whether that's on tv, online, or simply walking down the street.

This situation has its pros and cons for both companies and consumers. On one hand, it's never been easier for companies to connect with their target customers. On the other hand, if your ads don't communicate the right message, then it will turn customers off, hurt your brand reputation, and ultimately have you wasting money on ads that actually negatively impact your business.

Unfortunately, a vast majority of companies today aren't getting the best possible ROIs on their marketing campaigns. This is often because they aren't using objective analytics to maximize their ad effectiveness and learn what their customers really want. Understanding your customers and speaking to them in a way that makes your business stand out is mandatory.

At Onward Tech, we are committed to two things. First, we're committed to helping startups scale and expand their business. Second, we're committed to improving the communication and relationships between consumer and company. We do this by providing the most cutting-edge marketing analytic and automation services in the world.

We have a number of different AI and marketing automation tools that can take a lot of the guesswork out of advertising and help companies like you significantly improve their advertising ROIs. Not only are our products effective, they're also affordable, practical, and easy to use. We've helped hundreds of startups expand their businesses, reach new customers, and improve their marketing ROIs. So, when you're ready to not only scale up, but also gain new insight into your customers in the most efficient way possible, you can set up a free consultation with one of our sales reps today. Thank you for your time, and I'll now open the floor to questions.

Audience 1 Can you clarify how your products work?

Jiwon That really depends on which product you use, but in general our marketing analytics AIs analyze every possible performance metric for your online advertisements to maximize your advertising ROI. Our programs also develop customized ad strategies that are easy to implement.

Audience 2 What sets your products apart from other marketing analytics services?

Jiwon Great question. First, how easy our products are to use. All the data analysis and recommendations are presented in an easy-to-understand format. The communication and organization is all very straightforward. It's very easy to delegate tasks and communicate with your teammates within our software. Because our programs are accessible on any smart device, your team can stay connected whenever and wherever they are. A lot of people are a bit hesitant towards the idea of AI because they think it will be incredibly complex. A vast majority of our clients are not in the tech/programming industry, but still have no problem using our products.

Second, would be how our products can not only analyze your ad performances, but also share recommendations based on your target customers and budget. It's like having an analytics team and a marketing consultant in one. I'm a bit biased, but I truly believe there's no other single product on the market right now that does what our products do.

Audience 3   How does your pricing system work?

Jiwon   Our pricing system is very flexible. After meeting with one of our sales reps you can set up a low-cost trial period. After seeing how much our products help your online marketing, we're positive you'll want to sign up for one of our full subscription models. We offer one, two, and three-year plans which can be further extended indefinitely. Any more questions?...

Alright, well thank you all for your time. Like I said, Onward Tech is committed to your success by bringing you and your customers closer together. If you like what you've heard today and want to learn more about how we can help your business grow, please visit our booth in the main convention center later today. Have a great rest of your day, and best of luck with your business endeavors.

1. significantly/significant

significantly adv. by a large amount, in a huge/notable way worthy of attention 매우, 현저하게

significant adj. in a great/sufficient way worthy of attention 상당한, 현저한

'변화'를 설명할 때 big, a lot, huge를 사용하는 경우가 많은데, 좀 더 전문적인 방식으로 표현할 수 있습니다. 특히 증가(increase), 감소 (decrease), 개선(improvement)과 관련해서 변화를 강조하고 싶을 때는 significant/significantly를 사용하면 효과적입니다.

Our market share significantly increased this year.
이번 해에 우리의 시장 점유율이 현저하게 증가했습니다.

After the new HR manager took over, there was a significant increase in worker satisfaction.
인사담당자가 새로 부임한 후 직원 만족도가 크게 높아졌습니다.

Our old boss wasn't great, but unfortunately the new team manager the company hired is significantly worse.
예전 상사도 좋지는 않았지만, 회사가 새로 채용한 팀장은 훨씬 더 최악이에요.

significant/significantly는 보통 improve, better, decrease 등
변화를 나타내는 표현과 함께 사용합니다.

significant는 형용사(adjective)로서 명사를 꾸며주거나 be 동사
뒤에 주로 사용됩니다.

a significant increase

상당한 증가 (가장 흔하게 사용)

The increase is significant.

증가량이 상당하다.

significantly는 부사(adverb)로서 형용사 앞, 동사 앞/뒤에서 강
조할 때 사용합니다.

significantly larger 훨씬 더 큰 (형용사 앞)

It significantly decreased. 상당히 감소했다. (동사 앞)

It grew significantly. 현저하게 증가했다. (동사 뒤)

2. positively/negatively impact

positively impact adv+v. to change something in a good/beneficial way 긍정적으로 영향을 미치다 (cf. positive impact 긍정적인 영향)
negatively impact adv+v. to change something in a bad way 부정적으로 영향을 미치다 (cf. negative impact 부정적인 영향)

in a good way(긍정적으로), in a bad way(부정적으로)라고 말하는 경우가 있는데, 틀린 표현은 아니지만 비즈니스 영어에서 좀 더 전문적으로 말할 수 있는 방법이 있습니다.

긍정적인 변화에는 positive/positively impact를, 부정적인 변화에는 negative/negatively impact를 사용해 볼 수 있습니다.

Finally getting rid of our old, demanding bosses had a huge positive impact on our office environment. People are happier, more relaxed, and enjoying work much more.
나이도 많고 까탈스러웠던 상사를 퇴출한 것이 사무실 환경에 굉장히 긍정적인 영향을 미쳤습니다. 사람들이 더 행복해 하고 편안해 하며 일도 훨씬 더 즐기고 있습니다.

Despite COVID-19 negatively impacting our total revenue, we saved so much money by working from home that our profit is actually higher than last year.
COVID-19로 총 매출에는 부정적인 영향을 미쳤지만 재택근무로 많은 비용을 절감할 수 있어 작년 대비 수익은 더 높아졌습니다.

have an positive impact on ~(~에 긍정적인 영향을 미치다), have a negative impact on ~(~에 부정적인 영향을 미치다)처럼 영향을 미치는 대상 앞에는 전치사 on이 나옵니다. 하지만 positively impact, negatively impact 형태는 대상 앞에 전치사를 쓸 필요가 없어요.

Our newest advertising campaign had a positive impact on sales.
우리의 최신 광고 캠페인이 매출에 긍정적인 영향을 주었다.

Working from home may negatively impact salespeople.
재택근무는 영업사원들에게 부정적인 영향을 미칠 수 있다.

3. objective/subjective

objective   adj. totally related to facts and logic, not based on emotion or feelings 객관적인 (adv. objectively 객관적으로)
subjective   adj. based on emotion and feelings rather than facts and logic 주관적인 (adv. subjectively 주관적으로)

대화를 하다 보면 주관적인 의견을 표명할 때가 있고 객관적인 사실을 말할 경우도 있습니다. 이런 경우 각각 objective/objectively(객관적/객관적으로), subjective/subjectively(주관적/주관적으로)라고 하죠. 하지만 보통 비즈니스 상황에서는 객관적인 사실이나 지표가 더 중요할 것이므로 objective/objectively를 써서 객관적인 사실을 강조할 경우가 더 많습니다.

During interviews, it's important to give <u>objective</u> evidence of your strengths. Anyone can say 'I'm a good programmer'. However, saying 'I developed 15 best-selling applications and won developer of the year at my previous company.' is much more convincing.

인터뷰 중에는 자신의 강점을 객관적으로 보여주는 것이 중요합니다. 누구나 '나는 좋은 프로그래머입니다'라고 말할 수 있습니다. 하지만, '15개의 베스트셀러 애플리케이션을 개발하여 이전 회사에서 올해의 개발자를 수상했습니다'라고 말하는 것이 훨씬 설득력 있죠.

Our cloud software has an <u>objectively</u> better value than other products in the market. We give users more data and more customer support at a lower price.

당사의 클라우드 소프트웨어는 시장의 다른 제품보다 객관적으로 더 나은 가치를 제공합니다.

더 저렴한 가격으로 사용자에게 더 많은 데이터와 더 많은 고객 지원을 제공합니다.

(Details)

어떤 것이 실제로 잘못되었거나 나쁘다는 것을 강조하기 위해 objective/objectively를 사용할 수도 있습니다. 예를 들어, 어떤 정보가 사실이 아니거나 안 좋은 경우에는 objectively false/objectively worse라고 할 수 있습니다.

I really admire my current boss. She's always fair, rational, and <u>objective</u>.

나는 지금의 상사를 굉장히 존경한다. 그녀는 항상 공정하고 합리적이며 객관적이다.

4. indefinitely

indefinitely   adv. for an unspecified amount of time 무기한으로

무언가가 정확히 언제 끝나는지 정해지지 않은 경우에 indefinitely라는 단어를 사용할 수 있습니다.

My office just shut down indefinitely due to COVID-19. Everyone is working from home. When the pandemic is finally over, the office will reopen.

COVID-19으로 사무실이 무기한 폐쇄되었습니다. 모든 직원이 재택근무중이에요. 팬데믹이
끝나면 사무실이 다시 문을 열겠죠.

A: How long are you going to work abroad in Singapore?
B: I plan on staying here indefinitely. I really like my job and living in a foreign country. I'll probably move back to Korea eventually, but I don't know when.

A: 싱가포르에서 얼마 동안 해외 근무할 예정입니까?

B: 여기서 무기한 체류할 계획입니다. 제 직업도 그렇고 외국에서 사는 게 정말 마음에
들거든요. 나중에는 한국으로 돌아가겠지만, 언제가 될지는 모르겠어요.

5. commute

commute n. the time/distance a person travels to and from work
each workday 통근, 통학

commute v. to travel/complete the journey from your home to
work and then back to your home 통근하다, 통학하다

집에서 직장까지 이동에 드는 시간이나 거리를 이야기할 때 commute라
는 표현을 쓸 수 있으며 편도나 왕복 이동 모두에 사용이 가능합니다. 단,
편도 이동을 의미할 경우에는 each way를 붙여주면 의미가 더 분명해지
겠죠.

My commute is 45 minutes each way, so my total
commute time is about 90 minutes.
제 통근 시간은 편도만 45분이 걸려 총 왕복 시간은 90분 정도 소요됩니다.

(Details)

commute는 명사와 동사로 모두 사용됩니다.

I commute almost two hours per day.
전 통근하는 데 하루에 2시간 정도 걸려요.

My commute is almost two hours per day.
전 통근 시간이 거의 두 시간 정도가 돼요.

6. innovation

innovative adj. (about a product) creative, new, and unique (제품이)
혁신적인

innovative adj. (about a person/company) having many new, original,
creative ideas 독창적인

innovation n. the overall concept of creating innovative products
and ideas 혁신

innovate v. to create innovative products and ideas 혁신하다

innovative는 창의적이고(creative), 새롭고(new), 독창적인(original)
것에 대해 이야기할 때 사용하기 좋은 단어입니다. 전문적인 고급 단어이
기 때문에 적재적소에 사용하면 상대방에게 좋은 인상을 줄 수 있어요.

We're looking for a passionate, hardworking,
innovative graphic designer to join our design team.
As a startup company, we constantly need to innovate
to stand out from our competition. We're hoping to
find someone that shares our vision and can make
beautiful designs that make a great impression on our
customers.

디자인 팀에 합류할 열정적이고 성실하고 혁신적인 그래픽 디자이너를 찾고 있습니다.

스타트업 기업으로서, 우리는 경쟁에서 우위를 점하기 위해 끊임없이 혁신해야 합니다. 우리의

비전을 공유하고 고객들에게 좋은 인상을 줄 수 있는 멋진 디자인 작업을 해줄 디자이너분을

찾고 있습니다.

7. unfortunately

unfortunately adv. used to say that you wish something was not true or that something had not happened 유감스럽게도, 아쉽게도

비즈니스를 하다 보면 프로젝트 지연이나 제품 판매 저조 등 좋지 않은 상황도 많이 발생합니다. 그러한 상황이 특정 당사자의 실수로 발생한 경우라면 I'm sorry 또는 I apologize라는 표현을 쓸 수 있겠지만, 그 원인을 회사나 개인 등으로 특정지을 수 없고 상황이 좋지 않은 경우라면 이때 unfortunately라는 표현을 써서 표현할 수 있습니다.

Unfortunately, we'll have to redesign our product prototype. It didn't get very good reception when it was beta tested by our customers.
유감스럽게도, 제품 프로토타입을 다시 디자인해야 합니다. 고객들에게 베타 테스트를 받았는데 반응이 별로 좋지 않았거든요.

Unfortunately, the winter programming workshop has been cancelled due to a severe snowstorm.
아쉽게도 동계 프로그램 워크숍은 악천후로 취소되었습니다.

(Details)

위 예문에서처럼, unfortunately는 보통 문장의 맨 앞에 오고 뒤에는 콤마(,)를 붙입니다.

8. pros and cons

pro n. an advantage, good result, or argument in favor of something
찬성, 장점

con n. a disadvantage, negative result, or argument against
something 반대, 단점

pros and cons는 어떤 상황에 대해 찬반 내지 장단점을 말할 때 사용하는
표현입니다. 또한 pros and cons는 어떤 선택사항의 장단점을 파악하고
그것에 관한 결정을 내릴 때도 유용하게 쓰일 수 있죠.

(외국 지사 전근을 선택해야 하는 상황)
Transferring to the Tokyo office has its pros and
cons. Some of the pros are that the international
work experience would really help me move up in
my career, and I've heard that the Tokyo office has a
great work environment. However, the biggest con is
that moving would be really expensive and I couldn't
save money by living with my parents any more.

도쿄 사무소로 전근하는 것에는 장단점이 있습니다. 장점이라고 한다면 국제적 업무 경험으로
커리어 성장에 도움이 되는 점이겠죠. 그리고 도쿄 사무소 업무 환경이 훌륭하다고 들었어요.

하지만 가장 큰 단점은 이동 비용이 정말 비쌀 것이고 부모님과 함께 살지 못하니 더는 돈을
절약할 수 없다는 것입니다.

'~의 장점들, ~의 단점들'이라고 할 때는 The pros of ~, the cons of ~라고 하면 되고, '~의 장단점'은 The pros and cons of ~라고 하면 됩니다.

The pros of working from home are you don't have to commute and you can take breaks when you want to.
재택근무의 장점은 통근할 필요가 없고 원할 때 쉴 수 있다는 데 있다.

Running a business has its pros and cons.
비즈니스를 운영하는 것에는 장단점이 있다.

참고로 pros and cons와 비슷한 단어로는 benefits and drawbacks가 있습니다.

The benefits of working from home are you don't have to commute and you can take breaks when you want to.
재택근무의 장점은 통근할 필요가 없고 원할 때 쉴 수 있다는 데 있다.

The drawbacks of working from home are it's easier to get distracted and you can't speak with your colleagues directly.
재택근무의 단점이라고 한다면 주의가 산만해지기 쉽다는 점과 동료와 바로 소통을 할 수 없다는 점이다.

9. commit

commit v. to promise or be very dedicated to something ~를
약속하다, ~에 헌신하다

committed adj. be very dedicated to something ~에 헌신하는

commit은 개인이나 회사가 무언가를 이루기 위해 갖은 노력을 다하는
상황을 설명할 때 유용하게 사용할 수 있습니다. 만약 여러분이 무언가에
commit 한다면, 무언가를 이루기 위해 특정 활동을 수행하거나 완성하
기 위해 최선을 다한다는 것을 의미합니다.

**My company is committed to providing the best
smartphone component on the market for a very
reasonable price.**
우리 회사는 최고의 스마트폰 부품을 합리적인 가격에 공급하기 위해 최선을 다하고 있습니다.

**I emailed the quarterly sales goals to each sales team.
Can you all commit to achieving these?**
분기별 판매 목표를 각 영업 팀에 이메일로 보냈습니다. 여러분 모두 이 목표들에 전념할 수
있나요?

10. hesitant

hesitant   adj. unsure or cautious about something. not ready to act/make a decision   주저하는, 망설이는

가끔 확신이 서지 않는다고 말할 때 hesitate라는 동사를 사용하지만, 사실 (be) hesitant를 쓰는 게 훨씬 자연스러워요. 또한, 사람이나 조직이 어떤 사안에 대해 확신하지 못하고 조심스러워 하는 경우에도 hesitant를 사용할 수 있습니다.

> At the beginning of the sales consultation, the customer was quite hesitant. She really wasn't sure if she wanted to work with us. However, by the end of the meeting she was ready to sign up.
>
> 영업 상담 초기에 그 고객은 상당히 망설였습니다. 우리와 함께 일하고 싶은지 확신하지 못했죠.
> 하지만 회의가 끝날 때쯤 그녀는 계약을 할 준비가 되었어요.

11. clarify

clarify   v. to make information/a statement more clear and easy to understand (usually by explaining it again in a simpler, easier-to-understand way) 분명히 하다, 명확히 하다

clarify는 어떤 정보를 다시 말하거나 확인할 때 쓰기 좋은 단어입니다. 또한, 무언가에 대해 재설명을 요청할 때에도 clarify를 넣어서 질문할 수도 있습니다.

(방금 고객에게 향후 출시될 신제품에 대한 설명을 마친 상태. 고객은 설명을 오해하고, 제품을 바로 구입할 수 있다고 파악하고 있는 상황에서)

To clarify, this won't be available until February. However, you can preorder one today and we'll ship it to you as soon as we can.
분명히 말씀드리면, 이것은 2월에나 가능할 것 같습니다. 하지만 오늘 선주문이 가능하며 최대한 빨리 배송해드리겠습니다.

Could you clarify what you just said about the new machine learning algorithms? I didn't quite understand.
새로운 기계 학습 알고리즘에 대해 방금 말씀하신 내용을 명확히 설명해 주시겠어요? 잘 이해하지 못했어요.

12. mandatory

mandatory adj. required (usually due to laws, rules, or policies), not optional (법이나 규율 등으로) 정해진, 의무적인

mandatory는 당위의 사건이나 행동, 또는 준수할 규칙이나 정책 앞에서 쓰기 좋은 표현입니다.

We'll have a company dinner next Thursday night after work. I hope you all can attend, but it isn't mandatory.

우리는 다음 주 목요일 밤 퇴근 후에 회식할 거예요. 모두 참석할 수 있기를 바라지만, 의무사항은 아닙니다.

Button-up shirts and ties for men are now part of the new mandatory dress code.

남성용 셔츠와 넥타이는 이제 새로운 필수 복장 규정에 포함됩니다.

It's mandatory that you get approval from a manager before using any of your vacation days.

휴가를 사용하기 전에 반드시 관리자의 승인을 받아야 합니다.

13. assertive

assertive adj. having a strong, confident, forceful personality 의견이
확실하고 자신감 있는

의견이 강하고 매우 적극적인 사람을 설명할 때 aggressive라는 단어를
사용하는 경우가 있는데, aggressive는 다소 부정적인 뉘앙스로 쓰입니
다. 만약 자기 주장이 강한 성격을 좋은 의미로 말하고 싶다면 assertive
를 쓰는 것이 더 좋습니다. assertive는 aggressive와 의미가 비슷하지만
긍정적인 뉘앙스가 있어서 본인 의견이 확실하고 자신감 있는 사람을 나
타낼 경우에 쓸 수 있습니다.

If you want to move up in the business world,
you have to be assertive. No one will hand you
opportunities. You have to make them happen for
yourself.

비즈니스 세계에서 성공하려면 적극적이어야 합니다. 아무도 당신에게 기회를 가져다주지 않을
거예요. 스스로 기회를 만들어야 합니다.

(Details)

assertive의 반대 표현은 passive입니다. 누군가를 설명하면서
passive하다고 하면, 자신감이 부족하고 수동적인 사람을 말합니다.

14. proactive

proactive   adj. causing or initiating something instead of just responding/reacting 적극적인, 주도적인, 능동적인

개인이나 조직이 proactive하다는 것은 어떤 일을 적극적으로 실행하는 능력이 강한 것을 말합니다. proactive한 사람은 다른 사람이 해주기를 기다리지 않고 외부 요소에 흔들리지도 않죠.

proactive한 사람은 보통 그들이 주도해서 상황이나 기회를 만들어 냅니다. 또한, proactive한 기업/조직은 새로운 것을 시도해 새로운 사업을 시작하고 업계에서 새로운 트렌드를 만들어냅니다.

proactive에 반대되는 표현은 reactive인데, 대체로 부정적인 의미로 쓰입니다. 사람이나 기업이 reactive한 경우, 새로운 기회를 만들어내기보다 이미 일어난 상황에 대응하기 때문에 최신 업계 동향에 뒤처지는 경우가 많죠.

I used to wait for potential clients to contact me, but I realized my business could grow much faster if I was proactive. Now, I research possible clients and contact them directly.

저는 잠재 고객이 연락하기만을 기다리곤 했죠. 하지만 제가 적극적으로 대처하면 비즈니스가 훨씬 더 빨리 성장한다는 것을 깨달았어요. 지금은 가능성이 있는 고객들을 조사한 뒤 직접 연락합니다.

15. stand out

stand out to be easily noticeable because you're clearly better or
more significant 두드러지다, 눈에 띄다

stand out은 긍정적인 자질을 가지거나 뛰어난 성과로 인해 쉽게 눈에 띄
는 사람이나 회사를 설명하는 데 쓰이는 구동사입니다.

All the UX designers made great UIs for this project,
but Jin's really stood out. This is one of the most
beautiful UI designs I've ever seen. Fantastic work, Jin.

모든 UX 디자이너들이 이 프로젝트를 위해 훌륭한 UI를 만들었지만, Jin의 UI는 정말 돋보였습니
다. 제가 지금까지 본 것 중 가장 아름다운 UI 디자인 중 하나입니다. 정말 잘했어요, Jin.

There are tons of ecommerce platforms in Korea, but
Coupang stands out as one of the best.

한국에는 수많은 전자상거래 플랫폼이 있지만, 쿠팡이 최고 중 하나로 눈에 띕니다.

(Details)

또한 stand out과 비슷한 의미로 outstanding이라는 형용사를 쓸
수도 있습니다.

Jin's design work is outstanding. Jin의 디자인은 정말 멋져요.

16. micromanage

micromanage　v. to manage and control every aspect of someone/
something, even tiny, unimportant details 지나치게 사사로운 것까지
간섭하고 통제하다

micromanager　n. a person who often micromanages 사소한 일까지
간섭하는 사람

직장 생활을 하면서 상사나 동료가 사소한 일까지 통제하려는 경우가 있
죠, 이런 상황에서 micromanage라는 표현을 쓸 수 있습니다. 또한, 상대
를 지나치게 통제하고 짜증나게 한다는 뜻이라서 부정적인 뉘앙스를 가
지고 있습니다.

**My old boss was a complete micromanager. He would
seriously check on each employee 10 to 15 times a
day to make sure they were working. It was really
annoying and not very efficient.**

제 예전 상사는 정말 사소한 것까지 간섭하는 사람이었어요. 직원들이 일하고 있는지 확인하기

위해 하루에도 10~15번씩 심각하게 확인하곤 했죠. 정말 짜증 나고 효율적이지 않았어요.

17. delegate

delegate   v. to assign authority or a task to another person/people
위임하다

delegate는 일(task)을 나누고 할당(assign)할 때 사용하기 좋은 단어입니다. 보통 팀장이 팀원에게 일을 배분하는 경우 delegate라는 표현을 쓸 수 있습니다. 문장 형식은 (person) delegate (work) to (person/people)이나 (work) was delegated to (person/people)의 구조로 쓰입니다.

I delegated the task to Jayden.
난 그 일을 Jayden에게 위임했다.

The task was delegated to Jayden.
그 일은 Jayden이 담당하게 되었습니다.

A good manager knows when to do the work oneself and when to delegate it to another employee.
훌륭한 경영자는 언제 그 일을 스스로 해야 하고 언제 그것을 다른 직원에게 위임해야 하는지 알고 있다.

We're going to be really busy the next few weeks, so let's delegate each project step to a specific team member.
앞으로 몇 주 동안은 정말 바쁠 테니까 각 프로젝트 단계를 특정 팀원에게 위임하도록 합시다.

18. maximize/minimize

maximize   v. to make something as large or as great as possible
최대화하다

minimize   v. to reduce something to the smallest amount or level
possible 최소화하다

maximize는 주로 긍정적인 특성(positive qualities or features)에 쓰
는 반면, minimize는 부정적이거나 바람직하지 않은 특성(negative or
undesirable qualities)과 함께 씁니다. 문장 구조상으로는 maximize/
minimize 뒤 직접 목적어 자리에 해당하는 특징이 옵니다.

**Our new hard drive is incredibly efficient. It maximizes
performance while minimizing battery usage, so your
computer can work properly for nearly 10 hours
without needing to recharge.**

당사의 새 하드 디스크는 효율성이 매우 높습니다. 성능은 최대화하고 배터리 사용량은

최소화하여 재충전을 하지 않고도 10시간 가량 최적의 상태로 작동할 수 있습니다.

19. elaborate

elaborate v. to explain something (usually a theory, system, or complex information) in more detail 상세히 설명하다

elaborate는 뭔가를 자세하게 설명하기 시작할 때 사용할 수 있는 전환어 (transition word)입니다. 프레젠테이션이나 제품 시연의 경우에 사용할 수 있으며, 또한 보다 자세한 정보 요청 시 eleborate 다음에 전치사 on을 사용해 특정 주제에 대한 질문을 할 수도 있습니다.

Can you please elaborate more on what makes your products unique?
귀사 제품의 차별성에 대해 좀 더 자세히 설명해 주실 수 있으실까요?

I just sent an email that elaborates on how the new computer system works. Let me know if you have any questions!
새 컴퓨터 시스템의 작동법에 대해 상세히 설명한 이메일을 방금 보냈습니다. 궁금한 점 있으시면 알려주세요!

20. opportunity

opportunity n. a chance or possibility to do something positive or for something positive to happen 뭔가 긍정적인 것을 할 수 있는 기회

'기회'를 언급할 때 chance와 opportunity를 혼용해 쓰는 경우가 많지만 비교를 하자면, chance는 긍정적인 상황과 부정적인 상황 모두를 일컬을 수 있는 중립적인 뉘앙스를 가진 데 반해, opportunity는 그보다 긍정적인 의미가 강합니다.

또한, chance는 보통 우연히 일어날 수 있는 일에 대해 그 결과를 통제할 수 없는 상황에서 쓰입니다.

When you flip a coin, there is a 50% chance that it lands on heads.
동전을 던질 때, 앞면이 나올 확률은 50%이다.

동전을 던진 결과는 무작위로(random) 나오고, 그것을 통제하는 것은 불가능하므로 chance를 쓰는 것이 자연스럽죠.

반면에 opportunity는 사람의 행동이 그 결과에 영향을 미친다는 의미를 내포하고 있습니다.

Now that our main competitor left the market, we have the opportunity to significantly increase our

market share.

이제 주요 경쟁사가 시장을 떠나서 시장 점유율을 크게 높일 수 있는 기회가 생겼다.

위 문장에서, 시장 점유율을 훨씬 높이는 것(significantly increase our market share)은 무작위로(random) 나오는 것이 아니라 기민하게 움직여 좋은 의사결정을 할 때 가능한 것이죠. 즉, 긍정적인 결과를 강조하거나 특정 행동이 결과에 영향을 미칠 수 있는 상황이라면 chance보다는 opportunity를 쓰는 것이 맞습니다.

따라서 아래 문장에서도, 누군가 기회를 준 것에 감사를 표하는 것이므로 opportunity를 쓰는 것이 자연스럽습니다.

Thank you so much for the opportunity to speak at this conference. I'm really looking forward to talking with you all today.

이 콘퍼런스에서 발표할 기회를 주셔서 진심으로 감사합니다. 오늘 여러분과의 대화가 정말 기대됩니다.

Working from home presented a lot of challenges as well as some exciting new opportunities for our business.

재택근무는 많은 도전과 함께 우리 사업에 흥미롭고 새로운 기회를 제공했습니다.

21. scale up

scale up   to increase the size, amount of scope of something in a carefully-planned way 규모를 확장하다

scale up은 사업을 확장하거나, 생산을 늘리거나, 계획적이고 체계적인 방법으로 마케팅을 확장하는 것을 말할 때 유용하게 사용할 수 있는 표현입니다.

One of the main reasons I'm writing this English book is so I can scale up my business and help more Korean adults improve their English.

제가 이 영어책을 쓰고 있는 주된 이유들 중 하나는 사업을 확장해서 많은 한국 성인들의 영어를 향상시키는 데 도움을 줄 수 있기 때문입니다.

The factory scaled up its production by buying a lot more machinery.

그 공장은 훨씬 더 많은 기계를 매입해 생산 규모를 늘렸다.

22. insight

insight n. clear, deep understanding knowledge or wisdom about something, sometimes discovered in a very sudden way 통찰력

insight는 특정 주제에 대한 깊은 이해도나 지식을 일컫습니다. 주로 전치사 into와 함께 써서 해당 주제나 정보를 표현합니다. 주로 셀 수 없는 명사로 쓰이는데, 여러 주제를 두고 각기 다른 insight에 대해 구체적으로 설명하는 경우에는 셀 수 있는 명사로 쓰일 수도 있습니다.

If you'd like to gain more insight into the mechanical engineering industry, please sign up for our webinar next Tuesday.
기계 공학 산업에 대한 더 많은 통찰력을 얻고 싶다면, 다음 주 화요일에 열리는 웹 세미나에 등록하세요.

Does anyone have any insight into how we can better reach our customers?
고객 접근 방식을 보다 개선할 수 있는 방법에 대해 좋은 의견 갖고 계신 분 계신가요?

'통찰력을 얻다'라는 뜻으로 gain insight라는 표현도 많이 사용합니다.

I study marketing analytics to gain insight into what our customers really want.
고객이 진정 원하는 바에 대한 통찰력을 얻고자 마케팅 분석을 공부하고 있습니다.

Jiwon

Okay, who here wants to know their customers better?

자, 여기 계신 분들 중 고객에 대해 더 잘 알고 싶으신 분?

(audience members raise their hands)

(청중들이 손을 든다)

Who wants to be able to <u>scale up</u> their businesses in the most efficient way possible?

가장 효율적인 방법으로 비즈니스를 확장하기 원하시는 분?

(more audience members raise their hands)

(더 많은 청중들이 손을 든다)

As today's business world becomes increasingly competitive, it's more important than ever to <u>stand out</u>, be <u>proactive</u>, and <u>innovate</u>. This is especially important when we consider just how overexposed we all are to advertising. Research shows that on average, a person sees over 5,000 advertisements a day. We're constantly having products and services pushed in our faces whether that's on TV, online, or simply walking down the street.

오늘날의 비즈니스 세계는 갈수록 경쟁이 치열해지기 때문에, 어느 때보다 가시성을 높이고 선제적으로 대처하고 혁신을 이룰 수 있는가 하는 부분이 중요해졌습니다. 이것은 우리 모두가 광고에 얼마나 노출되어 있는지를 고려해 보면 특히나 중요하죠. 한 조사에 따르면 평균적으로 한 사람이 하루에 5,000개 이상의 광고를 본다고 합니다. 그것이 TV든 온라인이든, 또는 단순히 길을 걷다 가도 우리는 끊임없이 제품과 서비스를 접하게 됩니다.

This situation has its <u>pros and cons</u> for both

companies and consumers. On one hand, it's never been easier for companies to connect with their target customers. On the other hand, if your ads don't communicate the right message, then it will turn customers off, hurt your brand reputation, and ultimately have you wasting money on ads that actually negatively impact your business.

이 상황은 회사와 소비자 모두에게 장단점이 있습니다. 한편으로는 목표 고객과 소통하기가 어느 때보다 쉬워졌죠. 하지만, 광고가 올바로 메시지를 전달하지 못해서 고객이 떨어져 나가고, 브랜드 평판을 훼손시킨다고 한다면 결과적으로 광고비를 낭비하는 것이 될 것이기에 사업에도 부정적인 영향을 미치게 됩니다.

Unfortunately, a vast majority of companies today aren't getting the best possible ROIs on their marketing campaigns. This is often because they aren't using objective analytics to maximize their ad effectiveness and learn what their customers really want. Understanding your customers and speaking to them in a way that makes your business stand out is mandatory.

안타깝게도 오늘날 대다수의 기업은 마케팅 캠페인에서 투자수익률(ROI)을 충분히 얻지 못하고 있습니다. 광고 효과를 극대화하고 고객이 진정으로 원하는 것이 무엇인지 알아보기 위해 객관적인 분석을 하지 않기 때문이죠. 고객을 이해하고 비즈니스를 부각시킬 수 있도록 고객과 대화하는 것이 매우 중요합니다.

At Onward Tech, we are committed to two things. First, we're committed to helping startups scale and expand their business. Second, we're committed to improving the communication and relationships between consumer and company. We do this by providing the most cutting-edge marketing analytic and automation services in the world.

Onward Tech에서는 두 가지 일에 전념합니다. 첫째, 신생 기업이 비즈니스를 확장할 수 있도록 지원하기 위해 최선을 다합니다. 둘째, 소비자와 회사 간의 커뮤니케이션 및 관계를 개선하기 위해 노력합니다. 우리는 최첨단의 마케팅 분석 프로그램 및 자동화 서비스를 제공함으로써 이를 수행하고 있어요.

We have a number of different AI and marketing automation tools that can take a lot of the guesswork out of advertising and help companies like you significantly improve their advertising ROIs. Not only are our products effective, they're also affordable, practical, and easy to use. We've helped hundreds of startups expand their businesses, reach new customers, and improve their marketing ROIs. So, when you're ready to not only scale up, but also gain new insight into your customers in the most efficient way possible, you can set up a free consultation with one of our sales reps today. Thank you for your time, and I'll now open the floor to questions.

당사는 광고에서 수많은 추측을 배제하고 여러분과 같은 회사의 광고 수익률을 크게 증가시킬 수 있는 다양한 AI 및 마케팅 자동화 툴을 보유하고 있습니다. 저희 제품은 효과적일 뿐만 아니라 가격도 저렴하고 실용적이며 사용하기 쉽습니다. 우리는 수백 개의 스타트업이 비즈니스를 확장하고, 새로운 고객에게 다가가고, 마케팅 ROI를 개선할 수 있도록 지원해 왔습니다. 따라서 확장뿐만 아니라 가장 효율적인 방법으로 고객에 대한 새로운 통찰력을 얻고 싶으시다면 오늘 영업 담당자와 컨설팅을 무료로 진행하실 수 있습니다.

시간을 내주셔서 감사합니다. 이제 질문을 받아보겠습니다.

Audience 1 Can you clarify how your products work?

제품이 어떻게 작동하는지 명확하게 설명해 주시겠습니까?

Jiwon That really depends on which product you use, but in general our marketing analytics AIs analyze every possible performance metric for your online advertisements to maximize your advertising ROI. Our programs also develop customized ad strategies that are easy to implement.

어떤 제품을 사용하느냐에 따라 다르지만 일반적으로 마케팅 분석 AI는 온라인 광고에 대해 최대한 모든 성능 지표를 분석하여 광고 ROI를 극대화합니다.

또한 저희 프로그램은 실행하기 쉬운 맞춤형 광고 전략을 개발합니다.

Audience 2 What sets your products apart from other marketing analytics services?

제품이 다른 마케팅 분석 서비스와 차별화되는 점은 무엇인가요?

Jiwon Great question. First, how easy our products are to use. All the data analysis and recommendations are presented in an easy-to-understand format. The communication and organization is all very straightforward. It's very easy to delegate tasks and communicate with your teammates within our software. Because our programs are accessible on any smart device, your team can stay connected whenever and wherever they are. A lot of people are a bit hesitant towards the idea of AI because they think it will be incredibly complex. A vast majority of our clients are not in the tech/programming industry, but still have no problem using our products.

좋은 질문입니다. 우선 제품의 사용 편의성을 들 수 있습니다. 모든 데이터 분석 및 권장 사항은 이해하기 쉬운 형식으로 제시됩니다. 의사소통과 구성 모두 매우 간단하죠. 프로그램 내에서 팀원들에게 작업을 분담하고 의사소통하기 매우 용이하죠. 저희 프로그램은 모든 스마트 기기에서 접속할 수 있어서 언제 어디서나 팀은 연결 상태를 유지할 수 있습니다. AI가 엄청나게 복잡할 거라고 생각하기 때문에 많은 사람이 AI에 대해 약간 주저하고 있습니다. 대다수 고객이 기술/프로그래밍 쪽에 일하지는 않지만 제품을 사용하는 데는 아직까지 문제가 없습니다.

Second, would be how our products can not only analyze your ad performances, but also share recommendations based on your target customers and budget. It's like having an analytics team and a marketing consultant in one. I'm a bit biased, but I truly believe there's no other single product on the market right now that does what our products do.

둘째, 당사 제품은 고객의 광고 실적을 분석할 수 있을 뿐만 아니라 목표 고객, 예산에 따라 추천을 공유할 수 있습니다. 마치 분석팀과 마케팅 컨설턴트가 한 곳에 있는 것과 같죠. 제가 약간 치우친 것일 수도 있는데, 현재 시장에서 저희 제품만한 만족도를 보여주는 제품은 없다고 생각합니다.

Audience 3

How does your pricing system work?

가격 책정 시스템은 어떻게 작동합니까?

Jiwon

Our pricing system is very flexible. After meeting with one of our sales reps you can set up a low-cost trial period. After seeing how much our products help your online marketing, we're positive you'll want to sign up for one of our full subscription models. We offer one, two, and three-year plans

which can be further extended indefinitely.

가격 책정 시스템은 상당히 유연합니다. 영업 담당자와 미팅한 후 저비용의
평가판 사용 기간을 설정할 수 있습니다. 귀사의 온라인 마케팅에 저희 제품의
효용성을 확인하신 후에는 저희 구독 모델 가입을 희망하실 거라 확신합니다.
1년, 2년, 3년 플랜이 제공되고, 이는 무기한으로 연장될 수 있습니다.

Any more questions?

더 궁금한 것이 있나요?

Alright, well thank you all for your time. Like I said, Onward Tech is committed to your success by bringing you and your customers closer together. If you like what you've heard today and want to learn more about how we can help your business grow, please visit our booth in the main convention center later today. Have a great rest of your day, and best of luck with your business endeavors.

네, 시간 내주셔서 감사합니다. 앞서 말씀드린 바와 같이, Onward Tech는
귀사와 귀사의 고객을 더욱더 가깝게 만들어 귀사의 성공을 위해 최선을 다할
것입니다. 오늘 들으신 내용이 마음에 들고 비즈니스 성장에 도움이 될 방법에
대해 자세히 알고 싶다면, 오늘 오후 메인 컨벤션 센터에 있는 저희 부스를
방문해 주시기 바랍니다. 남은 하루도 즐거운 시간 되시기 바라며 귀사의
행운을 빕니다.

What Now?!

Alright, so now we've covered over 140 common Korean English mistakes and you've learned some great new business English vocabulary. You've corrected all of the example narratives as well as some mistakes you were making with your own English communication. In this final chapter, I want to lay out five important strategies you should follow to improve your professional English communication as quickly and efficiently as possible. As I said in the very first chapter, I truly want to see you succeed, so let's talk a little bit more about how you can make your English goals a reality! If you're serious about improving your English as efficiently as possible, you need to ...

1. Get Personalized feedback on your speaking

Because traditional Korean English education limits speaking time, many Koreans believe that if they just speak more and spend more time talking with native speakers, their English will improve. This is only partially true. Yes, you need to speak English often if you want to become a highly skilled English communicator. However, to truly reach your potential and unlock the communication abilities needed to progress in your career, you need to be doing more than just 'speaking English'. It's incredibly important to also get detailed feedback on your speaking and the mistakes that you make.

지금까지 우리는 한국인들이 영어를 쓰면서 흔히 하는 140개 이상의 실수를 살펴보며 유용한 비즈니스 영어 표현들도 함께 배웠습니다. 오류가 포함된 내러티브뿐만 아니라 여러분이 평소 영어로 의사소통하며 실수했던 부분들도 고쳐볼 수 있었죠. 이제 여러분이 가능한 한 빠르고 효율적으로 전문적인 영어 의사소통을 할 수 있도록 5가지 중요한 전략을 제시하고자 합니다. 여러분의 성공을 위해서, 어떤 방법으로 영어 목표를 실현할 수 있을지 조금 더 이야기해 보도록 하겠습니다.

1. 말하기(speaking)에 대한 개인적인 피드백을 받아야 합니다

한국 영어 교육은 말하기를 제한적으로 다루기 때문에 영어로 더 말을 많이 하고 원어민과 더 자주 대화하면 영어 실력이 늘 거라고 생각하는 분들이 많은데요, 이는 부분적으로만 맞는 얘기입니다. 네, 영어 회화를 잘하려면 영어를 자주 말해야 합니다. 하지만 잠재 능력까지 도달해 자신의 커리어를 발전하는데 필요한 의사소통 실력을 키우기 위해서는 단순히 '영어 말하기' 이상의 것을 해야 합니다. 여러분의 말하기와 자주 하는 실수들에 대한 자세한 피드백을 받는 것도 매우 중요합니다.

　이 책에서 많은 실수에 대해 말하기는 했지만, 전부를 다루는 것

We covered a lot of common mistakes in this book, but it would be impossible to cover everything. Every English learner is unique and has unique communication issues. These can be related to grammar, pronunciation, speaking rhythm, the way you form sentences, vocabulary, or just your mindset/emotions while speaking English. It's important to find a method, course, or person capable of pointing out your communication issues/ weaknesses and fixing them.

A vast majority of Korean English learners know that their English isn't perfect, but they might not know the specific mistakes they're making. Even if they know some of the mistakes, they likely don't know how to fix them. So, whether it's through an application, language exchange program, or professional 1:1 tutor, get feedback on your English so you can fix your mistakes and improve your communication.

2. Practice the actual communication you do at work.

If you use English at work now or are planning to do so in the future, then it's very important to make your practice as close as possible to the English you use in your professional life. Sitting in a lecture class without any chance to speak and unstructured 'free talking' classes where you discuss what you did on the weekends aren't going to help you improve your sales pitches, presentations, meetings with clients, and other work-specific English situations.

For this reason, it is quite important that you roleplay and practice the specific conversations and presentations you have at work. A majority of my clients work in international companies, and we spend about 40% of our class time practicing and reviewing the conversations, emails, presentations, and speeches they need to perform at their jobs. This extra practice and feedback will help you communicate

은 불가능합니다. 영어 학습자 개개인이 가지고 있는 의사소통의 문제점은 저마다 다르기 때문입니다. 이러한 문제점은 문법, 발음, 말하기 리듬, 문장 구성 방식, 어휘와 관련이 있을 수도 있고 단순히 영어로 말을 할 때의 마음가짐이나 감정과 관련된 것일 수도 있습니다. 여러분의 의사소통 문제와 약점을 지적하고 고쳐줄 방법이나 강의, 또는 전문가를 찾는 것이 중요한 이유죠.

대다수의 한국인 영어 학습자들은 본인의 영어가 완벽하지 않다는 것을 알지만, 어떤 실수를 구체적으로 하고 있는지 알지 못할 수도 있습니다. 알고 있다고 하더라도, 어떻게 고쳐야 할지 모르는 경우도 많죠. 따라서 영어 학습 앱을 내려받고, 교환 학생 프로그램을 신청하거나, 전문적인 1:1 과외를 받는 등의 방법으로 여러분의 영어 실력에 대한 피드백을 받는 것이 바람직합니다.

2. 직장에서 하는 실제 대화를 연습해야 합니다

현재 직장에서 영어를 사용하고 있거나 앞으로 그럴 계획이라면, 여러분의 직무 상황에서 사용하는 영어와 최대한 유사하게 연습하는 것이 매우 중요합니다. 말할 기회도 주지 않는 강의나, 체계 없이 주말에 뭘 했는지를 얘기하는 '프리토킹' 수업은 여러분이 고객을 상대로 하는 세일즈 피치, 프레젠테이션, 고객과의 미팅, 기타 업무에 필요한 영어 사용 능력을 키워주지 않습니다.

이러한 이유로, 여러분이 직장에서 하는 특정 대화와 프레젠테이션을 역할극 등을 통해 연습하는 것이 매우 중요합니다. 저의 고객 대다수는 외국계 기업에 근무하고 있고, 수업 시간의 40%를 할애하여 그들이 업무 수행하는 데 필요한 대화, 이메일, 프레젠테이션 및 스피

your ideas more effectively and make a big difference in your work performance. You'll feel much more comfortable when you actually attend that meeting or give that presentation because it won't be the first time you've done it. So, if you don't feel confident in your presentations, emails, interviews, and other work-specific English communication, find an expert that can help you. They're out there!

3. Focus on improving the structure/organization of your communication.

About a year ago, I started to notice that many of my more advanced English clients rarely made obvious speaking and grammar mistakes, but their communication still seemed inefficient and unorganized. When we practiced presentations, I often had a hard time following everything they said. I would have to read their example business emails slowly multiple times to understand everything. When we practiced speaking in our classes, they would often give overly lengthy answers that included a lot of unnecessary information.

Many of these clients were well aware of the fact that their English was unclear and inefficient, but they didn't know why and didn't know how to fix it. It was also hard for me to help them, because their problem was much more complex than pointing out a simple grammar mistake. Eventually I figured out a solution, and it has significantly changed the way that I teach.

The reason for this problem is that as an English learner, you've likely spent a lot of time learning grammar, vocabulary, and pronunciation but not very much time at all learning how to actually structure your communication in the most effective way possible. This is an essential skill that unfortunately a lot of English learners lack simply because they were never taught it and have never practiced it.

치를 연습하고 검토하죠. 여러분도 이렇게 추가로 연습하고 피드백을 받는다면, 본인의 아이디어를 보다 효과적으로 전달하고 업무 성과에 큰 변화를 가져올 수 있을 것입니다. 실제로 미팅이나 프레젠테이션을 할 때도 처음이 아닌 것처럼 느껴져서 심적으로 안정감을 느낄 거예요. 이런 이유로, 프레젠테이션, 이메일, 인터뷰 및 기타 업무별 영어 의사소통에 자신감이 없다면, 전문가를 찾아 도움을 청해야 합니다.

3. 의사소통의 체계를 향상하는 데 집중해야 합니다

일 년 전쯤, 저는 고급반 영어 고객들이 눈에 띄는 말하기와 문법 실수는 거의 하지 않지만, 의사소통은 여전히 비효율적이고 체계적이지 못하다는 사실을 알게 되었습니다. 발표 연습을 할 때면, 저는 그분들이 하는 말을 다 따라가며 이해하기 어려운 경우가 많았죠. 고객들이 작성한 업무용 이메일 예시는 천천히 여러 번 읽어야 내용을 전부 이해할 수 있었고요. 수업 시간에 말하기 연습을 할 때는 불필요한 내용의 대답을 지나치게 길게 하고는 했습니다.

이분들은 그들의 영어가 명확하지 않고 비효율적이라는 사실을 잘 알고 있었지만, 그 이유와 바로잡을 방법을 알지 못했습니다. 저로서도 도움을 드리기 어려웠는데, 그분들의 문제가 단순히 문법 실수를 지적하는 이상으로 복잡한 문제였기 때문이었죠. 하지만 결국 저는 해결책을 찾아냈고, 제가 가르치는 방식도 크게 바뀌었습니다.

이러한 문제가 발생하는 이유는 영어 학습자로서 여러분이 문법, 어휘, 발음은 오랜 시간을 투자해 배우지만, 실제 의사소통을 가장 효과적으로 구성하는 방법은 전혀 배우지 않았기 때문입니다. 필수적인 기술이지만 안타깝게도 많은 영어 학습자들이 그저 배운 적도 없고 연습한 적도 없어서 이 기술이 부족합니다.

The reason that my clients' presentations were hard to follow was that they would rarely have a clear introduction and conclusion. They also weren't using any transition statements, so it seemed like they were jumping from topic to topic in unexpected ways. Their emails were hard to follow not because they contained tons of errors, but because they often contained extremely long run-on sentences and lacked structure. Their in-class speaking would stray off topic and include unrelated background information instead of directly answering the question being asked.

After discovering this, I started focusing on communication structures and organization strategies in my classes in addition to English errors/corrections. For example, for presentations I would help my clients improve their word choice and grammar, but we would also focus on:

1. How to have a clear introduction that not only explains the goal/topics of the presentation, but also gets the audience interested in what they're about to hear.
2. How to organize presentation topics in a logical way and use transition statements to clearly move from topic to topic.
3. How to ask for and answer audience questions in a natural way that doesn't break the flow of the presentation.
4. How to clearly conclude the presentation in a way that makes a great impression on the audience and ensures everyone understands what to do next.

By focusing on these problems and teaching in this way, my clients were able to significantly improve the effectiveness of their workplace communication in a short amount of time. This confirmed for me that these organizational communication

제 고객의 프레젠테이션이 이해하기 어려웠던 이유는 서론(intro-duction)과 결론(conclusion)이 명확하지 않았기 때문입니다. 또한, 전환 문구(transition statements)를 쓰지 않아서 프레젠테이션이 이 주제에서 저 주제로 예상할 수 없이 이어지는 느낌이었죠. 이메일도 오류가 많아서가 아니라 문장이 너무 길게 늘어지고 글의 체계가 없어서 읽기 힘들었던 것이었어요. 수업 시간에 했던 발표는 주제에서 벗어나, 질문에 직접 대답하지 않고 관련이 없는 배경지식만을 전달했죠.

이 사실을 알게 된 후, 저는 영어 오류 수정 외에도 의사소통 구조와 조직 전략을 집중적으로 연구했습니다. 예를 들어, 프레젠테이션의 경우 저는 고객들의 단어 선택과 문법을 향상하도록 돕겠지만, 다음과 같은 사항들에도 초점을 맞추었습니다.

1. 프레젠테이션의 목표나 주제를 설명할 뿐만 아니라 청중이 곧 듣게 될 내용에 관심을 두도록 명료한 서론(introduction)을 구성하는 방법
2. 프레젠테이션 주제를 논리적으로 구성하고, 전환 문구(transition statements)를 사용하여 주제와 주제를 명확히 연결하는 방법
3. 발표의 흐름을 방해하지 않고 자연스럽게 청중에게 질문하고 답변하는 방법
4. 청중에게 좋은 인상을 주고, 모두가 앞으로 무엇을 할지 알 수 있도록 프레젠테이션을 깔끔하게 마무리하는 방법

이러한 문제들에 집중하고 이러한 방식으로 가르침으로써, 제 고객들은 짧은 시간 내에 업무 소통의 효율성을 크게 향상할 수 있었습니다. 이러한 조직적 커뮤니케이션 문제는 얼마든지 수정할 수 있지만, 직접 해결되지 않는 한 고쳐지지 않는다는 것을 확인할 수 있었습니다.

problems are very fixable, but will not be fixed unless they're addressed directly.

To fix these issues, I recommend finding and studying resources outside of the realm of traditional ESL. These can be presentation guides, email writing tips, and public speaking tips for real business professionals, not ESL resources. There are plenty of great presentation, communication, and interview books/courses/coaches out there that are well worth investing in. So, if you struggle to communicate in a direct, professional, organized manner, rest assured that this is a very fixable problem. However, it won't be fixed unless you do something about it. Find good professional resources and invest in your success. It will absolutely pay off in the long term.

4. Always discuss new topics and learn the culture of your audience.

Earlier I mentioned how important it is to focus on your work communication and avoid pointless 'free talking'. This is true, but that doesn't mean you should only practice your very serious, formal workplace communication. Another interesting trend I've noticed over the years is that a lot of my higher-level clients struggle more with unstructured, casual conversations than they do formal presentations they've spent a lot of time preparing.

If this sounds like you, then the best things for you to do are to constantly discuss new topics in English. In addition to everything related to your job/industry, you should also discuss history, politics, traveling, fitness, technology, current news... the list goes on. By doing so, you'll feel much less 'limited' by your English. You'll have a richer vocabulary, be able to share your opinions on a wider variety of topics, and feel a lot more comfortable in more casual conversations with your English-speaking colleagues.

이러한 문제를 해결하기 위해서는 기존의 ESL(English as a second language) 영역 밖에서 자료를 찾고 연구하는 것을 추천합니다. ESL 자료가 아닌 실제 비즈니스 전문가를 위한 프레젠테이션 가이드, 이메일 작성 팁 및 공개 연설 팁이 될 수 있겠죠. 시간과 돈을 투자할 만큼 훌륭한 프레젠테이션, 의사소통, 인터뷰 관련 책/강의/전문가들이 많이 있습니다. 따라서 직접적이고 전문적이며 조직적인 방식으로 소통하는 것이 힘들다면, 충분히 고칠 수 있는 문제라고 생각하고 안심하세요. 하지만 여러분이 실천하지 않는다면, 문제점이 고쳐지지 않는 것은 당연합니다. 양질의 전문적인 자료를 찾아보세요. 장기적으로 생각했을 때 반드시 성과를 거둘 것입니다.

4. 항상 새로운 주제에 관해 토론하고 청중의 문화를 학습해야 합니다

앞서 저는 업무 의사소통에 집중하고 무의미한 '프리 토킹'을 하지 않는 것이 중요하다고 강조했습니다. 이것은 사실이지만, 그렇다고 해서 매우 진지하고 공식적인 직장 내 의사소통만 연습해야 하는 것은 아닙니다. 제가 발견한 또 다른 흥미로운 점은 고급 과정의 많은 학습자들이 오랜 시간 준비해 공식적인 프레젠테이션을 하는 것보다 정해진 형태 없이 일상적인 대화를 하는 부분에 더 어려움을 겪는다는 것입니다.

이것이 여러분의 이야기라고 생각된다면 영어로 새로운 주제를 끊임없이 토론하는 것이 가장 좋습니다. 직업/산업과 관련된 것 외에도, 역사, 정치, 여행, 운동, 기술, 최신 뉴스 등에 관해서도 토론해야 합니다. 그렇게 함으로써 영어로 인한 제약을 덜 느낄 수 있을 거예요. 어휘는 더 풍부해지고, 더 다양한 주제에 대해 의견을 나눌 수 있으며, 영어를 쓰는 동료들과 더 편하게 대화할 수 있을 것입니다.

In addition to discussing new topics, it's also great to learn more about the culture of the English speakers you communicate with. When I first moved to Korea in 2016, many of my communication difficulties/confusions were actually from a lack of cultural understanding. I didn't understand Korean culture or Korean communication style, and many of the Koreans I worked with were not very familiar with American culture.

The good news is that there are tons of useful books, articles, and resources all about the different communication styles of different cultures (several resources like this are on my website for free right now). When you know more about the culture and communication style of the English speakers you interact with, you'll not only be able to understand what they say, you'll also be able to understand why they speak and act the way that they do. This will help make communication much easier, clearer, and will build better relationships between you and your colleagues.

5. Make your listening practice as close as possible to the real world.

The first four tips have all been about speaking and writing, but I wanted to leave you with one tip related to listening. Having good listening comprehension is important because if you can't understand what other people are saying to you, then you can't communicate effectively even if you have good speaking skills. A lot of Korean English learners struggle to communicate effectively in the real world because they can't understand 'real world' English. There's a major difference between 'classroom' English and 'real world' English. Classroom English is often slow, overly simplified, and made to be as clear as possible. In the real world, people speak much faster, use filler words such as 'umm' or 'like', and conversations often quickly switch

새로운 주제에 관해 토론하는 것 외에도, 영어 사용자들의 문화에 대해 더 배워보는 것도 좋습니다. 2016년 제가 처음 한국에 왔을 때, 의사소통하기 힘들고 혼란스러웠던 것은 문화적 이해가 부족해서였습니다. 저는 한국 문화나 의사소통 스타일을 이해하지 못했고, 같이 일했던 한국인들은 대부분 미국 문화에 익숙하지 않았죠.

다행스러운 것은 서로 다른 문화의 서로 다른 의사소통 스타일에 관한 유용한 책, 기사, 그리고 자료가 수없이 많다는 것입니다. 여러분이 교류하는 영어 사용자들의 문화와 의사소통 스타일에 대해 더 많이 알게 되면, 그들의 말을 단순히 이해할 수 있을 뿐만 아니라 그렇게 말하고 행동하는 이유도 이해할 수 있을 것입니다. 이런 식으로 하면 의사소통은 훨씬 쉽고 명확해지며 여러분과 동료 간의 관계도 개선될 것입니다.

5. 현실과 최대한 유사한 환경에서 듣기 연습을 해야 합니다

앞서 말씀드린 네 가지 팁은 모두 말하기와 쓰기에 관한 것이었지만, 듣기와 관련된 팁을 하나 더 드리고자 합니다. 다른 사람의 말을 잘 알아듣지 못하면 말하기 실력이 좋아도 효과적으로 의사소통을 할 수 없기 때문에 듣기 이해력이 중요합니다. '현실' 영어를 이해하지 못해서 현실 세계에서 효과적으로 소통하고자 고군분투하고 있는 한국인 영어 학습자들이 많습니다. '교실' 영어와 '현실' 영어에는 큰 차이가 있죠. 교실 영어는 속도가 느리고, 지나치게 단순하며, 가능한 한 명확하게 만들어진 영어입니다. 현실 세계의 사람들은 훨씬 더 빨리 말하고, umm이나 like와 같은 표현을 습관적으로 사용하며, 대화의 주제도 빠르게 바뀝니다. 따라서 실생활과 최대한 유사한 상황에서 듣기 연습을 하는 것이 매우 중요합니다.

topics. It's very important that your listening practice is as close as possible to what you'll experience in your real life.

One recommendation I give to all my intermediate and advanced Korean clients is to listen to unscripted English content as often as possible. What I mean by 'unscripted' is that it's real English speakers having real conversations. TV and movies are great, but they're still actors reading lines. You want to experience all those filler words, quick topic changes, and interruptions that often happen in real English conversations. Some of the best English listening resources are live interviews, talk shows, debates, podcasts, and group discussions. If you work in a specific industry such as IT or finance, it's also great to find listening resources about your industry. There are podcasts and Youtube channels about basically everything now, so with a bit of searching you should be able to find some interesting, relevant resources that will really help your listening and communication abilities. By listening to natural, unscripted English, you'll be much more prepared to understand and respond effectively to the English you experience in the workplace.

FINAL WORDS

You've made it to the end of this book, so you obviously care a lot about improving your English. I commend you for your hard work and great attitude. In addition to providing a ton of actionable English knowledge, I hope this book has left you feeling encouraged and inspired. It's been an honor sharing some of my knowledge with you, and I look forward to continuing to help you and countless other motivated Koreans become the most effective English communicators possible. I wish you the best of luck on your English journey, and hope we get the chance to reconnect sometime in the future. I believe in you.

제가 중급 및 고급 단계에 있는 한국인 고객들에게 추천하는 것 중 하나는 대본이 없는(unscripted) 영어 콘텐츠를 최대한 자주 듣는 것입니다. '대본이 없다'는 것은 진짜 영어권 사람들이 진짜 대화를 한다는 뜻입니다. TV나 영화도 좋지만, 거기 나오는 배우들은 주어진 대사를 읽을 뿐이죠. 여러분은 원어민들이 습관처럼 하는 말, 빨리 변하는 주제, 끼여드는 말들을 경험하기 원합니다. 추천드리는 영어 듣기 자료로는 라이브 인터뷰, 토크쇼, 토론, 팟캐스트, 그룹 토론 등이 있어요. IT, 금융 등 특정 산업에 종사하는 경우 해당 분야 관련 듣기 자료를 찾아보는 것도 좋습니다. 기본적으로 팟캐스트와 유튜브 채널이 있으니까요. 따라서 약간의 검색을 통해 여러분의 듣기 및 의사소통 능력에 많은 도움이 될 관련 자료를 찾을 수 있을 거예요. 대본 없이 말하는 자연스러운 영어를 들음으로써, 직장에서 접하는 영어를 효과적으로 이해하고 대응할 수 있는 준비를 할 수 있습니다.

맺는말

마지막까지 이 책을 끝낸 여러분은 분명 영어 실력 향상에 관심이 많으신 분일 것입니다. 여러분의 노력과 훌륭한 태도에 박수를 보냅니다. 실용적인 영어 지식 외에도, 이 책이 여러분에게 격려와 영감을 주었기를 바랍니다. 제가 가진 지식을 여러분과 공유하게 되어 영광이었고, 앞으로도 이 책의 독자뿐만 아니라 많은 한국인을 도와서 가장 효과적인 영어 소통 방법을 터득하도록 도와드리겠습니다. 여러분의 영어 학습 여정에 행운이 깃들기를 바라며, 다시 만날 기회가 있기를 바랍니다. 저는 여러분을 믿습니다.